근대 한국 개벽종교를
공공하다

종교와
공공성
총 서 1

근대 한국 개벽종교를 공공하다

원광대학교 원불교사상연구원 편

종교와 공공성 총서 제1권에 부쳐

동학(東學)을 효시로 하여 그 뒤를 이어 나온 증산교(甑山敎), 대종교(大倧敎), 원불교(圓佛敎) 등 근대한국 개벽종교 창시자에 의하면, 한국사의 19세기 후반에서 20세기 전반에 걸친 시기는 선천(先天) 곧 낡고 어두운 시대에서 후천(後天) 곧 새롭고 밝은 시대로 바뀌는 역사적 대전환의 시대–선후천교역기–였다. 모든 전환기가 그러하듯, 역사적 대전환의 시기에는 '주목할 만한' 새 사상이나 새 종교가 등장하기 마련인데 19세기 후반에서 20세기 전반에 걸친 시기의 한국에서도 예외는 아니었다.

역사적 대전환의 시기가 도래하고 있다는 사실을 처음으로 외친 선지자(先知者)는 바로 1860년 4월 5일의 '천사문답(天師問答)'을 계기로 동학을 창도한 수운 최제우(水雲 崔濟愚, 1824-1864) 선생이었다. 수운은 '모든 사람은 제 안에 거룩한 하늘님을 모시고 있다'는 시천주(侍天主) 사상, '잘못되어 가는 나라를 바로잡아 도탄에 빠진 백성들을 편안히 한다'는 보국안민(輔國安民) 사상, '낡고 어두운 시대를 새롭고 밝은 시대로 개벽한다'는 '다시개벽(開闢)' 사상, 그리고 '없는 사람과 있는 사람이 서로 돕는다'는 유무상자(有無相資) 사상 등을 주창하고 실천함으로써 대전환의 시대를 맞이하고 있는 민중들의 의식을 크게 각성시켰다.

수운의 동학은 1894년의 '동학농민혁명'의 사상적·조직적 기반을 제공하였다. 동학의 시천주 및 보국안민 사상, 접포(接包) 조직 등을 기반으로 일어난 '동학농민혁명'은 일찍이 세계사에서 그 유례를 찾아볼 수 없을 정도로 대규모적이며 장기지속적인 민중혁명이었다. 그러나 이 혁명은 일본군에 의한 동학농민군 '전원살육작전' 곧 제노사이드 작전에 의해 30만 명 이상의 희생자를 내고 좌절되었다. 일본군에 의해 자행된 동학농민군 '학살'은 이 땅의 민중들에게 깊은 상흔(傷痕)을 남겼다.

한편, 청년 시절에 속절없이 죽어 간 동학농민군들의 주검을 직접 목격했던 전북 정읍 출신의 증산 강일순(甑山 姜一淳, 1871-1909) 선생은 '동학농민혁명' 직후 이 땅 민중들의 가슴에 '깊게' 자리 잡은 원한에 주목하였다. 그리하여 선생은 민중들의 가슴에 자리한 깊은 원한을 풀지 않는 한, 새로운 세상은 결코 도래하지 않는다고 외치면서 '모든 원한을 풀고 서로 살리자'는 해원상생(解冤相生)의 기치 아래 가장 민중적인 방식으로 가르침을 베풀어 갔다. 증산의 가르침은 '천지공사'(天地公事)란 이름 아래 1901년부터 1909년까지 9년 동안 펼쳐졌다. 그런데 증산의 가르침은 수운과는 판이했다. 선생은 그 어떤 조직도 만들지 아니했으며, 자신의 가르침이 담긴 그 어떤 저술도 남기지 않았다. 그뿐이 아니다. 증산은 따르는 제자들을 의도적으로 양성하는 그 어떤 노력도 기울이지 않았다. 선배인 수운이 철저하게 '시스템적'(조직적)으로 동학을 이끌어갔던 데 비해, 증산은 '탈시스템적'(비제도적) 방식을 철저히 고수했던 것이다. 이 같은 방식은 아마도 옥죄어 오고 있던 제국주의 일본에 맞서는 가장 '민중적' 방식의 대응이었는지도 모른다.

수운과 증산과 같은 '위대한' 종교적 선지자들의 희생과 노력에도 불구하고 조선왕조(朝鮮王朝)는 마침내 제국주의 일본의 식민지(植民地)로 전락하고 말았다. 그리하여 이 땅의 민중들은 일제(日帝) 강점(强占) 아래 '나라 없는 백성'으로 어둠의 시대를 살아가야 했다. 바로 이런 엄중한 시기에 홍암 나철(弘巖 羅喆, 1863-1916) 선생은 1909년에 대종교(大倧敎)를 창시한다. 홍암은 일찍이 과거에 급제하여 관직에 나아갔지만 일제의 침략이 갈수록 격화되어 가는 엄혹한 현실을 극복하고자 그 일환으로 단군 신앙을 통해 민족자주의 길을 찾고자 했다. 이 같은 홍암의 문제의식은 당대 지식인들의 마음을 크게 움직였으며, 1910년 이후 일제를 타도하고 민족독립을 쟁취하기 위한 항일무장투쟁의 사상적 원동력이 되었다. '도를 통해 깨달음을 이룬다'는 '성통공완'(性通功完)과 함께 '독립전쟁을 수행하면서도 결코 수양을 게을리 하지 않는다'는 '수전병행'(修戰並行)의 가르침은 대종교의 종교성을 가장 극명하게 드러내는 가르침이라고 할 것이다.

대종교가 간도(間島)와 연해주(沿海州)를 중심으로 장엄한 항일독립전쟁을 수행하던 바로 그 시기에 식민지 조선의 전라남도 영광 땅에서는 한 이름 없는 청년이 '물질이 개벽되니 정신을 개벽하자'는 기치 아래 새로운 정신운동을 시작하고 있었다. 그가 바로 1916년에 원불교를 '개교'(開敎)한 소태산 박중빈(少太山 朴重彬, 1891-1943) 선생이다. 소태산은 역사적 대전환의 시대인 '선후천 교역기'에 등장한 '마지막' 주자답게 수운과 증산 선생 등을 위대한 선지자로 추앙하면서 그 '유업'(遺業)을 계승하겠다는 의지를 명확히 하는 한편, 식민지 조선이 당면한 과제에 대해서도 적극적으로 대응하고자 했다. 주지하듯이, 소태산이 살았던 식민지 시대 곧 일제강점기라는 한국사에 있어 가장 암울했던 시기였다. 일제강점기는 식민지 조선에 '물질적인 가난' 뿐만 아니라 '정신적인 가난'마저 강제함으로써 이 땅에서 살아가야 하는 조선의 민중들을 '이중 구속'했기 때문이다. 일제강점기 내내 식민지 조선 땅에서 '정신개벽(精神開闢)'을 통한 참 문명 건설에 매진했던 소태산의 '종교적 영위'(宗敎的 營爲)는 제국주의 일본에 의한 '이중 구속' 상태에서 신음하던 조선 민중의 해방운동에 다름 아니었다고 할 것이다.

원광대학교의 교책(敎策) 연구소로 출범한 원불교사상연구원(圓佛敎思想研究院)은 1974년 설립 당초부터 동학을 필두로 한 근대 한국 개벽종교가 수행한 역사적 역할에 주목하여 그 교리 사상과 제도, 종교의례, 사회운동 등에 대한 학술연구를 지속적으로 수행해 왔다. 또한 그 학문적 성과는 학술지『원불교사상과 종교문화』를 통해 일반 대중들에게 공개해 왔다. 1970년대 중반부터 오늘에 이르기까지 원불교사상연구원을 중심으로 근대 한국 개벽종교에 대한 '학문적' 연구의 초석을 놓아주신 이들은 전 원광대학교 초대 총장 숭산 박길진(崇山 朴吉眞, 1915-1986) 박사와 2대 총장 문산 김삼룡(文山 金三龍, 1925-2014) 교수를 비롯하여 여산 류병덕(如山 柳炳德, 1930-2007) 교수, 진산 한기두(震山 韓基斗, 1933-2016) 교수, 석산 한종만(釋山 韓鍾萬, 1932-2016) 교수, 융산 송천은(融山 宋天恩, 1935-현재) 교수, 아타원 전팔근(阿陀圓 全八根, 1929-현재) 교수 등이다. 이분들의 개척자적 역할이 없었다면 오늘의 원불교사상연구원은 존재할 수 없었을 것이다. 이에 선진(先進)들의 각고의 노력에 대해 고개 숙여 감사드린다.

2016년은 원광대학교 설립재단인 원불교가 개교한 지 100주년이 되는 해이자 원광대학교 건학(建學) 70주년이 되는 뜻깊은 해였다. 이에 원불교사상연구원에서는 선학(先學)의 연구 성과에 기반하되, 그것의 심화 확산 및 세계화(世界化)를 모색하는 연구 프로젝트를 구상하는 작업에 착수했다. '근대문명 수용과정에 나타난 한국 종교의 공공성 재구축'이라는 과제가 바로 그것이다. 다행이 이 과제는 2016년 9월에 '한국연구재단'이 주관하는 대학 중점연구소 지원사업에 선정됨으로써 구체적인 실행 단계로 접어들게 되었다.

이번에 '종교와 공공성 총서' 제1권으로 상재(上梓)하게 된『근대 한국 개벽종교를 공공하다』는 2016년 9월부터 2017년 8월까지 1년 동안 본 연구원이 수행해 온 연구 결과를 집성(集成)한 것이다. 오늘의 결과물이 나오기까지 불철주야 연구에 진력해 온 연구원 여러분(김민영, 김봉곤, 김석근, 야규 마코토, 염승준, 원영상, 조성환, 허남진)께 우선 고마움을 전한다. 또한 매월 마지막 주 수요일 오후에 열리는 콜로키움 자리에서 귀중한 발표와 토론을 맡아 주셨던 김태창 선생님(청주시, 동양포럼 대표)과 김진 교수님(울산대학교 철학과)을 비롯한 발표자 및 토론자 제위께도 심심한 감사 인사를 드린다. 특히 바쁜 시간을 할애하여 옥고를 보내주신 하승우 선생께도 고개 숙여 감사드린다. 뿐만 아니라, 근대 한국 개벽종교의 원전(原典)을 중심으로 공부하는 수요공부모임 회원들께도 이 자리를 빌려 함께 공덕(功德)을 나누고자 한다.

끝으로, 어려운 출판 현실 속에서도 기꺼이 총서 출판을 맡아주신 박길수 대표, 소경희 편집장, 디자이너를 비롯한 '모시는사람들' 출판사 가족 모두에게도 고마운 마음을 전한다.

2018년 3월 봄을 맞으며
전북 익산 서재에서
박맹수 모심

차례

―――――――――――――
제2부 한국 신종교의 공공성
―――――――――――――

제1부

한국 사회와 종교적 공공성

종교적 '공공성(公共性)'의 개념과 의미

염승준 / 원광대학교 원불교학과 조교수

Ⅰ. 머리말

19세기 자유주의적 경쟁 자본주의체제는 20세기 국가관리 자본주의체제를 거쳐 현재 우리가 살아가는 신자유주의적 금융화 자본주의체제에 이르렀다.[1] 신자유주의적 금융화 자본주의체제에서는 글로벌 금융기관이 부채를 통해서 국가와 기업을 압박하며, 국가와 기업이 지원하는 사회복지 투자를 철회하도록 요구한다. 또한 국가가 주도해 온 전력, 교통, 교육, 보건 공공 분야의 공공사업 전반에 민영화 논리가 도입되는 것이 특징이다. 사회학에서는 이러한 상황을 공공성의 위기로 진단하는 입장이 있다. 공공성의 위기를 주장하는 사람들은 현대사회에서 확인되는 '양극화로 인한 공존적 삶의 해체', '경제 위주의 교육 시스템으로 인한 교육 공공성의 해체', '무자비한 개발에 따른 생태 공공성의 파괴', '자영업자들의 골목 상권을 침해하는 대기업의 유통업', '공공적 규범과 도덕률의 해체에 따른 범죄의 증대' 등을 공공성 위기의 징후로 표현한다.

그러나 실제 위기에 직면해 있는 현재의 '공공성(公共性)'이 무엇을 의미하며, 핵심 요소는 어떻게 구성되는지, 사회 각 분야가 이를 지켜 내기 위해 무엇을 어떻게 해야 할지에 대한 논의가 부족한 것이 현실이다.

홍성태는 현재 우리 사회가 '공공성의 위기'[2]라는 진단에 대하여 사회적 합의를 이루었지만 단지 공공성의 위기라는 전 사회적 공감대만 형성되어 있을 뿐, 정작 공공성이란 무엇이며 왜 중요한가를 놓고 벌이는 관념의 대화조차 부재하다고 평가한다.

이 글은 한국 종교의 공공성(公共性)을 재구축하기 위한 기초 연구로서 서구 근대 종교의 '공공성'의 의미를 파악하는 것이 목적이다. 2017년 현재 국내에서 발표된 종교의 공공성에 관한 논문은 20여 편에 달한다. 대부분의 논문은 종교의 사회참여와 관련하여 공공성의 개념을 빌려 설명하거나, 공공성을 논의한 철학적 개념을 종교의 사회적 역할과 참여에 대비하여 설명한 경우다. 본 연구는 비록 선행의 연구물에서 상이하게 때로는 모순되게 정의된 '공공성(公共性)'의 개념과 의미를 상술한 것은 아니나, 그 활용이나 설명에서 공공성의 의미를 내포되어 있다고 판단하여 그 맥락과 내용을 분석하여 '공공성(公共性)' 개념에 접근하고자 하였다.[3]

첫 번째는 가장 일반적인 공공성의 개념으로 종교의 '사회참여'를 설명하였다. 대부분의 연구물은 종교 및 종교 기반 활동의 사회참여를 공공성 또는 공적 역할로 인식한다. 두 번째는 행위 주체자들의 대립으로 만들어지는 공과 사의 개념 대립 속의 공공성이다. 보편적 가치에 반하는 종교 집단, 혹은 종교 활동의 사회참여가 다른 주체와 대립되는 경우의 공공성의 의미를 파악하는 단계이다. 세 번째 단계는 공공성 담론에서 핵심적인 문제인 '공적인 것'과 '사적인 것'의 변증적 관계를 통해 상이한 두 영역을 넘어서는 형이상학적이고 종교적인 초월성을 공공성의 핵심 요소로 파악하는 단계이다. 마지막 단계는 카를 슈미트(Carl Schmitt, 1888-1985)가 『정치신학』[4]에서 통찰하고 있듯이 17, 18세기 근대 종교의 형이상학적이고 종교적인 신적 이념과 초월성이 국가의 주권, 정치체, 국가적 법생활의 이념과 일치했다는 역사적 사실을 통해 입증하는 단계이다.

II. 종교의 사회참여와 공공성

종교와 연관된 공공성에 대한 대부분의 연구에서는 '사회참여'와 타자와 의 '연대'[5]를 '공공성(公共性)'과 동일시한다. 대표적으로 정태식은 호세 카사 노바(Jose Casanova)의 『Public Religions in the Modern World』를 중심으로 종교의 '공적 재등장(public resurgence of religion)'을 공공성 회복으로 인식하 여 밝힌 바 있다. 같은 맥락에서 전명수는 「좋은 사회를 위한 종교의 역할과 종교 기반 시민단체의 의의: 로버트 벨라의 재성찰」에서 종교 기반의 시민 사회를 종교의 공적 역할로 인식한다. 종교의 사회참여와 관련된 국내 많은 선행 연구들은 로버트 벨라(Robert N. Bellah, 1927-2013)의 『사회변동의 상징 구조』에 의존해서 논의를 전개한다. 이는 벨라가 은둔을 지향했던 정통 종 교와 달리 근대 종교가 '정치적 함축성'[6]과 '사회적 함축성'을 지닌 것으로 규 정하고, '사회변동' 속에서 종교의 역할이 필요하며 종교가 '역사적 문명 안 에서 일어나는 많은 반란과 개혁 운동에 이데올로기와 사회적 결속력을 제 공'[7]해 왔듯이 앞으로도 사회변동에서 더욱 동적인 역할을 해낼 수 있다는 점을 강조하고 있기 때문이다. 공진성은 루소의 『사회계약론』과 스피노자 의 『신학정치론』을 분석하면서 정치에서 종교의 역할이 시민 종교의 의미 로 반영될 수 있다고 주장하였다. 최경환은 「하버마스의 공론장 개념과 공 공신학」에서 배제된 자들을 수용하고 서로 다른 타자와 연대하는 것이 '공 공신학'의 과제임을 밝히고 있다. 공공성에 대한 논의에서 많은 연구자들이 위르겐 하버마스의 공론장 이론을 토대로 논의를 전개하고 있으나 박종균 이 「하버마스의 종교론에 대한 비판적 연구」에서 지적하고 있듯이, 하버마 스가 종교가 근대성과 함께 형이상학적 · 구원론적 보증과 사회통합적 기 능을 상실했다[8]고 판단한다면, 그의 이론의 전체 체계에 대한 이해 없이 공론장 이론을 종교적 공공성 모색을 위해 무비판적으로 수용하는 것은 논쟁의 여지가 있을 수 있다.

정태식은 「현대사회에서의 종교의 사회적 위치와 공공성」[9]에서 카를 마르크스(Karl Marx, 1818-1883)와 막스 베버(Marx Weber, 1864-1920)를 중심으로 한 고전 사회학적 논의를 빌려 종교의 '사사화(私事化)' 또는 '사유화(私有化)' 개념과 그와 상반되는 '공적 역할' 또는 종교의 '공공성' 개념을 설명한다. 현대사회에서 종교는 개인의 사적 이익을 달성하는 도구로 '주술화', '상품화' 되면서 종교의 사회적, 공적 역할이 잠식당했으며, 근대 이전까지 사회의 중심적인 역할을 담당했던 종교가 개인이나 집단에 사유화되고 결국 중심에서 멀어지는 주변화 현상이 발생한다는 것이다.

베버도 『프로테스탄티즘의 윤리와 자본주의 정신』에서 '국민성을 결정적으로 형성'[10]했던 '종교적 힘'을 "현대인들이 절대 더이상 상상할 수 없게 되었다."고 밝혔다. 국내의 많은 선행 연구들이 종교의 사회정치적 역할을 모색할 때 베버와 벨라의 이론을 논의를 전개하는 이론적 기초로 삼았지만, 정작 이들은 현대에 종교의 사회적 역할에 대해 부정적 평가와 전망을 하고 있다는 점을 주목할 필요가 있다.

정태식이 지적한 대로 종교가 주술화되고 상품화되는 현상은 강인철과 박노자의 「한국 종교의 보수성을 어떻게 볼까-개신교를 중심으로」에서 더욱 구체적으로 확인된다. 그들은 시장 논리가 한국 종교 영역으로 깊숙이 침투하면서 '건강이나 재물 같은 현세적 축복을 동시에 강조하는 신오순절주의(neo-pentecostalism) 신앙', 예수 믿고 구원받는 영적 축복이 재물 · 물질의 축복과 치유 · 건강의 축복까지 동반한다는 여의도순복음교회 조용기 목사의 '삼박자 구원론'[11]과 '삼중 축복론'과 같은 상품화된 종교가 등장했음을 밝힌다. 이러한 현상은 일찍이 마르크스가 『공산당 선언』에서 말한 바와 마찬가지로 자본주의체제에서 인간과 인간의 관계뿐만 아니라 신과 인간의 관계조차도 '현금 지불'의 관계로 전락했음을 보여주는 것이다.

> 그들은 (부르주아지) 인간과 인간 사이에 적나라한 이해관계, 무정한 '현금 지불' 외에 다른 어떤 끈도 남겨 두지 않았다. 그들은 신앙심에서 우러나오는 경건한 광신, 기사의 열광, 속물적 애상의 성스러운 전율을 이기적 타산이라는 얼음같이 차가운 물속에 익사시켰다. … 부르주아지는 의사, 법률가, 성직자, 시인, 학자 등을 자신들에게서 돈을 받는 임금노동자로 바꿔 놓았다.[12]

한국 종교가 자본주의의 병폐인 착취나 소외, 경제적 불안, 불평등, 경쟁 등에 지치고 피로해진 사람들에게 힐링이나 도피 등 개인적인 해결이 가능하다는 환상을 제공한다는 박노자의 비판은 '상품화'된 종교를 비판함과 더불어 종교의 공적 역할과 공공성을 상실한 현대 자본주의사회를 비판하는 것이기도 하다. 강신준은 『오늘 자본을 읽다』에서 한국 사회뿐만 아니라 학계와 종교계에까지 핵심 키워드로 등장한 힐링 개념이 현대사회의 병든 상황을 치유할 수 있는 궁극적인 해결 방법이 아니라는 것을 분명히 밝힌다. 병든 상태가 "개인의 내면을 이루는 품성이나 수양이 부족해서가 아니라 개인의 의지와는 무관하게 외부의 강요 때문에 발생한 것"[13]인데, 정치, 경제, 사회 구조적 모순을 도외시하고 개인적 차원에서 논의를 하는 것은 근본적인 문제 해결에 도움이 되지 않는다는 것이다.

현재의 종교는 정치, 경제 등 삶의 분야에서 규제적 원리로서 영향력을 미칠 수 없게 되면서 공적 영역에서 배제되었다. 정태식은 베버의 견해를 빌려 "종교가 역사에 카리스마적으로 침투(charismátic breakthrough to the history)할 수 있는 가능성"[14]이 소멸된 것이라고 주장한다. 그러나 그는 같은 논문의 4장 '종교의 공적 재등장과 공공성의 회복'에서 호세 카사노바가 제시하는 몇 가지 사례를 통해 현대 종교의 탈사유화와 탈주변화의 가능성을 언급했다.

카사노바는 '종교의 공적 재등장' 또는 종교의 '탈사유화(deprivatization)'[15]의 사례로 미국의 '신기독교우익(New Christian Right)'을 중심으로 한 기독교 근본주의(Christian Fundamentalism)운동, '브라질과 중남미의 해방신학(Liberation Theology)', '폴란드의 가톨릭 연대(Catholic Solidarity)', '반핵 투쟁과 경제 정의와 분배 정의에 대한 규범적 질문을 제기한 미국 가톨릭 주교회의(United States Conference of Catholic Bishops)'를 제시하였다. 비기독교권의 대표적인 공적 재등장의 사례로는 시아파 이슬람(Shiite Islam)이 있다. 정태식은 카사노바의 사례에 버금가는 한국 종교의 사례로 삼성비자금 사건 등을 폭로한 천주교 정의구현사제단, 70년대와 80년대의 군사독재 시절에 적극 활동한 개신교의 도시산업선교회, KNCC(한국교회협의회) 인권위원회와 개혁불교 등의 활동을 열거한다. 그는 이러한 사례들이 종교의 공적 역할의 구체적 증거로서 '공공성 회복'의 가능성을 보여준다는 것이다.

그러나 종교의 공공성을 종교의 '사회정치적 역할'과 동일시하는 정태식의 주장에 따르면 범사회적인 가치와 배치되는 '미국의 근본주의'나 '이슬람 근본주의'도 공공성 범주에 포함되게 된다. 근본주의적 종교들이 '역사에 카리스마적으로 침투하는 것(charismatic breakthrough to the history)'을 과연 '종교의 공적 재등장', '공공성의 회복', 종교의 '탈사유화'의 범주에 포함시킬 수 있는 것인지 묻지 않을 수 없다.

정태식은 종교의 공공성 회복의 사례로 삼는 해방신학, 폴란드의 가톨릭 연대의 경우를 '담론 모델'로 미국의 근본주의나 이슬람 근본주의를 '투쟁적인 모델'로 구분한다. 그의 논의대로라면 두 모델 모두 '어떠한 세속적 가치

체계도 따라잡을 수 없는 강력한 실천적 신념'[16]으로서 종교의 공적 역할또는 공공성을 수행할 수 있게 된다. 그러나 여기서 문제는 투쟁적인 모델의 경우 이슬람 근본주의 대(對) 비이슬람주의의 대결 구도를 형성하는 것이다. 이 경우 한쪽 영역이 공공성을 획득할 경우 필연적으로 그에 상대되는 영역이 사적 영역으로 규정되고, 이 상황에서 공적인 영역과 사적인 영역의 경계는 종교적 신념의 차이로 상호 대립적 관계를 형성하며, 두 영역의 행위 주체자들 간의 공공성을 둘러싼 내적 갈등과 모순이 필연적으로 발생할 수 있다.

홍성태는 이러한 현상을 '공공성을 둘러싼 다양한 힘들의 역학관계'로 설명한다. '공공성은 그것을 인식하는 주체에 따라 다양한 규범적 의미를 갖는 다차원적인 개념'[17]이 된다는 것이다. 공공성에 대한 많은 선행 연구에서 '공적인 것'과 '사적인 것'의 변증적 관계에 대한 논란이 있는 것도 이러한 맥락에서 문제가 된다.

III. 정치적 상호작용의 메커니즘으로서의 공공성

홍성태는 공공성 담론에서 공공성을 둘러싼 주장들이 '보편 이익과 특수 이익의 경계'를 넘어서지 못하고 '이념과 권력의 사회적 관계'로 회귀되는 것을 경고했다. 그의 경고를 이해하기 위해서는 공공성의 '일곱 가지 이미지'[18]를 먼저 살펴볼 필요가 있다. 첫째는 국가가 표방하는 '공공정책의 가치'를 의미하는 국가 공공성이다. '국가적'이라는 말이 곧 '공공적'이라는 말과 동의어로 사용되는 경우다. 둘째, 원칙적으로 시장가격의 원리가 적용되지 않고 모든 사람이 공동으로 이용할 수 있는 재화와 서비스를 의미하는 공공재(public goods)이다. 셋째, '기업의 사회적 책임'이다. 자본주의체제에서는 시장에서 사적 이윤의 추구가 우선되기 때문에 공공복리와는 모순될 수밖에 없고 그래서 실제 지극히 제한적인 이미지이다. 넷째, 국가의 공공성 혹은 관제적 공공성과 대비되는 것으로 사회정의와 공익 운동이다. 다섯째, 언론 매체에 투영된 공적 성격과 공개성 그리고 의사소통의 중추적 기능을 말한다. 여섯째, 사회문화적 규범으로서 공공성으로 법적·제도적 측면에서 구현된 문화적 공공성이다. 일곱째, 개인으로서 행위자의 공적인 책임성을 의미한다. 이러한 일곱 가지 이미지 외에도 행정학에서는 자유주의(liberalism) 및 자유지상주의(libertarianism)의 정통에서 시장의 이익을 우선시하는 '도구적 공공성(instrumental publicness)'[19]도 다양한 공공성의 유형 중의 하나로 본다. 특히 시장의 이익을 우선하는 공공성의 이미지는 사회정의 및 공익 운동과 양립 불가능한 것으로 판단된다.

이처럼 공공성의 범위가 매우 넓을 뿐만 아니라 공공성의 이미지 간에 갈등과 대결 구도를 형성되기 때문에 앞서 밝힌 바와 같이 공공성이 '국가 대(對) 시민사회', 국가의 공공복리 대(對) 시장의 이윤 추구와 같은 '보편 이익과 특수 이익의 경계'를 넘어서지 못하고 '이념과 권력의 사회적 관계'로 회귀된다는 것이다.

사회정의와 공익 그리고 시장의 이익을 중시하는 두 경우에 상호 모순되고 갈등이 야기되는데도 각기 공공성을 주장할 수 있다는 것은 "공공성은 역사적 맥락에 따라 그리고 사회 체계와 권력의 사회적 관계에 따라 다양한 방식으로 정의될 수 있다."는 것이다. 이런 맥락에서 홍성태는 공공성 개념을 '사회적 공존을 위한 자율적 행위자들의 규범적 공간에 배태된 정치적 상호작용의 메커니즘'[20]으로 정의한다. '자율적 행위자들의 규범적 공간'의 의미는 위르겐 하버마스의 '공론장' 개념을 기반으로 한 것이다. 본 논의에서는 공론장 개념에 대하여 부가적으로 설명하지 않고 공공성이 '정치적 상호작용의 메커니즘'이라는 점에 주목한다.

공공성을 '정치적 상호작용의 메커니즘'으로 해석할 때 '공공성은 그 자체가 결과로서 주어지는 것이 아니라 사회적으로 구성되며, 역동적인 정치과정을 읽어 내 해석하는 문제'가 된다. 따라서 공공성 담론에서 공적인 영역과 사적인 영역의 구분도 역사적 맥락, 사회적 관계, 권력의 사회적 관계에서 다양하게 형성될 수 있게 된다. 사이토 준이치도 이와 같은 맥락에서 "공사(公私)를 나누는 경계선은 담론에 의존하는 유동적인 것이지, 담론 이전의 것도 정치 이전의 것도 아니다."[21]라고 강조한다.

정태식이 종교의 공적 역할 또는 공공성 회복의 모델 가운데 하나로 제시하는 투쟁적 모델의 경우 이슬람 근본주의자들이 자율적 행위자로서 자신들의 이념과 가치를 실현하기 위한 규범적 공간을 형성함으로써 그들의 입장에서 공적 영역을 형성하는 것이지만, 공적 영역으로 규정된 영역에 속하지 않는 행위자들의 규범적 공간은 사적 영역으로 전락하는 것이 불가피하다.

투쟁적 모델의 하나인 종교적 근본주의가 비록 사회정치적 기능을 수행하고 현실에 영향력을 미칠 수 있다는 점에서 한편으로 공적 역할을 수행하고 종교의 공공성을 확보할 수는 있겠지만, 근본주의에 반대하는 주의나 주장과 대결 구도에서 다른 영역의 규범적 공간을 배제할 경우 공적 역할과 공공성은 폐쇄적 성격을 띨 수밖에 없으며 그런 점에서 특수하고 사적인 것으로 전락하는 것이다.[22]

홍성태가 사회학적 관점에서 새롭게 정의한 공공성 개념은 공적 역할, 공적인 것, 그리고 공공성이 사회정치적 체계와 구조 안에서는 정치적 역학관계에 따라 공적인 것에 포함되지 않는 대대적(對待的) 영역을 필연적으로 배태할 수밖에 없는 구체적 현상을 개념화한 것으로 볼 수 있다. 이러한 일반적 정의는 공공성 담론을 둘러싼 다양한 구체적이고 역사적인 현상에 적용될 수 있다.

이승환도 「한국 및 동양의 공사관과 근대적 변용」에서 소포클레스의 비극 『안티고네』에 착안하여 조선 시대의 공사관을 통해 공(公)과 사(私)의 관계를 동심원적 상대성과 연속성의 측면에서 파악하면서 공과 사 관계의 상대성, 연속성 그리고 그 두 영역이 분리됨으로써 야기될 수 있는 대립과 갈등을 강조한다.

> 공이란 언제나 작은 범위를 둘러싼 큰 범위를 가리키는 개념일 뿐, 사란 큰 범위 안에 있는 작은 범위를 뜻할 뿐이다. 여기에는 고대 그리스에서 볼 수 있는 〈공=국가=정치 영역/사=가정=경제 영역〉이라는 뚜렷한 이분법이 성립될 수 없다.[23]

이승환의 견해대로 만약 공과 사 개념의 차이를 크고 작은 범위의 상대적 차이를 통해 이해한다면 공과 사의 규정이 상대적일 수밖에 없다는 것이 당연한 논리적 귀결이다. 조선 시대 조세정책이 공적인 것이지만 '대동법(大同法)'의 경우 지방에서 제정한 법으로서 국가와의 관계에서 사적인 것이라는 관점에서 '사대동(私大同)'으로 불렸다는 것이 하나의 사례가 될 수 있겠다.

문제는 공과 사의 상대성과 연속성이 정치적 역학 관계 속에서 갈등과 모순 그리고 투쟁적 관계를 야기한다는 것이고, 그 상대성으로 인해 야기된 문제를 '사'와 대결 구도에 있는 특수한 '공'이 해결할 수 없고 공과 사를 포괄하는 보편적인 제3의 것이 요구된다는 데 있다. 사적 의무와 공적 의무의 갈등과 대립[24]이 필연적이고 불가피하다면, 그러한 대립을 조정하고 화해시킬 수 있는 공과 사를 넘어서는 보편적인 기준을 제시할 수 있어야 한다.[25]

그렇다면 공공성은 공적인 것과 사적인 것의 대립 관계 너머의 차원에서 논의될 수는 없는 것인가? 공적인 것과 사적인 것을 포괄할 수 있는 그래서 어느 쪽도 배제하지 않을 수 있는 보편적 차원의 공공성은 없는 것인가?

이승환과 홍성태에 따르면 공공성이라는 것이 사회정치적 과정 속에서 형성되기 때문에 상대적일 수밖에 없고 공과 사의 대립적 구도가 불가피하다. 이런 맥락에서 홍성태는 공공성은 고정된 것이 아니라 폐쇄적일 수도 있고 개방적일 수 있는 가능성의 차원에서 공공성을 '기회 구조'로 이해한다. 이승환도 비록 그가 "무엇이 '공익'인지 단정 내릴 수 있는 선험적이고 보편적인 근거가 없는 한, 공익의 결정은 민주적 대화와 합리적 토론을 통해 이루어질 수밖에 없다."[26]고 가정함으로써 선험적이고 보편적인 근거, 즉 일체의 사적인 것을 포괄하는 보편적 차원에서 공의 개념을 부정한 것으로 볼 수 없지만, 그가 '공'을 '사'의 상대적인 개념으로만 논의를 전개하는 한 공공성은 사적인 영역의 상대적 개념에 불과할 수밖에 없다.

공과 사의 대립적 관계를 넘어선, 그렇기 때문에 보편적일 수 있는 근거로서의 진정한 공은 어떤 의미일 수 있을까? 카사노바의 공적 종교 정의는 이러한 문제에 답할 수 있는 실마리를 제공해 줄 수 있다. 다음의 인용문에서 카사노바는 공적 종교가 사람들로 하여금 공적 영역과 사적 영역의 경계를 넘어설 수 있도록 해서 분화되고 고착화된 규범을 '재규범화(renormatization)'할 수 있다는 것을 밝혔다.

근대의 분화된 사회에서 종교가 다시금 조직적인 규범적 (사회)통합의 역할을 할 것 같지도 않고 그것이 바람직해 보이지도 않는다. 그러나 (공적 영역과 사적 영역의) 경계를 넘어섬으로써, 그리고 분화된 (세속적) 영역들이 도덕적 규범이나 인간적인 고려에 관심을 두지 않으면서 자율적으로 기능한다는 주장에 대하여 공적으로 문제를 제기함으로써, 공적 종교는 사람들을 동원하여 이러한 주장에 대항하도록 도움을 주는 한편 영역 경계를 재설정하거나, 아니면 적어도 그러한 문제들에 대한 공적 논의를 강요하고 도움을 줄 수는 있을 것이다.[27]

카사노바는 근대의 분화된 사회에서 종교가 조직적인 규범적 사회 통합의 역할을 다시 할 것 같지도 않고 그것이 바람직해 보이지도 않는다고 말한다. 그렇지만 공적 종교가 공적 역역과 사적 영역의 경계를 넘어설 수 있게 한다는 그의 견해를 주목할 필요가 있다. 카사노바의 '공적 종교'의 정의에서 '공'의 의미는 '사'의 상대인 '공'을 의미하지 않는다. 공적 종교의 '공'의 기능이 공적 영역과 사적 영역의 경계를 '넘어선다'는 것은 곧 두 영역 가운데 어느 쪽으로도 귀속되지 않는다는 점에서 '초월'을 의미한다. 따라서 공적 종교에서 '공'의 의미는 초월적이고 보편적 성격이 있다고 할 수 있다.

바로 이 점이 홍성태가 공공성을 '정치적 상호작용의 메커니즘'으로, 그리고 정치과정의 결과로서, 사회적으로 구성된 산물로 이해하는 사회학적 차원의 공공성과는 다른 종교적 공공성을 이해할 수 있는 열쇠가 될 수 있을 것이다.

IV. '공적인 것'과 '사적인 것'의 경계 너머의 초월적 공공성

공공성 개념이 공적인 것과 사적인 것의 경계선상에서 논의될 때, 즉 이승환과 같이 공을 상대적이고 연속적인 선상에서 이해하거나, 홍성태의 정의와 같이 규범적 가치를 달리할 수 있는 자율적 행위 주체들의 정치적 상호작용의 메커니즘의 구성물로 파악할 때, 공공성은 필연적으로 사적인 것과 대립적 관계를 형성하게 되고 그로 인해 공공성 개념에 내포되어야 하는 핵심적 요소인 보편성도 상실하게 된다.

공공성 개념의 '공'의 의미가 '사'의 상대적 의미만을 지님으로써 보편성이 확보되지 못할 때 공공성은 홍성태가 지적한 바와 같이 '이념과 권력의 사회적 관계로 회귀'[28]될 수 있다. 예를 들면 다양한 공공성의 이미지 가운데 하나인 국가권력을 공적인 것으로 볼 때, 국가권력 자체가 사유화되는 경우 공적인 것과 사적인 것의 구분은 무의미해진다. 한국 근대사를 관통하는 한국의 국가 범죄와 그 법적 청산의 기록인 이재승의 『국가 범죄』[29]는 국가뿐만 아니라 법도 얼마든지 사적인 차원으로 전락할 수 있다는 것을 입증하는 단적인 증거다. 임마누엘 칸트는 『세계시민적 관점에서 본 보편사의 이념』에서 인간은 최고 권력을 갖게 되면, 최고 권력자로서 자기 자신만은 자유에 아무런 제한도 받지 않으려고 하는 경향이 있다고 말했다. 그는 인간의 '이기적 동물적 경향' 때문에 국가의 최고 권력자가 자신만이 법의 예외가 되려고 하는 것을 경고하고, 자신을 예외로 두지 않는 공정한 지배자를 찾는 것이 가장 곤란하고 난해한 과제라고 간주한다.

> 인간은 이성적 존재로서는 모든 인간의 자유에 제한을 가하는 법률을 원하지만, 그의 이기적 동물적 경향이 가능한 한 그 자신만은 예외로 삼고자 한다.[30]

인간의 이기적 성향을 극복하기 위해서 그리고 법률 앞에서 자신만을 예외로 두지 않기 위해서 사적인 것뿐만 아니라 언제나 사적인 것으로 전락할 수 있는 특수하고 상대적인 성격의 공적인 것을 넘어서는 초월성이 확보되어야 한다. 이런 맥락에서 '공적 종교'가 공적인 영역과 사적인 영역을 넘어서는 것을 가능하게 할 수 있다고 본 카사노바의 관점은 종교적 공공성의 의미를 초월적 측면에서 모색하는 데 실마리를 제공해 주었다.

카사노바가 정의한 '공적 종교'의 초월성과 국가와 법과의 관계에 대해서는 카를 슈미트의 『정치신학(Politsche Theologie: Vier Kapitel zur Lehre von der Souveränität)』을 통해 좀더 구체적으로 이해할 수 있다. 다음의 슈미트의 인용문은, 서구 근대 종교의 특징으로서의 형이상학적인 초월성이 국가, 정치, 법이 상호 긴밀한 내적 관계에 있었음을 이해하는 데 도움을 줄 뿐만 아니라, 서구 근대 종교의 사회정치적 역할과 관련된 국내 선행 연구들이 왜 루소나 스피노자의 신학 개념에 기반을 두는지에 대한 핵심적인 이유를 이해하는 데 도움이 된다.

> '신이 만든 불변의 계명을 본받는 일(Imeter les décrets immuables de la Divinité)'은 국가적 법생활의 이념이었다. 이는 18세기의 합리주의가 아무런 유보 없이 자명한 것으로 받아들였던 것이다. 루소는 이 언명을 『정치경제론』에서 사용한다. 특히 주권 개념에 대해서 그런데 루소는 신학 개념을 너무나도 눈에 띄게 정치화했기 때문에 그의 정치적 저작에 정통한 사람이라면 알아채지 못할 리 없다. 부트미(Émile Boutmy)는 루소는 "신에 대해 철학자가 만들어 낸 이념을 주권자에게 적용하고 있다. 신은 스스로 원하는 일을 모두 할 수 있지만 악을 원하는 일만은 할 수 없다."라고 말한다. 17세기 국가론에서 군주가 신과 동일시되고, 데카르트식의 체계 속에서 신이 세계에 대해 점하는 자리를 주권자가 국가에 대해 점하고 있음에 대해서는 아제르(Frédéric Atger)가 지적한 바 있다. "군주는 끊임없는 창조를 통해 국가의 모든 잠재력을 현세화한다. 군주는 정치 세계에 옮겨진 데카르트의 신이다.[31]

슈미트가 밝힌 서구 근대 종교와 국가, 정치, 법의 내적 연관성을 다음과 같이 정리할 수 있다. 첫째, 17, 18세기에 신의 계명을 지키는 것이 곧 국가적 법생활의 이념이다. 둘째, 데카르트와 루소를 비롯한 철학자들은 신학 개념을 정치화했다. 셋째, 루소는 철학자들이 밝힌 신학적 이념을 주권자인 군주에게 적용한다. 넷째, 데카르트 철학의 체계에서 신이 세계에 점하는 위상이 곧 주권자가 국가에서 점하는 위상과 동일하다. 다섯째, 군주는 정치 세계에 옮겨진 신이다.

그러나 종교와 국가의 이런 관계는 오래 지속되지 못하고 18, 19세기에 이르러 많은 교양인들 사이에서 "초월의 이미지가 모두 사라져, 비교적 명료한 범신론이나, 모든 형이상학에 대한 적극적인 무관심"[32]이 뚜렷해진다. 슈미트는 17, 18세기와 19세기의 서구 근대를 구분하는 결정적인 기준점이 신의 이념을 내포한 국가에 대한 주권자의 초월상이 19세기에 이르러 점차 '내재표상'으로 확장된 것에 있다고 본다.

슈미트는 『정치신학』 제3장 소제목인 '18-19세기에 일어난 초월표상으로부터 내재성으로의 이행'[33]에서 법과 정치의 영역에서 초월성이 사라지고 형이상학에 대한 적극적인 무관심이 팽배해질 때 법적 권위도 함께 상실되었음을 밝힌다. 데카르트, 스피노자, 루소의 경우와 달리 많은 교양인들 사이에서 '초월의 이미지가 모두 사라져, 비교적 명료한 범신론이나, 모든 형이상학에 대한 적극적인 무관심'이 뚜렷해진다는 것이다. 당시 주권자나 국가가 담지하고 있다고 자명하게 믿어 온 형이상학적 초월성이 사라지고 '내재-범신론'[34]이 팽배해졌다는 것이다. 주권자가 담지한 신적 초월성이 사라지고 '민주적인 정통성 관념'이 등장하지만, 결국 민주주의에서 신의 정당성과 같은 진리적 이념이 실현되지 못하고 '권위가 법률을 만드는 것'이 되어버리는 상황으로 변했다는 것이다. 신적 정당성과 초월성이 사라진 자리,

즉 '정치의 세속화(비종교화)'[35]의 자리에 신적 이념이나 초월성이 부재하게 되고 그 자리에는 법학에서 형식을 위한 형식, 즉 법형식주의와 나쁜 권위만이 팽배해진다는 것이다.[36] 슈미트는 '특정한 이념을 지지하는 공동체들 간의 분쟁이 발생한 구체적 맥락과 구체적인 특정한 이념들을 초월해서 작동하는 합리적 기준'[37]을 강조한다.

슈미트가 분석하는 19세기 근대의 형이상학적이고 초월적인 종교와 분리된 정치적 상황은 II장에서의 밝힌 바와 마찬가지로 현대에 종교가 국민성을 결정적으로 형성했던 종교적 힘을 상실한 것이고, '종교 역사에 카리스마적으로 침투(charismatic breakthrough to the history)할 수 있는 가능성의 소멸'로 인해 발생할 수 있는 현상을 설명한 것과 다르지 않다.

여기서 새롭게 강조할 것은 종교의 '사유화'와 '주변화' 현상의 근본적 원인이 단지 자본주의체제의 종교 상품화에만 있는 것이 아니라, 19세기부터 모든 유신론적이고 초월적인 표상에 대한 무관심과 그로 인한 내재-범신론이 그러한 현상의 직접적 원인이 될 수 있다는 점이다.[38] 따라서 종교의 공공성 회복은 바로 형이상학적 초월성의 회복 여부에 달려 있다고 할 수 있다.

V. 맺음말

본 연구는 종교와 공공성에 대한 국내 선행 연구를 분석하여 공공성의 개념과 의미 그리고 서구 근대 종교의 공공성의 핵심적인 요소를 파악하고자 한 것이다. 그러나 국내에서 연구된 대부분의 논문은 공공성의 명확한 개념 정의 없이 종교의 '사회적 정치적 역할'을 종교의 공공성 개념과 동일시한 것이 대부분이다. 특히 공적인 것과 사적인 것의 경계를 사이에 두고 공적인 것을 사적인 것의 상대적 차원으로 이해하거나 공공성을 사회정치화의 과정에서 구성된 '정치 이후'의 현상으로 파악함으로써 두 영역 사이의 모순과 갈등을 해결할 수 있는 공공성의 본래적 보편성을 제시하지 못하는 한계가 있다.

홍성태는 공공성 개념을 '자율적 행위자들의 규범적 공간에 배태된 사회적 공존을 위한 정치적 상호작용의 메커니즘'으로 정의함으로써 공공성의 의미를 드러내고자 했는데, 그의 시도는 상호 모순되기도 하는 다차원적인 공공성 개념을 일반적이고 보편적인 차원에서 정의했다는 점에서 의미가 있지만 앞서 지적한 문제점을 해결하는 실마리를 제공하지 못했다. 그래서 본 연구는 아직 불완전한 관점이지만 공공성을 그 대척점에 있는 공과 사의 갈등과 그 역학 그리고 이를 통합하기 위한 변증법적 시도를 통해 공적인 것과 사적인 것을 넘어서는 초월적 측면에서 파악하고자 시도하였다.

호세 카사노바의 '공적 종교'의 의미가 종교적 공공성의 핵심 요소를 초월성으로 이해하는 데 실마리를 제공했고, 이러한 사실을 카를 슈미트의 『정치신학』에서의 통찰을 통해 재차 입증할 수 있었다. 루소, 스피노자가 형이상학적이고 초월적인 신학 개념을 정치화했다는 그의 통찰은 국내 선행 연구가 종교의 사회적 정치적 역할을 논의할 때 도대체 왜 루소의 '시민종교' 개념에 의존하는지를 분명하게 인식할 수 있게 해 주었다.

벨라가 『사회변동의 상징 구조』에서 밝힌 서구 '근대 종교'의 특징에서도 초월적 실재는 강조된다. 그는 근대 종교의 특징을 다음과 같이 정리했다. 첫째, 근대 시대 사회변동에서 정통 종교의 이원론이 와해되었다. 둘째, 근대 종교 이전의 역사적 종교가 자아를 발견했다면, 근대 종교는 '자아를 수긍하는 교리의 바탕'을 찾아냈다. 그는 근대 종교에 이르러 '신과 인간 사이의 철저한 단절'을 강조한 전통 종교와 달리, '개인과 초월적 실재 사이의 직접적 관계'[39]로 인해서 인간 자아가 현실 세계에서 능동적이고 자발적으로

행동할 수 있게 되었다는 것을 강조한다.[40]

『약속을 어기다The Broken Convenant』에서 "시민 종교란 전 인민의 생활에서 틀림없이 발견되는 종교적 차원으로, 이를 통해 인민은 초월적 실재, 대개는 신에 비추어 내면적·역사적 사회적 경험을 해석한다."는 벨라의 주장은, 종교적인 초월적 실재가 인간 삶의 규범으로 작동할 수 있도록 영향을 미칠 수 있다는 것을 의미한다. 기독교의 '천년왕국운동(millenarian movement)', 스피노자(Benedicturs de Spinoza, 1632-1677)의 『신학정치론』과 『정치론』의 두 저서, 정치와 종교 관계의 이해에 매우 중요한 루소(Jean-Jacques Rousseau, 1712-1778)의 『사회계약론』의 '시민 종교'[41] 개념 등은 이미 이런 맥락에서 서양 학계에서 충분히 논의되고 있다.

사이먼 크리츨리는 현대에 법적 권위가 형식화됨에 따라 정당한 법적 권위도 함께 상실된 현 상황을 극복하기 위해서 루소의 『사회계약론』의 '시민 종교' 개념을 통해 종교적 권위에 대한 호소를 할 수 있으며 그것을 통해서 법적 권위의 정당성까지도 확보할 수 있다는 것을 강조한다. 그는 초월성, 즉 '궁극적으로 신성함의 형태로 된 초월성'에 호소하지 않는 정당한 정치체란 존재할 수 없다고 주장한다.[42]

이처럼 서양 종교의 경우 형이상학적이고 초월적인 종교성과 정치 및 사회적 역할과의 내적인 상호 연관성에 대한 연구가 활발히 진행되고 있는 데 반해서, 동양 종교의 경우 서양 종교와의 차이를 강조하기 위해 초재적 신을 설정하지 않는 범신론과 같은 밋밋한 자연주의를 통해서 동양 종교 고유의 형이상학적 초월성이 부정되고 그로 인해 동양 종교가 갖는 종교성의 사회정치적 역량도 함께 부정되는 경향이 있다.

이승훈의 「사사로운 이해와 공공선, 대립인가 공존인가?: 미국 사회에 대한 벨라와 우스노우의 논의」에서 "과연 우리의 전통과 문화 가운데 개인의 자율성과 공공에의 참여를 이어 주며 발전시켜 주는 언어들이 존재하는 가?"[43]라는 그의 질문 자체가 그러한 경향의 단적인 예라 할 수 있다. 이뿐만 아니라 박진우, 오세일은 「공공 영역에서 종교의 역할과 갈등: 세월호 특별법 제정에 대한 그리스도교 찬반 논쟁」에서 세월호 특별법을 반대한 대한민국수호 천주교 모임의 견해를 '개인 윤리'와 '공공 윤리'를 구분하지 못한 것으로 비판하면서 "특별법 반대 측의 윤리적 논점은 그리스도교보다는 불교의 관점에 보다 더 가깝다."[44]고 판단한다. 천주교 내의 특별법 반대 견해의 이유를 납득할 수 있는 아무런 분석도 없이 난데없이 개인적 깨달음을 추구하는 불교에 책임을 전가하는 연구자의 편협한 종교적 견해 자체도 문제지만 더 심각한 것은 이러한 판단을 무비판적으로 수용하고 내면화해서 불교를 비롯한 동양 종교의 종교성에 내재된 사회정치적 변혁의 역량 자체가 부정되는 것이다.

실제로 국내 한국 종교 관련 연구자들조차 종교성과 정치의 관계를 이율배반적 관계로 해석하는 경우가 많다. 이러한 경향은 동학농민혁명에 대한 역사학계와 종교계의 연구 경향을 통해서 확인할 수 있다. 동학이 종교이면서 동시에 사회혁명으로서 정치사회적 실천과 운동을 통해 종교적 깨달음인 평등주의를 현실에서 구현하고자 했음에도 종교성과 혁명성 중 어느 하나에 치중하면서 다른 하나를 비본질적인 것으로 도외시하는 경향이 있다. 한자경이 『한국철학의 맥』에서 이미 지적한 대로, 천도교 측과 일본 측의 연구가 동학을 사회정치적 참여와는 무관한 순수종교나 유사종교로 보고, 사학계의 연구가 동학의 종교성을 혁명을 위한 수단에 불과하다고 보는 '종교외피설'[45]의 주장은 모두 동학의 종교성과 혁명성을 통일성의 차원에서 보지 않고 상호 무관한 것으로 보는 것이다. 전자의 경우는 일본 측의 관점을 후자의 경우는 동양 종교의 종교성이 갖는 사회정치적 실천성을 의도적으로 부정하는 서양 종교의 시선을 무비판적으로 수용하고 내면화한 것으로 두 경우 모두 지적 식민주의를 벗어나지 못한 것이다.

서구 근대 종교의 공공성 또는 사회정치적 참여의 핵심적인 요소를 형이상학적이고 종교적인 초월성과 그 초월성을 내면화한 인간에게서 찾는다면, 한국 종교의 공공성을 재구축하기 위해서 그러한 요소를 비판적으로 검토해 볼 필요가 있다. 만약 서양 종교와의 차이를 강조하기 위해서 동양 종교만의 고유한 형이상학적 초월성을 부정할 경우, 불평등과 사회적 모순으로 경직된 위계질서를 변혁할 수 있는 동양 종교의 역량조차도 부정되는 것이며, 그로 인해 불평등한 기존 질서나 규범을 공고히 하는 이데올로기로 전락할 수도 있는 것이다.

앞서 밝힌 바와 마찬가지로 벨라가 전통 종교의 특징을 '신과 인간 사이의 철저한 단절'로 규정하고 17, 18세기의 근대 종교의 특징을 '개인과 초월적 실재 사이의 직접적 관계'에서 찾았다면, 그가 강조하는 서구 근대 종교의 특징은 이미 수행과 신앙을 통해서 인간 스스로가 부처가 되고자 하는 한국 전통 불교, 수양을 통해서 스스로 성인이 되고자 하는 성학(聖學)의 한국 전통 유교, 동학 그리고 원불교를 관통하는 인간관의 특징과 다를 바가 없다. 서양의 종교가 전통적 이원론의 입장에서 신과 인간의 질적 차이를 강조하고 뒤늦게 17, 18세기 근대에 이르러서야 비로소 신과 인간의 직접적 관계를 자각하기 시작한 것과 달리, 동양의 종교는 그보다 훨씬 앞서 인간 마음 안에서 형이상학적인 초월성을 자각하였다. 신과 인간의 질적 차이를 강조해 온 서양 종교와 달리 신과 인간의 동일성을 강조하는 한국 종교의 종교적이고 형이상학적인 초월성을 적극적으로 해석하고 그러한 초월성에 내재된 사회정치적 함축성을 현실에서 실천해 나아가는 것이 한국 종교의 공공성을 재구축하기 위한 선행 과제라고 할 수 있다.

한국적 공공성 탐구
– 교토포럼의 연구 성과를 중심으로

야규 마코토(柳生 眞) / 원광대학교 원불교사상연구원 연구교수

I. 머리말

1989년에 결성된 이래로 일본을 거점으로 활동해 온 공공철학공동연구소 교토포럼(公共哲學共働研究所京都フォーラム, 이하 교토포럼)은 김태창(金泰昌) 소장(당시)의 주재(主宰)로 대략 한 달에 한 번씩 사상, 사회, 정치, 경제, 교육, 과학기술, 환경, 장래 세대, 종교, 문학, 예술, 여성, 인물 등 다양한 주제를 가지고 각 분야의 일본 내외의 석학들과 전문가·실천자(實踐者)들을 한자리에 모아서 기본적으로 3일 동안 발제(發題)와 토론을 진행하는 대화를 무려 20여 년간 거듭해 왔다. 그리고 그 논의의 내용은 뒤에 문서화되고 도쿄대학출판회(東京大學出版會)에서 『공공철학(公共哲學)』 총 20권으로 간행됨으로써 사회에도 널리 공개되었다.

또 교토포럼에서는 서양의 공공철학(public philosophy)의 연구·소개·보급에 머물지 않고, 중국·일본·이슬람 등에서의 공·사·공공 관념까지도 검토했다. 특히 2000년대 후반부터는 한국적 공공성에 대해서도 집중적으로 연구와 토론을 했다.

이 글에서는 주로 교토포럼이 이루어 낸 성과를 바탕으로 교토포럼이 도달한 '공공하는 철학'의 이념을 살펴본다. 마지막으로 한국적 공공성과 그 가능성을 생각해 보고자 한다.

II. 대화를 통해 열린 '공공하는 철학'의 이념

1. 공사이원론을 넘어서

교토포럼은 발족 이래 '공공'이라는 제목으로 정치, 사회, 문화, 교육, 예술, 종교, 환경, 성, 과학, 생명, 법률, 조직, 안보, 리더십, 인물, 세대 간 대화 등등 다양한 주제를 가지고 논의를 쌓아 왔다. 그리고 그 활동을 통해 '공(公: 국가, 관료, 정부)'과 '사(私: 개인, 시민, 일반인)'와 다른 '공공(公共)'도 포함한 세 차원이 필요하고, 공과 사를 대립적으로 보는 것이 아니라 그 사이를 맺고 잇고 살리는 상관연동(相關連動)이 필요하다는 인식을 확인했다.

기존의 공사 담론이 '멸사봉공(滅私奉公)'이냐 그 안티테제로서의 '멸공봉사(滅公奉私)'냐를 막론하고 결국 공·사의 2극 대립 구도와 공을 중심으로 해서 사를 그것과 관련시키는 문제의식·사고방식에서 벗어나지 못했기 때문이다. 그런데 여기서 주의해야 하는 것은 영어 public의 번역어로서의 '공' 또는 '공공성'의 속성으로 상정된 '공평성', '공정성', '공개성'은 어디까지나 공이 사에 대해 가져야 할 자세·태도·행위일 뿐이라는 것이다. 이것은 공이 지니는 '권력성', '방위성(防衛性)', '폐쇄성'의 측면과 대비시켜서 특히 강조되는 '공'의 한 측면에 지나지 않고 '공', '사'와 병립되는 '공공'의 차원과는 다르다. '공공(하기)'은 어디까지나 '공'과 '사' '사이'의 상호관계의 문제인 것이다.[1]

2. 공공하는 철학

김태창은 교토포럼의 철학이 서양의 '공공철학(public philosophy)'과 다른

'공공(公共)하는 철학'이라고 강조한다. 그리고 사마천의 『사기』 「열전」에서 장석지와 황제가 나눈 대화가 동양의 '공공하기' 그리고 '공공하는 철학'의 전형이자 원형이라고 지적했다.

결국 장석지의 행위가 바로 '공공'하는 것의 전형이었고 그렇게 해야 법을 법답게 하고 제대로 되지 않는 위기에서 법을 구출할 수 있다는 것입니다.

그러면 장석지의 행위에는 어떤 의미가 있을까요? 그의 행위는 어떤 남자와 황제 사이에 서서 양쪽과의 대화를 통해 서로의 주장과 뜻을 충분히 살펴 헤아림과 동시에 양쪽에게 공평·공정·공명한 사법 판단을 실현시켰다는 것입니다. 그리고 이 장면을 다시 읽고 황제의 일방적인 독단·명령·집행은 법이 법으로서 기능하는 것을 정지시킬 가능성이 있다는 것을 납득시켰고, 이와 동시에 황제와 민중 사이를 중개·매개·공매(共媒)시키는 것을 통해 어느 쪽도 사전에 예상하지 않았으면서도 양쪽이 공인(共認)할 수 있는 새로운 해결의 길이 제시되었다고 본 것입니다. 그가 황제를 향해 '공공'하기를 진언했다는 줄거리를, 다시 장석지의 행위야말로 '공공하기'의 원형이라고 이야기함으로써 퍼블릭과는 유래가 다른 '공공(하다)'라는 개념을 안출(案出)한 것입니다.[2]

우선 '공공하다'라는 것은 어떤 뜻일까? 김태창은 그 구체적인 내용이 대화(對話)·공동(共働)·개신(開新)이고 장석지와 황제의 대화 자체가 그것을 나타낸다고 말한다. 그리고 이 이야기 속에서 사람들이 함께 대화를 나누면서 새로운 차원(법의 새로운 이해, 또는 과실로 인해 황제의 노여움을 산 불쌍한 남자의 생명을 구함)을 열게 되었다는 줄거리 자체가 바로 동양적 공공이 무엇인가를 단적으로 보여주고 있다고 강조한다.[3] 말하자면 '공공하기'는 공과 사의 영역(혹은 공과 공, 사와 사) 사이를 매개하고 서로를 맺고 잇고 살리는 운동이자 역동이다. 그럼 그 운동은 무엇을 지향하는가? 김태창은 '공공하는 철학'의 핵심을 '활사개공(活私開公)', '공사공매(公私共媒)', '행복공창(幸福共創)'으로 정리한다.

또 '공공철학'과 '공공하는 철학'의 차이점을 보면 전자는

(ㄱ) 공공(성)이란 무엇인가를 분석하고 이론화시킨 철학

(ㄴ) 한 나라의 정치체제를 정당화하고 변호하는 철학

(ㄷ) 자기와 구조 관리(통제)를 중심으로 논의하는 철학

(ㄹ) 시민 '을 위하여/에 관하여/에 의한' 철학

(ㅁ) 주로 정치체제의 문제를 논의하는 철학

(ㅂ) 전문가들끼리의 정책 논쟁이 중심이 되는 철학

(ㅅ) 학자가 혼자 생각하고 이론화하고 자타의 학설을 해석·정리·비판하는 철학

이에 대해 '공공하는 철학'은 다음과 같다.

(ㄱ') 철학·이론 자체의 공공성을 다시 묻는 사고와 실천의 철학

(ㄴ') 글로벌(global, 지구적) 차원과 로컬(local, 지역적) 차원의 상호관계에서 내셔널(national, 국가적) 차원 또는 기타 다양한 문제를 재고(再考)하는 철학

(ㄷ') 매개가 없는 자기(사)와 닫힌 전체(공: 공동체)라는 이극 대립적인 폐쇄 상태를 그 중간에서의 발상과 역동으로 헤쳐 나가고 새로운 지평을 찾고자 하는 철학

(ㄹ') 모두와 함께, 더불어의 차원을 중시하는 철학

(ㅁ') 인간과 국가와 세계의 문제를 각각의 사이에서 다시 묻는 데에 중점을 두는 철학

(ㅂ') 전문가와 시민 사이에 활발한 토론을 촉발하고 정치철학을 비롯하여 사회과학, 인문학, 자연과학과 기술 분야의 참여와 협동을 통해 인간과 사회와 자연의 상호 관계를 종합적으로 재검토하는 철학

(ㅅ') 학자나 시민들의 다성(多聲, plurivocal), 다음(多音, polyphonic), 다리(多理, polylogos), 다분야(多分野, multidisciplinary)의 공동 참여, 공동 창발의 철학[4]

무엇보다 중요한 것은 '공공하는 철학'의 이념과 방향, 그리고 20여 년 동안 거듭해 온 대화와 공동의 시도 자체가 일본과 한국, 그리고 세계에서 참여한 무려 2,000여 명에 달하는 학자 · 연구자 · 관료 · 언론인 · 사회운동가 · 학생 · 경영자 등등의 대화와 공동을 통해 개척되었다는 점이다. 다시 말하면 '공공하는 철학' 자체가 끊임없는 '공공하기'에 의해 이루어졌다는 것이다.

III. 개벽종교의 공공성

1. 교토포럼의 한국적 공공성 연구

교토포럼에서는 각 문화권 · 지역 · 국가에서의 공공성에 대한 연구발표와 토론을 거듭하는 한편, 한국의 사상 · 철학 · 문화 · 역사 · 종교 속의 공공성 탐구와 다문화 철학 대화도 정력적으로 추진해 왔다.

특히 2008년 무렵부터 〈실심실학(實心實學)〉, 〈최한기(崔漢綺) 기학(氣學)〉, 〈한과 동학과 생명〉, 〈개벽〉, 〈선비와 사무라이〉, 〈상생(相生)〉, 〈공복(共

福)〉 등 다양한 주제로 한국 사상·철학을 집중적으로 다루고 또 『성학십도
(聖學十圖)』, 『조선왕조실록(朝鮮王朝實錄)』 등의 학습회도 개최했다.

2010-2011년에는 교토포럼 기관지인 『공공적양식인(公共的良識人)』에서
김태창과 야규 마코토의 공동 집필로 『국의 공공하는 인간』을 연재했다. 이
것은 원효(元曉)·화담 서경덕(花潭 徐敬德)·퇴계 이황(退溪 李滉)·율곡 이
이(栗谷 李珥)·남명 조식(南冥 曺植)·하곡 정제두(霞谷 鄭齊斗)·다산 정약용
(茶山 丁若鏞)·혜강 최한기(惠岡 崔漢綺)·수운 최제우(水雲 崔濟愚)·증산 강
일순(甑山 姜一淳)·정산 송규(鼎山 宋奎)·다석 유영모(多夕 柳永模)·신천옹
함석헌(信天翁 咸錫憲)의 총 13명을 공공하는 철학의 시각에서 다시 읽고 한
국을 대표하는 공공하는 인물과 사상가로 일본 독자들에게 소개했다.[5] 이와
같은 연구와 토론의 결과 '공공(성/하기)'라는 안목으로 한국의 역사·사상·
철학을 다시 봄으로써 '공공(하는)' 사상적 전통과 정신이 있음을 확인할 수
있었다.

2. 조선 시대의 '공공'

조선왕조는 '공공하는' 나라였다. 한국 고전에서 '공공(公共)'이라는 말을
찾아보면 『조선왕조실록』만 보아도 무려 600여 건을 확인할 수 있다. 이것
은 중국이나 일본의 역사서 한 권에서 겨우 수십 건 정도 발견되는 것과 비
교하면 파격적인 숫자이다. 또 황제 전제체제가 강하고 임금과 신하의 대
화는 상상하기도 어려웠던 중국이나 무사 계급의 지배가 무려 700년 간 지
속되면서 상의하달(上意下達)의 풍조가 강했던 일본과 비교해도 조선왕조의
임금과 신하 사이의 대화와 토론의 기록 횟수는 많다.

『조선왕조실록』에 보이는 '공공'의 내용 또한 다양하다. 이것은 조선조의

건국이념과 밀접한 관계가 있었다.

조선왕조 건국 당시 정도전(鄭道傳)은 『조선경국전(朝鮮經國典)』에서 "임금이 신하에게 말해 주기를 요구하고 신하가 임금에게 글을 올린다면 벽이 허물어지고 가려짐이 제거될 것이다. 임금과 신하의 사정이 통하면 어찌 어진 이가 버려질 수 있겠으며 어찌 원통한 사람이 억울함을 못 풀겠는가?"[6]라고 말하고 위민정치(爲民政治)를 신국가의 기본 이념으로 내세웠다.

세종대왕(世宗大王)에 이르러서는 정도전의 '위민'을 '여민공락(與民共樂)' 즉 백성과 더불어 즐긴다는 말로 바꾸었다. 그뿐만 아니라 글을 모르는 백성들을 위해 훈민정음 28자를 제정했다. 물론 예외는 있었으나 역대 임금들은 경연(經筵) 자리에서 신하들과 토론하고, 또 행차 길목에서 백성의 격쟁(擊錚)을 맞이하거나 신문고를 통해 백성의 하소연을 듣는 기회를 마련함으로써 '여민공락'의 이념을 거듭 확인했다. 임금은 신하와 백성의 말을 잘 듣고 대화를 많이 나누어서 그들의 뜻을 이루게 함으로써 만백성과 함께 즐기는 것을 지향했다.

이것은 요순(堯舜)과 같은 옛 성인의 행실을 본받는다는 유교적 정치 이념 실천의 모습을 띄고 있었지만, 똑같은 유교문화권인 중국이나 일본 등에서는 조선왕조만큼 빈번하게 임금과 신하의 대화가 이루어지지 않았다는 점에서 조선왕조 특유의 공공성이라고 할 수 있다.

예를 들면 영국에서 1215년에 제정된 대헌장(마그나카르타)은 흔히 서구 근대 민주주의, 입헌주의의 시발점으로 평가받는다. 하지만 사실 존(John) 왕이 프랑스 왕과 전쟁하다가 번번이 패배하고 전비 부담을 더이상 못 참게 된 영국 귀족과 시민들이 분노해서 존왕의 퇴위를 요구했다. 이에 대해 존왕은 대헌장을 제시함으로써 스스로 왕권을 제한한 대신 자기 왕위는 보장받았다. 즉 대헌장은 본래 정치적 거래의 산물이었지 별로 대단한 이념 같은 것은 없었던 것이다. 그래서인지 중세 내내 망각되고 셰익스피어의 역사적 『존왕(King John)』에서도 무시당할 정도였다. 대헌장이 다시 빛을 보게 된 것은 영국에서 왕과 의회의 대립이 심각해지고 민주혁명이 일어난 17세기 이후의 일이었다.

이것과 비교해 보면 조선왕조의 역대 왕들이 건국 초기부터 유교적 민본주의에 입각하여 적극적으로 신하들과 대화하고 민간의 의견을 수렴하고자 노력한 것은 세계의 민주주의 또는 공공성의 역사에서도 매우 중요한 의의가 있는 것이라고 할 수 있다.

한편 개인의 문집에서 '공공(公共)'이 쓰이기 시작하는 것은 조선 시대 초기의 정도전·이언적(李彦迪)부터이다. 조선 시대 중기에 오면 이율곡(李栗谷)이 권문세도가의 위세에 굴하지 않고 "힘써 권문가가 사사로이 하는 것을 막고 우리 생민(生民)으로 하여금 왕토(王土)를 공공(公共)하게 하라"[7]고 임지에 부임하는 관찰사에게 훈계하고 또 『성학집요(聖學輯要)』에서도 "천자의 부(富)는 사해(四海)에 조장되고 제후의 부는 백성에 조장되어 있사옵니다. 창름부고(倉廩府庫)는 공공(公共)의 것으로 삼기 위해 있는 것이니 사사로이 쌓아 놓아서는 아니 되옵니다. 국군(國君)이 사사로이 저축함이 있으면 이것은 정리(征利)라고 하옵니다."[8]라고 했듯이 그는 '공공'을 지배층의 독점을 물리치고 국토에서 생산되는 자연의 혜택을 천하의 백성이 함께 향유할 수 있게 해야 한다는 의미로 사용했다.

비록 '공공'이라는 단어는 쓰지 않았지만 이퇴계(李退溪)와 기대승(奇大升)이 7-8년에 걸쳐서 전개한 사단칠정(四端七情) 논쟁은 조선조 선비들의 '공공하기'의 모범적인 사례라고 할 수 있다. 기대승은 물론이지만 퇴계도 나이 차이가 30세 가까이 되는 제자에게 정중한 예를 다하면서도 두 사람 모두 진리를 논의하는 데에는 조금도 거리낌이 없었다. 마침내 퇴계는 기대승의 지적을 일부 받아들여서 "사단은 이치에서 일어난 것(四端理之發)이고 칠정은 기운에서 일어난 것(七情氣之發)"이라고 하던 종래의 자기의 주장을 "사단은 이치에서 일어나고 기운이 따른 것(理發而氣隨之)이고, 칠정은 기운에서 일어나고 이치가 거기에 탄 것(氣發而理乘之)"으로 수정하는 겸허함을 보였다. 기대승도 또한 퇴계의 반론에서 동의할 수 있는 부분을 받아들여 새로운 사상적 경지에 도달한 것이다. 이것은 곧 앞에서 본 '공공하기' 즉 '대화 · 공동 · 개신'의 한국적 모델이라고 할 수 있다.

또한 18세기의 정약용(丁若鏞)은 경제론에서 '공공상의(公共商議)', '공공심미(公共審美)', '공공출납(公共出納)' 등의 말을 사용하여 '공공'의 개념을 더욱 확대시켰다. 이와 같이 조선 시대 선비들의 '공공'의 용례, 또는 '공공하기'의 실제 사례는 매우 다양하지만 그중에서도 특히 주목할 만한 것은 '천하고금 공공(天下古今公共)'의 개념이다.

서양에서도 동양의 중국 · 일본 등지에서도 공공(에 해당되는 개념)은 소위 공공권, 공공 영역 등 주로 공간적 표상으로 여겨지고, 시간축의 공공성은 매우 드물었다. 그러나 유독 한국의 역사 · 문집에는 있다. 그것이 바로 '천하고금의 공공'이라는 말이다.

예를 들면 『세종실록(世宗實錄)』 중에서 "법이라는 것은 천하고금이 공공하는 바이지 전하께서 얻으시고 사적으로 가지시는 바가 아니옵니다."[9]라는 신하의 말이 기록되어 있는 것처럼 '천하고금의 공공'이라는 개념이 여러 학자들에 의해 거론되었다.

그중의 한 사람이 면우 곽종석(俛宇 郭鍾錫)이다. 나라가 점차 쇠퇴하고 일본의 식민지로 전락해 가는 시기에 살았던 그는 "내가 몰래 생각건대 의리(義理)의 정(情)이라는 것은 자기 혼자만의 사사로운 것이 아니라 천하고금 사람이 공공하는 바라는 것을 말하는 것이다."[10]라고 말했듯이 '천하고금의 공공'이라는 생각을 가지고 있었다. 그는 무력에 의한 의병 투쟁보다 각국 영사관에게 일본의 횡포를 규탄하는 글을 보내는 언론 투쟁을 선택하였다. 그리고 1919년의 파리장서사건 때에는 136명의 유림 대표와 더불어 파리장서(巴里長書)를 작성하여 연서(連書)하고 각국 신문사와 파리강화회의에게 보냈다. 그렇게 해서 그는 회의에 모인 각국 대표들과 세계의 양심적 지식인들에게 식민지 조선의 진상을 알리고 시대와 공간을 초월한 보편적 도리와 정의에 입각해서 식민지주의를 비판하고 조선 독립을 호소한 것이다.

3. 공공성의 바탕으로서의 '흔'

김태창은 한국적 공공성의 밑바탕에는 '흔'이 흐르고 있다고 주장한다. 흔(한)은 한자로 한(韓) 이외에 간(干), 한(汗), 환(桓) 등으로 표기될 수도 있었다. 하지만 흔(한)은 순수 한국어로서 수사·부사·형용사 등으로 일상에서 다양한 의미로 사용되는 말이다.

예를 들면 하나, 한걸음, 한 방울, 한뜻, 한 구석, 한쪽, 한비, 한물, 한가운데, 한겨울, 한복판, 한길, 한 10분, 한때, 한참, 한낮 등등의 '한'이다. 김태창은 이와 같이 다양한 한의 의미를 일(一), 다(多), 중(中), 대(大), 범(凡, 또는 혹或)의 다섯 가지로 정리한다. 또 한과 상통하는 확(확 열리다). 환(환하다), 흰(흰하다, 흰히)에서 개(開, 엶/열림), 명(明, 밝음), 정(正, 바름), 활(活, 삶/살림)의 속성까지도 도출해 냈다.

김태창은 한국인의 정신세계 속에 이와 같은 '흔'적 영성이 깃들고 있다고 보았다. 이것은 개개인의 내면에도 있지만 거기에 한정되지 않고 자기와 타자, 나아가서는 삼라만상 사이를 유행하면서 그 전체를 크게, 대충대충 하나로 감싸는 우주적 영성 또는 생명력이라고 할 수 있다.[11]

이것을 원효는 일심(一心)이라 부르고, 퇴계는 리(理), 천리(天理) 또는 리발(理發), 활리(活理)로 보고, 최한기는 신기(神氣) 혹은 그냥 기(氣)라고 불렀다. 또 수운(水雲)은 '한울님', '상제(上帝)' '천주(天主)' '지기(至氣)' '내유신령, 외유기화(內有神靈 外有氣化)'라고 불렀고, 소태산(少太山)은 일원상법신불(一圓相法身佛)이라고 표현했다. 유영모와 함석헌은 이와 같은 우주적 영성·생명력이 깃든 개개의 보통 사람을 '씨ᄋᆞᆯ'이라고 불렀다. 또 함석헌은 "한 혹은 ᄒᆞᆫ이 우리 정신생활의 등뼈다."라고까지 말했다. 한국적 공공성의 밑바탕에는 바로 이 ᄒᆞᆫ의 우주적 생명 또는 영성이 원동력 또는 매개로 작동하고 있는 것이다.

그런데 한 가지 주의해야 하는 것은 'ᄒᆞᆫ'을 한(恨)과 혼동해서는 안 된다는 것이다. 김태창에 의하면 한(恨)은 어디까지나 한국적 심성의 극히 일부분에 지나지 않는다. 한자의 한(恨)은 마음 심(忄)과 어긋날 간(艮)으로 이루어지는데, 이것은 내적인 조건의 결핍과 외적인 부당한 억압과 방해로 인해 본래 활발하게 활동하는 온전한 마음의 움직임이 억눌리고 그 생동이 멈추고 가로막혀 침체된 상태를 이른다. 생동하는 온전한 마음이 바로 한마음이고, 그것이 억압·침체·응결되면 한(恨)이 되고 억압자·침략자에 대한 저항력으로 수렴·결집·농축된다. 이것이 하나의 방향성을 띠게 되면 엄청난 변혁의 에너지를 발생시킨다. 하지만 한(恨)은 ᄒᆞᆫ마음의 역동의 일부분이자 그것이 억눌리고 일그러진 상태로만 이해되어야 한다.

4. 한국 신종교의 공공성 −후천개벽(後天開闢)으로 열린 새로운 '공공'

한국 사상에서도 특히 동학(東學)을 필두로 하는 한국 신종교를 특징짓는 것은 후천개벽(後天開闢) 또는 다시개벽의 사상이다. 후천개벽은 낡은 천지의 질서가 끝나고 난 후에 새로운 천지가 열린다는 것을 의미한다. 개벽이란 무엇인가에 대한 설명은 사상가 또는 종교마다 각양각색이다.

수운은 술수학(術數學)·역수학(易數學)적인 개념을 빌려서 선천(先天) 5만 년의 시운을 다하고 후천시대가 열렸다고 강조했다.

증산은 이를 선천시대가 바로 단주(丹朱)[12]의 한(恨)으로 뒤덮인 상극(相克)의 시대였다는 신화적 또는 무교적(巫敎的)인 논리로 파악했다. 그리고 후천개벽을 '천지공사(天地公事)'를 통해 한(恨)·원(怨)·원(冤)을 푸는 '해원상화(解冤相和)'의 개벽을 이르고 '선경상생(仙境相生)'의 후천의 도덕적 낙원세계를 실현해 나가는 과정으로 설명했다.

소태산은 '물질이 개벽되니 정신을 개벽하자'라는 구호를 내세우면서 앞서가는 물질문명의 발달과 조화를 이룰 수 있는 정신개벽을 강조했다.

이와 같이 선천·후천의 개념을 설명하는 방식·논리는 각 종교마다 각양각색이지만 후천개벽의 논리 구조는 공통되어 있다. 또 개벽사상의 공공적 의의도 역시 공통된 부분이 많다.

개벽사상은 언뜻 보기에 종말사상 또는 천년왕국사상과 비슷하게 보인다. 하지만 종말사상에서는 말 그대로 종말 즉 구질서의 전면적인 파괴·붕괴·멸망이 장차 다가온다는 것을 강조하고 그것에 대비하라고 재촉하는데 비해, 후천개벽사상에서는 선천시대가 이미 끝났다고 보고, 그 후의 쇄신·혁신·건설을 더욱 강조하는 점에 기본적인 차이가 있다.

또 역사상에서 이루어진 수많은 정치혁명이 한번 성사된 후에는 혁명 질서를 유지하기 위해 '혁명의 적', '반혁명 세력'을 적결·숙정하는 쪽으로 치우치고 결국 비참한 결과를 초래한 경우가 허다했다. 하지만 개벽사상에서는 사회변혁과 동시에 수행·수양과 생활 속의 도덕 실천을 통한 자기변혁·자기혁신을 더욱 중요시하는 특징이 있다.

위와 같은 특징이 있는 한국적 후천개벽사상에 내포된 공공성은 대략 다음과 같이 정리할 수 있을 것이다.

1) 인간 존중 사상

한국 신종교에서는 공통적으로 인간의 평등과 존엄성을 강조하는데 특히 기존의 사회에서 차별되고 억압되고 무시당했던 여성·천민·어린이가 사람으로서 존귀하고 가치가 있는 존재로서 제대로 대우받아야 한다고 강조했다.

수운은 '시천주(侍天主)' 즉 사람마다 모두 한울님을 모시는 존귀한 존재임을 설파했다. 이것은 해월 최시형(海月 崔時亨)의 '사인여천(事人如天)' 즉 '사람 섬기기를 하늘 섬기듯 하라', 의암 손병희(義庵 孫秉熙)의 '인내천(人乃天)' 즉 '사람이 곧 한울이다'라는 사상으로 계승·발전되었다.

또한 당시 동학은 귀천, 남녀, 빈부의 차별이 없었기 때문에 백정이나 술파는 사람들이 동학에 모여들었고, 남녀를 막론하고 접포(接包)를 만들기 때문에 과부들이 모여들었고, 부자와 가난한 사람이 서로 돕기 때문에 가난한 사람들이 기뻐했다고 서술할 정도로 동학의 평등 실천은 철저했다.

원불교에서도 소태산이 영산(靈山)에 있을 때 그 밑에 창녀 몇 명이 입교하여 내왕하였다. 제자들은 그것을 못마땅하게 여겨 세상 사람들의 비방을 받을까 걱정하고, 교단의 발전에도 폐를 끼치지 않을까 두려워해서 그렇게 되기 전에 미리 왕래를 금해야 된다고 요청했다. 그러자 소태산은 "세상에는 신분의 상하와 직업의 귀천이 있어도 불법에는 그러한 차별이 없다. 그 원리를 깨닫지 못하고 그녀들이 다니는 것을 방해하고 함께 공부하기를 싫어하는 자가 있거든 그러한 자가 오히려 제도(濟度)하기 어려운 사람이다."라고 제자들의 소견이 좁음을 꾸짖었다.[13] 즉 모든 사람은 일원상의 진리를 체받고 있기 때문에 부처가 될 수 있는 불성을 지닌다. 그러므로 세상에는 차별이 있어도 진리의 눈에는 차별이 없다는 것이다.

2) 생태 · 환경 · 사물 존중 사상

앞에서 보다시피 한국 신종교에서는 영성에 입각한 인간의 존귀성을 강조했다. 하지만 이것은 다른 사물과 비교해서 인간의 가치가 높다는 차별적 논리가 아니었다.

해월은 수운의 시천주사상을 발전시켜 경천(敬天) · 경인(敬人) · 경물(敬物)의 '삼경(三敬)'을 주장했다. 한울님과 사람을 모시고 섬기는 것만이 아니라 우주만유를 공경해야 한다는 것이다.

그는 "물건마다 한울이요 일마다 한울이다."라는 도리에 비추어 모든 것은 '이천식천(以天食天)' 즉 한울로써 한울을 먹는 것이라고 말했다. 한울 전체를 본다면 동질적인 것은 서로 도움으로써 기화(氣化)를 이루게 하고 이질적인 것은 한울이 한울을 먹음으로써 기화를 통하게 한다는 것이다.

또 소태산은 천지은(天地恩) · 부모은(父母恩) · 동포은(同胞恩) · 법률은(法律恩)의 '사은(四恩)'에 감사해야 한다고 주장했다. 그런데 세 번째의 '동포은'의 '동포'는 반드시 같은 민족 · 국민 · 혈연에 한정되거나 인간만이 한정되는 것이 아니다. 금수초목과 같은 생명체까지도 동포로 보고 사람과 동식물의 관계도 은혜의 관계로 보는 것이다. 이렇게 사물 · 자연을 존중하는 사상은 자원 · 환경 · 생태계의 보전과 보호 면에서 중요한 시사를 주는 것이다.

3) 새로운 공동체와 이상세계

동학의 접(接) · 포(包)는 믿음을 함께하는 사람들이 모이고 수행하는 신앙 공동체임과 동시에, 앞에서 본 바와 같이 그 안에서는 귀천 · 신분 · 남녀·빈부의 차별이 없어지고 있는 자와 없는 자가 서로 돕는 상생(相生)의 공동체이자 후천개벽 세상을 구현한 모델이기도 했다. 또한 동학혁명 당시, 특히 전주화약(全州和約) 이후에 설치된 폐정개혁(弊政改革)의 기관으로서의 집강소(執綱所)는 지방관청의 부정부패를 감시하고 행정을 대행하는 정치기구의 역할까지 수행했다.

원불교에서는 사은의 하나로 법률은(法律恩)을 들고 일반 사회의 법률[14]을 준수하고 인도정의를 실현하도록 권장하지만, 이상적으로는 도학(道學)과 과학 그리고 물질과 정신이 조화를 이루는 전반세계(甎盤世界) 건설을 지향한다.

또 강증산은 해원(解冤)에 의해 상극을 풀고 자타 간의 상생·상화(相和)를 실현하면 성(誠)·경(敬)·신(信)의 덕목이 실천되고 물질적인 부유함보다 정신적인 부유함이 우선되는 후천의 선경(仙境)이 이루어진다고 주장했다.

4) 종교 간 대화·소통·상호 이해

근대 이전에도 원효가 화쟁회통(和諍會通)을 설한 것을 비롯하여 한국 사상사에서 회통의 논리는 하나의 중요한 사조였다. 한국 신종교도 역시 대체적으로 타종교에 대해 개방적·우호적이며 특히 신도와 비신도·이교도·불신자를 엄격히 구별하여 후자에게 벌이 내려진다거나 하는 폐쇄성·배타성·전투성은 찾아보기 힘들다.

소태산은 세상에는 이른바 세계 3대 종교라는 것이 있고 또 여러 가지 신종교도 적지 않지만 그 근원이 되는 도리는 하나같이 일원(一圓)의 진리를 벗어나지 않는다고 설파했다. 그래서 일의 시비·이해를 분석하고 이치의 대소·유무를 밝히며 인생이 일정한 방향으로 인도를 밝히도록 하는 것으로, 유교·불교의 많은 경전과 기타 각 종교의 많은 글들을 보아도 모두 그

렇지 않은 것이 없는 것이다.[15]

또 그가 가르침을 듣고자 하는 어느 목사의 방문을 받았을 때 기독교의 울타리에서 나와 광대한 천지를 구경한 일이 있느냐고 물었다. 목사가 그 광대한 천지는 어디에 있는지 묻자 그것은 마음가짐을 바꾸고 널리 바라보는 데에 있다고 대답했다. 만약 그렇지 못할 경우 자기 것만 고집하고 남의 것을 비난하고 배척한다. 그렇게 해서 철벽처럼 굳어진 울타리가 생겼고, 나라와 나라, 교회와 교회, 개인과 개인 사이에서 서로 반목하는 것은 바로 이것에 기인한다. 따라서 우리는 하루빨리 이 울타리를 타파하고 서로의 집을 융통시켜서 원만하고 활기찬 신생활을 전개해야 하며, 그래야 세상에 하나도 버릴 것이 없게 된다고 말했다.[16]

이렇듯 한국 신종교에서는 세계의 여러 종교도 근원은 하나라는 신념을 가지고 종교 간의 상호 이해와 대화에 적극적이었다.

이상 한국적 공공성에 대해 대략 살펴보았다. 먼저 조선 시대의 '공공' 개념 또는 '공공하기'의 실제 사례를 보면, 거기에는 김태창이 지적한 '공공하기', 다시 말해 대화·공동·개신의 정신이 그대로 살아 있음을 알 수 있다. 또 권력자에 의한 천연자원·부의 독점에 반대하고 백성들이 그것을 두루 향유할 수 있게 하는 공유(共有)·공용(共用)의 정신이기도 하다. 또한 '천하고금의 공공' 또는 '천하고금 사람의 공공하는 바[天下古今人之所公共]'라는 말처럼 한국 이외에서는 보기 드문 '고금'이라는 시간성을 가진 '공공' 개념도 가지고 있었다.

하지만 조선 시대까지의 공공성은 어디까지나 봉건적 사회질서와 가치관을 전제로 한 것이었다. 그러나 동학을 비롯한 한국 신종교는 후천개벽을 내세우고 그 낡은 사회질서와 가치관의 무효를 선언했다. 그리고 영성에 기초한 인간의 존엄성과 평등성을 강조했다. 그러면서 해월의 삼경(三敬) 사상에서 볼 수 있듯이 인간 존중을 말하면서도 오직 인간만을 특별시하는 것이 아니라 사물이나 환경, 생태를 존중하는 생각도 동시에 가지고 있었다. 그리고 동학·원불교·증산교 등의 신종교는 모두 이와 같은 인간관·세계관을 바탕으로 한 이상적인 공공세계의 청사진을 가지고 그것을 실현하고자 노력했다.

또 하나 중요한 것은 한국 신종교가 대체적으로 다른 종교에 대해 별로 배타적인 자세를 보이지 않았다는 점이다. 신종교의 지도자들은 오히려 다른 종교도 도(道)가 구현된 것으로 인정하고 편협한 종교인들이 서로 울타리를 짓고 시비를 따지게 되었다고 비판하면서 타종교와 적극적으로 소통·회통을 시도했다. 그리고 함석헌·김태창 등이 '흔'이라고 부른 큰 영성이 이와 같은 공공성과 공공적 실천의 바탕에 깔려 있다는 점도 무시할 수 없다. 대체적으로 대화와 생명을 중시하고 포용성이 강하게 나타나는 것이 한국적 공공성의 특징이라고 할 수 있다.

IV. 맺음말

이 글에서는 교토포럼에 참가한 수많은 참가자들의 대화·공동·개신을 통해 확립된 '공공하는 철학'의 기본 원칙, 그리고 한국 사상·철학의 공공적 특성에 대해 간단하게 살펴보았다.

교토포럼에서는 동서양의 공공 개념을 살펴보고 참가자들의 연구 발표와 토론을 거듭하면서 공사이원론이 아닌 공과 사와 그 사이에서 양자를 맺고 잇고 살리는 공공(하기)이라는 3차원 상관 연동을 중요시한다. 그리고 활사개공(活私開公)·공사공매(公私共媒)·행복공창(幸福共創)의 원칙을 확인했다.

다음으로 한국 사상의 공공성은 교토포럼에서 2008년경부터 집중적으로 다루어졌다. '공공(하기)'의 시각에서 한국의 역사와 사상·철학·종교 등을 다시 보면 거기에는 확실히 두터운 '공공(하기)'의 전통과 사상적 차원이 있다는 것이 확인된다.

조선왕조 500년 동안 '공공'의 개념은 다양하게 전개되었고, 특히 '천하고 금공공'이라는 개념은 다른 나라·지역·문화권의 공공성 개념에서 찾아보기 힘든 과거·현재·미래를 관통하는 시간성을 지니고 있다. 또 김태창은 한국적 공공성의 저변에 흔이 깔려 있다고 지적한다. 흔의 의미는 일(一), 다(多), 중(中), 대(大), 범(凡 또는 혹或)의 다섯 가지로 정리되고 또 개(開, 엶/열림), 명(明, 밝음), 정(正, 바름), 활(活, 삶/살림)의 속성도 무시할 수 없다. 흔이란 개개인 속에도 깃들어 있지만 내면에만 한정되지 않고 자기와 타자, 나아가서는 삼라만상 사이를 유행하면서 그 전체를 크게, 대충대충 하나로 감싸는 우주적 영성 또는 생명력이다. 그런데 이 흔의 우주적·근원적인 생명력이 억압되고 온전한 작동이 방해되었을 때 그것이 한(恨)이 되어 억압·침략을 제거하고 흔을 회복하는 원동력이 된다.

한국 신종교를 특징짓는 것은 후천개벽사상이다. 이것은 종말사상이나 서양 근대적 혁명사상과 달리 사회의 변혁·혁신과 개개인의 새로운 인간관의 각성·수행이 수반된다. 개벽사상의 논리는 각 종교마다 각양각색이지만 인간 존중 사상, 생태·환경 사상, 공동체론, 그리고 타종교에 대해 개방적이고 종교 간 대화·소통·상호 이해를 도모하는 사상은 현대사회에서 공공적 가치가 있다고 본다.

한국 사회 공공성의 붕괴와
종교적 공공성의 가능성

하승우 / 녹색당 공동정책위원장

Ⅰ. 머리말

영화 〈판도라〉는 오래된 핵발전소의 사고를 다룬다. 핵발전소에서 사고가 나 수백만 명의 생명이 위기에 처한 상황에서 정부는 모순되게도 안전을 내세워 사고를 은폐한다. 결국 국가도, 공기업도 방치하는 핵발전소 사고를 목숨을 바쳐 수습한 것은 그 지역에서 나고 자란 하청 노동자들이었다. 이처럼 위태로운 사회에서 정부의 역할은 무엇일까? 그리고 왜 이렇게 위험한 사건에서도 공적인 통제가 이루어지지 않을까?

2014년 4월 16일 수많은 생명을 앗아간 세월호 사건에서도 인명을 구한 이들은 민간인들이었다. 세월호 참사가 우리 사회에 여러 영향을 미쳤지만 가장 두드러진 것은 '공공성'에 대한 불신이다. 세월호 참사를 유도했던 여객선의 선령 제한 완화, 해상안전조치 관련 규제 완화, 실효성 없는 해사안전법, 사고와 관련된 정보의 차단, 기업과 정부의 책임 회피 등 정부 운영의 근본적인 문제점들이 드러났다. 대통령이 탄핵되고 새로운 정부가 구성되었지만 오랫동안 누적된 적폐는 쉽게 고쳐지지 않는다.

일련의 사건들을 통해 한국 사회의 공공성이 사실상 붕괴되었다는 점이 드러나고 있는데, 문제는 공공성의 주요한 주체인 정부가 이런 붕괴를 가속화시키고 있다는 점이다. 그리고 박근혜-최순실 게이트에서 드러나듯 한국 경제를 좌우하는 재벌들도 공공성을 확보하기는커녕 정부와 결탁해 공공성을 붕괴시키고 있다. 전통적으로 사회를 책임지는 세 축으로 분류되어 온 국가-시장-시민사회의 관점으로 본다면, 한국 사회에서 두 축은 공공성을 붕괴시켜 왔다. 그렇다면 남은 한 축인 시민사회가 공공성을 강화시키는 역할을 맡을 수밖에 없지 않을까? 그래서 공공성 붕괴에 뒤따를 사회의 붕괴를 막아야 하지 않을까?

그렇다면 시민사회가 공공성을 강화시킬 방법은 무엇이고, 또 어떤 주체가 이런 역할을 맡을 수 있을까? 추상적인 가치와 이념적인 지향으로 방향을 제시할 수 있지만 일단은 기존 역사를 되짚으며 그 가능성을 살피는 작업이 필요하다. 이 글은 식민지 시기의 종교운동에서 공공성 회복의 가능성을 찾으려 한다. 먼저 공공성이 왜 지금 논란이 되고 있고 그 개념이 무엇인가에 관해 정리하고, 종교운동이 국가-시장의 공공성 붕괴를 막고 재공공화(再公共化)의 역할을 맡을 방법을 짚어 보고자 한다.

II. 왜 지금 공공성인가?

1. 공공성의 판단 기준에 대한 논란

1997년 말 외환위기 사태 이후 신자유주의에 대한 대안으로 사회공공성이 얘기되다 다시 공공성을 화두로 만든 사건은 2013년 12월, 철도 사(민)영화와 철도 파업 사건이었다. 철도는 많은 사람들이 다른 지역으로 이동하기위해 이용하는 교통수단이고 자동차가 없는 사람들도 있기 때문에 일반 시장과 달리 이윤이 나지 않는다고 바로 철도 노선이 폐지되지는 않는다. 그리고 민간 기업에 맡길 경우 이용 요금이 비싸지거나 꼭 필요한 노선이 이용객 감소를 이유로 사라질 수 있기 때문에 정부는 공기업을 만들어 철도를 운영해 왔다(비슷한 이유에서 지방정부는 사기업인 지역의 버스회사에 보조금을 지급하고 있다). 그런데 정부가 코레일의 주요 수익 노선인 경부선을 민간 기업인 자회사에 넘기고 경쟁시킨다는 방침을 세웠다(이 자회사가 지금의 수서고속철도이다).

공공교통은 시민 모두에게 영향을 미치는 사안이고 시장에만 맡기는 것이 사회적 약자에게 불이익을 줄 수 있기 때문에 공공성이 강조된다. 철도 사영화 논란은 이런 배경을 고려해야만 설명이 될 수 있고, 단지 손익계산서상의 수익과 비용이 아니라 공공시설로서의 철도가 이 논쟁의 핵심이 되어야 한다. 공공성이 경제성을 완전히 배제할 수는 없지만 그것은 사업성이 아니라 지속성을 위해 고려되어야 한다.

'저작권'이라는 이름으로 점점 더 사유화되어 가는 '지식'도 마찬가지이다. 이미 다중지성이라는 말이 등장했듯이 지식의 내용만이 아니라 지식을 구성하는 과정 자체가 점점 더 중요해지는 시대를 우리는 살고 있다. 연구의 성과나 결과는 사회적으로 공유되면서 점점 더 발전하고 있고, 온고지신(溫故知新)이라는 말처럼 우리는 옛것에 의지해서 새로운 것을 창조한다. 이제는 지상에서 완전히 새로운 것을 창조하는 것이 인간의 힘으론 불가능하다고도 말할 수 있다. 그리고 아무리 뛰어난 천재라 하더라도 혼자만의 힘으로 높은 건물이나 새로운 상품을 개발할 수 없고, 반드시 여러 사람의 협업이 필요하다. 따라서 사소한 물건 하나, 지식이나 기술도 온전히 한 개인의 소유물이 되기는 어렵다. 그것은 지식이 구성되는 과정 자체가 공공적이기 때문이기도 하다. 그럼에도 지금의 저작권은 그 소유를 규명하기 어려운 종자나 유전자로 확대되고 있다. 이런 사유화는 미래 세대의 삶을 속박할 중요한 문제인데 공공성의 관점에서 잘 논의되지 않고 있다.

이처럼 많은 시민들에게 영향을 미치는 사안들에 대한 판단은 미리 정해지거나 고정되지 않고 시간과 장소에 따라 변하기 때문에, 공공성의 판단에는 논의하고 논쟁하고 합의를 이끌어 내는 과정이 중요하다. 그래서 공공성은 공론장(public sphere)이라는 개념과 밀접한 연관성이 있다. 공공성은 어느 누군가가 일방적으로 규정할 수 없고, 어떤 결정의 영향을 받는 사람이라면 누구나 정보를 얻을 수 있고 그 논의나 결정 과정에 참여할 수 있어야 한다. 그런데 한국 사회의 공론장은 매우 제한되고 협소하다.

2. 정부와 기업의 탈공공화/사유화

앞서 세월호 참사를 언급하면서도 말했듯이 그동안 한국정부는 사회의 공공성이 계속 붕괴되는 방향으로 정책을 펼쳐 왔고, 독점화된 시장도 정경유착을 통해 사적인 이익만을 추구하고 있다. 세월호 참사 이후에도 박근혜 정부는 '국가 개조'와 '규제 완화'라는 이름으로 사영화를 계속 추진했고, 탄핵 이후 문재인 정부가 들어섰지만 공공성에 대한 관점은 여전히 논쟁적이다. 신고리 5, 6호기 핵발전소 건설 재개에 관한 공론화 과정이 주요한 사회 쟁점에 대한 공론장 형성을 가능케 하는 듯 비춰졌지만 실제 진행과정에서는 여러 문제점들을 낳았다.[1]

그리고 박근혜 정부가 만든 규제정보포털(https://www.better.go.kr/)에는 규제정비종합계획에 따른 '규제개선안'들이 계속 올라오고 있고, 문재인 정부가 들어선 뒤에도 이 포털 사이트는 계속 운영되고 있다. 여기엔 기존의 규제를 다른 방식으로 대체하는 안건도 있지만, 규제 자체를 완화하는 내용도 다수 들어 있다. 정부는 기업의 부담을 덜어 주고 일자리를 창출한다는 명목으로 안전과 환경 규제를 계속 풀어 주고 있다.[2]

이처럼 정부 정책의 영향을 받으며 사회 전체에서 사영화가 진행되고 공공성이 훼손되어 왔다. 코레일처럼 주요 노선이 사영화되는 것 외에도, 선로 유지보수나 차량 정비와 같은 기본적인 업무가 외주화되고 있다. 반면에 안전시설에 관한 투자는 이루어지지 않는다(지방지하철과 도시철도는 1인 승무원제나 무인제로 운행되고 있고, 구의역 청년노동자의 죽음은 대표적인 사례이다). 의료법인의 영리사업과 원격진료를 허용하는 의료 사영화도 허용되었고(서울대병원은 환자의 생명과 직결되는 전기 및 시설과 설비를 외주화했다), 옥시 가습기 살균제 사고 처리 과정에서 보이듯 시민의 건강과 관련된 각종 법안(화학물질관리법 등)도 후퇴 중이다. 주요 공기업의 50% 이상이 관피아(관료+마피아) 출신이라 이런 경향은 쉽게 바뀌지 않을 것이라는 전망이다.[3]

사실 냉정하게 따져 보면, 이런 경향은 우리 사회의 주된 흐름이기도 하다. 시민이 중앙정부나 지방정부의 정책이나 재정 운용 과정에 참여하지 못하고 소수의 관료들이 결정권을 독점한다. 대표적으로 핵발전정책처럼 시민의 안전을 근본적으로 위협하는 부분에 대해서도 시민에게는 결정 권한이 없고 정보 접근도 차단된다. 그러다 보니 원자력안전위원회는 고리원전 1호기가 원래 수명보다 10년을 더 가동하도록 승인했었고, 최근에는 법원에서 판결이 난 월성1호기 재가동 중지 결정에 대해서는 항소를 한 상태이다. 영화 〈판도라〉에서 드러나듯이 핵발전소에서 사고가 나면 미래를 기약할 수 없는데도, 그 위험성은 모두 기밀로 분류되어 시민들에게 공개조차 되지 않는다. 심지어 대전의 한국원자력연구원은 연구를 내세워 1987년부터 핵발전소에서 나온 핵연료봉 1,699개를 비밀리에 반입해 왔는데, 인근에 사는 주민들은 아무런 정보도 제공받지 못했다.

공공성을 붕괴시키는 것은 공공기관만이 아니다. 삼성전자는 AS라는 필수 사업을 하청에 하청을 줘서 필요노동을 '분급(分給)'의 하청노동으로 만들었고, 다른 대기업들도 시설을 유지하거나 보수하는 업무를 외주화시키고 있다. 적은 인원으로 많은 일을 부실한 장비로 감당하다 보니 사고가 잦다. 그런데 하청노동자들이 사고를 당하면 책임지는 주체가 없다. 예를 들어, "산재 사망 사고는 다단계 하청 구조인 건설업·조선업에 집중된다. 건설 노동자는 매년 600-700명이 산재로 숨지는데, 이는 영국의 14배에 이르는 것이다. 위험 업무를 외주화하면서 직접고용 노동자들의 산재가 줄어들자 2012년 기준 20대 대기업이 감면받은 산재보험료는 3,460억 원에 이른다."[4]

그리고 최순실 게이트에서 드러났듯이 삼성전자 이재용 부회장은 박근혜 대통령과의 독대 시 공정거래위원회가 순환출자 해소를 위해 삼성SDI가 처분해야 하는 삼성물산 주식 규모를 1,000만 주에서 500만 주로 변경하도록 요구했고 삼성그룹 지주회사 전환에 유리한 중간금융지주회사 도입과 삼성바이오로직스 상장 등을 요구했다. 그리고 최순실이 좌우하던 미르 재단과 K스포츠 재단에 204억을 제공하고 특혜를 노렸다. 결국 노동자나 하청기업들에게 돌아가야 할 몫이 기업의 정경유착을 위한 불법 자금으로 전용되고 있다.

삼성만이 아니다. 미르 재단과 K스포츠 재단에 돈을 낸 기업들의 리스트를 보면 정경유착이 얼마나 관행화되었는지를 알 수 있다. 삼성에 이어 현대자동차가 128억 원, SK가 111억 원, LG가 78억 원, 포스코가 49억 원 등이다. 민간단체인 〈조세정의네트워크〉에 따르면 한국의 부자들은 888조 원을 조세도피처에 숨겨 두고 있다(중국, 러시아에 이어 세계 세 번째).[5]

이제는 정부나 시장이 공공성을 담보할 주체일 수 없기에, 우리가 '공공성을 확보하라'고 요구하고 있을 수는 없다. 그런 점에서 우리는 공공성을 공적인 것(res publica)만이 아니라 공동의 것(the common)으로 인식을 확장시킬 과제를 안고 있다. 공공성의 반대말이 민영화(民營化)보다 사유화(私有化)

에 가깝다면, 공적인 대안도 국유화(國有化)보다 공유화(共有化)에 가까울 수 있다. 공유화는 소유의 주체가 공동체이고 운영 과정에서 스스로 결정하고 관리하는 주체를 기른다는 점에서 국유화와 다르다. 공공성에 대한 관점의 전환이 필요하고 중요하다.

III. 공공성을 어떻게 정의할 것인가?

1. 공과 사의 재규정: 과정의 중요성 부각

공공성의 어원인 라틴어 레스 푸블리카(res publica)는, 공화국(republic)의 어원으로 '공적인 것 또는 공적인 일'을 의미한다. 모두에게 영향을 미치는 일을 함께 결정하는 공화국에서는 공공성이 중요할 수밖에 없다. 특히 푸블리카라는 말은 사사로운 일이나 집안일을 의미하는 사적인 것(res privata)의 반대말로, 인민을 뜻하는 포풀루스(populus)와 어원이 같다. 즉 인민이 모여 공적인 일, 공동체의 일을 함께 결정하는 것이 공공성이고, 로마는 '인민의 재산(res populi)'이기도 했다. 그렇듯 공적인 것은 언제나 타자와 함께, 타자의 시선을 받으며 구성되었다. 반대로 사적인 것(the private)은 '박탈'을 뜻하는 라틴어 프리바투스(privatus)에서 유래했고, 타자의 시선에서 배제되고 박탈된 삶을 뜻했다.

그런데 로마와 달리 근대의 자유주의 국가는 공보다 사를 앞세웠고 공의 역할을 사의 보호로 규정했다. 그렇지만 개인 자신이나 가족과 관련된 것은 사적이고 그와 다른 것이 공적이라는 생각은, 사적인 것이 공적인 것에 미치는 강한 영향력을 은폐시킨다. 권력을 가진 이나 많은 재산을 가진 이들의 사적인 판단이 공적인 정책 결정에 많은 영향을 미치는데도, 마치 그런 영향력이 없는 것처럼 현실을 묘사하기 때문이다. 그래서 '개인적인 것이 정치적인 것이다'라는 페미니즘의 구호는 이런 자유주의 패러다임에 직접 도전한다.

19세기에 출현한 사회주의는 자유주의에 맞섰다. 사회주의는 개인의 몫으로 떠넘겨진 현실의 구조적인 문제들을 해결하고, 궁극적으로 모든 이가 자유를 누릴 수 있는 해방된 사회를 만들려 했다. 자본주의사회에서 착취당하는 계급인 노동계급이 주체로서 세상을 변혁하는 과정에서 국가는 자본가계급의 반란을 저지하고 노동계급의 이상을 실현하는 중요한 도구가 되고 다양한 형태의 공공사업을 실시한다. 문제는 사회주의에서도 노동계급이나 민중이 공공성을 기획하고 집행하고 평가하는 과정에 참여하지 못했다는 점이다. 공공성은 단지 특정 이슈를 해결하는 것만이 아니라 그 이슈를 해결하는 과정도 중요하게 여기는데 그런 과정이 없었다.

공공성에서 과정의 중요성은 동양의 공공성을 생각할 때 더욱더 중요해진다. 서양과 달리 동양은 중세 이전부터 국가의 공적 영역을 규정짓고 확장시켜 왔고, 중앙의 행정 체계를 구성하고 관리들이 파견되었다. 왕은 치수(治水)나 대규모 공공 정책을 통해 백성의 삶을 돌봐야 했다. 예를 들어, 고려 시대에 이미 대비원(大悲院)과 제위보(濟危寶)가 만들어져 가난한 사람이나 일반 백성들을 치료했다. 고려 시대 중기에는 전염병을 막고 가난한 백성들의 병을 치료하는 혜민국(惠民局)이 만들어졌고, 각 지방에도 의사가 파견되어 병을 치료했다. 조선 시대에는 한양에 활인원(活人院)과 활인서(活人署)가 생겨 병을 치료하고 약품과 옷, 먹을거리 등을 제공했다. 동양에서는 공공성이라는 개념이 직접 등장하지는 않았지만 천리(天理)나 천하동리(天下同利), 위민(爲民) 같은 개념을 통해 실현되어 왔다. 그러나 공적인 사업들이 많았다 하더라도 이 모두가 공공성의 관점에서 높게 평가될 수는 없다.

외국에서 공공성 개념이 수용된 뒤에도 한국 사회의 논의는 마찬가지 수준이었다. 개화기 이후에도 공공성 논의는 민중 계몽의 방식으로 진행되었다. 가령 유길준은 이렇게 말했다. "국민의 지식이 부족한 나라에선 갑자기 국민들에게 국정참여권을 주어서는 안 된다. 만약 배우지 못한 국민들이 먼저 학문을 닦지도 않고서 다른 나라에서 시행되는 훌륭한 정치체제를 본받으려고 한다면, 나라 안에 커다란 변란이 싹틀 것이다. 그러므로 당국자들은 국민들을 교육하여 국정에 참여할 지식을 갖춘 뒤에 이러한 정치체제를 의논하는 것이 옳다. 이러한 정치체제가 실시된 뒤에야 그 나라가 개화되기를 바랄 수 있다. 이렇게 하면 이 정치체제가 나라를 보전하는 커다란 길이며, 임금을 사랑하는 정성이 될 것이다."[6] 시민들의 참여에 지식과 공부가 필요할 수 있지만 그것이 어떤 지식이어야 하는가라는 질문이 먼저 나와야 한다. 앎이 삶과 분리되지 않아야 한다면, 그 앎이 외부로부터 자극받을 수 있으나 강요될 수는 없는데 식민지를 경험한 한국은 그런 강요를 받았다.

그래서 인민을 문명의 기준에 맞게 계몽시키기 위해 '신체예절'이 강요되었고, 문명국의 예절과 위생으로 조선의 야만을 극복해야 한다고 생각했다. 심지어 《독립신문》은 의식주와 개인의 신체를 위생적으로 관리하는 방법을 자세하게 소개하기도 했다. 그러면서 문화의 차이로 여겨질 수 있는 목욕이나 트림, 방귀 등이 문명의 잣대로 여겨지고 신체를 스스로 검열하게 되었다.

일제 식민지 정부는 이런 일방적인 공공성 규정을 강요하고 논의 과정 자체를 없애 버렸다. 그러다 보니 한국의 공공성은 식민지와 군사독재를 거치면서 관의 일방적인 기획과 집행을 정당화시키는 개념으로 사용되었다. 즉 민을 위한다는(for) 명분을 내세워 민의 삶을 짓밟는 행위가 정당화되었고, 멸사봉공처럼 공공성이 비민주적인 권력을 정당화시키는 명분으로 사용되기도 했다. 관료 제도의 핵심 원리 중 하나는 책임성인데, 한국의 관료들에게는 책임성이 부재하다. 한나 아렌트(Hannah Arendt, 1906-1975)는 이런 대답을 일컬어 '사유하지 않음(thoughtlessness)'이라고 정의했고 이로부터 악이 파생된다(banality of evil)고 봤다. 이 관점으로 보면 한국의 관료제도는 악이고, 이 악은 사회의 공공성을 계속 갉아먹으며 붕괴시키고 있다.

공공성에서 공(共)의 개념이 사라졌다는 점과 더불어 또 다른 중요한 공공성의 문제는 당시 사유와 국유 사이에 있던 수많은 공유(共有)들이었다. 식민지 시기의 공유 관념은 마을과 문중을 중심으로 형성되어 있었기 때문에 서구식 공사 관념이 제대로 이해되기 어려웠다. 그렇지만 서구식 공·사 개념은 아니더라도 마을이나 문중이 국가가 방치하는 공공성을, 때로는 국가에 맞서 공공성을 실현했음을 부정할 수는 없다. 황병주는 1914년 지방 행정제도 개편에 따라 동계의 자산이 면의 재산으로 이전되면서 "촌락의 자치적 공은 총독부의 국가적 공에 침식당하게 되었다."고 지적했다.[7] 즉 조선 말기부터 형성되어 온 아래로부터의 공(共)의 힘은 위로부터 강요된 식민지의 공(公)의 힘과 충돌했고, 그러면서 서서히 파괴되었다.

2. 신자유주의와 생활의 공공성

더구나 정부가 공공재를 독점해서 관리한다고 얘기되지만, 자본주의는 끊임없이 그것에 개입해 왔다. 지금처럼 생수를 사고파는 건 옛날에는 생각하지도 않았던 일인데 지금 우리는 너무 익숙하다. 반대로 때로는 정부가 시장에 개입해서 사유재로 사용되던 것을 공공재로 변화시키기도 한다. 예를 들어, 철도나 지하철처럼 정부가 공기업을 설립해 직접 운영하는 경우도 있다.

그러니 자본과 국가가 힘을 겨루는 과정에서 재화와 서비스의 공적인 성격이 더 강해질 수도 있고 약해질 수도 있다. 시민사회가 이런 힘겨루기를 강 건너 불구경하듯 볼 수 없는 것도 바로 이때문이다. 철도나 전력, 수도 등 주요한 공공재가 어떻게 되는지 시민들이 관심을 가지고 이런 결정들에 적극적으로 참여해야 한다. 정부나 시장이 일방적으로 내린 결정을 따르는 것이 아니라 그런 과정에 참여하는 것이 공공성에서 중요한 이유도 바로 그 때문이다.

예를 들어, 최근에는 기업의 사회적 책임을 강조하는 목소리가 높다. 기업이 고용이나 매출 같은 경제적인 효과만이 아니라 인권과 노동조건을 향상시키고, 지역사회나 환경에 기여해야 성장을 지속시킬 수 있다는 주장이다. 어떻게 보면 자본주의의 성격을 바꿔야 한다는 주장처럼 들리기도 하는데, 자본주의의 중요한 가치를 이윤보다 상생이나 신뢰에 두겠다는 것이다. 2000년부터 유엔(UN)은 '글로벌 컴팩트(Global Compact)'를 내세워 국제 협력과 평화, 성장을 위해 기업, 정부, 노동계, 시민사회 조직, 교육기관이 인권, 노동, 환경, 반부패 등의 지침을 따르도록 유도하고 있다. 그리고 2010년 11월에는 기존의 세계인권선언, 국제노동기구(ILO) 협약, 글로벌 컴팩트 등을 종합해서 사회책임국제표준(ISO26000)이 만들어졌다. 국제표준화기구(ISO)는 조직 지배 구조, 인권, 노동 관행, 환경, 공정 운영, 소비자 이슈, 지역사회 참여와 발전 등을 핵심 이슈로 만들고 기업과 시민단체, 노동조합 등이 이를 반영할 것을 요구하고 이를 인증한다. 앞으로는 물건을 수출할 때 이 인증여부를 따지도록 되어 있기 때문에, 특히 기업들은 이 지침에 맞도록 기업활동을 바꿔야 하는 과제를 안게 되었다.

그렇지만 이런 논의가 자본주의의 약탈 속성을 바꾸지는 못하고 오히려 신자유주의 지배 전략으로 활용되기도 한다. 미셸 푸코(M. Foucault, 1926-

1984)의 논의를 활용해서 사토 요시유키(佐藤嘉幸)는 복지국가로 대변되던 규율권력이 신자유주의 권력으로 전환되고 있다고 주장한다. 요시유키는 1989년 사회주의권의 붕괴 이후 "정치적 심급의 자율성 상실과 '사회적인 것'의 축소, 즉 경제적인 것에 의한 통치"가 강화되고 있다고 본다. 요시유키는 이를 '신자유주의적 통치'라 부르면서 그 특징을 두 가지로 요약한다. "첫째, 복지국가를 채우고 있던 '사회적인 것'을 경제적인 것으로 치환하고, 사회체의 구석구석까지 시장 원리와 경쟁 원리로 가득 채운다는 것. 둘째, 규율적 주체를 대신해 시장 원리를 주체의 자기관리 원리로 한 '자기 자신의 기업가'를 모델로 삼아 그런 시스템에 적응할 수 없는 사람을 사회 바깥으로 내던져 버린다는 것"이다. 즉 신자유주의는 시민들이 비자연적인 경쟁을 자연스런 것으로 받아들일 수밖에 없는 환경을 만들고, 사회적인 것을 사적인 것으로 대체시키는(심지어 공동체나 마을도 상품이다!) 환경을 확산시킨다. "공공 부문의 민영화는 국영기업의 거대한 노동조합이나 국립대학 자치 기구처럼 국가와 개인 사이에 위치한 '중간세력'을 해체함으로써 신자유주의에 대한 비판세력을 대대적으로 무력화했다." 그러면서 개인과 국가 사이에 존재하던 결사체는 해체되거나 무기력해진다.[8]

그래서 신자유주의 체제는 공공성을 모든 사람에게로 확대하지 않는다. 이는 엄격한 규율로 모든 사람들을 지배하려는 권력과 달리 경쟁에서 도태되는 사람들을 체제 밖으로 내몬다. "신자유주의적 통치는 시장화된 자기통치 기법에 적응할 수 있는 사람만을 사회 안에 '살게 하고', 그 기법에 적응하지 못하는 사람은 가차없이 사회 밖으로 '내던져 버린다.'"[9] 배제와 포함의 규칙을 따르지 않는 주체는 불안에 시달릴 수밖에 없고, 안전을 위해 체제의 규칙을 받아들인다. 차이가 있다면 과거 복지국가는 규칙을 받아들인 사람들을 모두 국민으로 포섭했으나 지금은 그럴 의지도 생각도 없다는 점이다.

이런 변화는 두 가지 물음을 만드는데, 첫째는 공공성의 보장과 확보를 누구에게 요구할 것인가라는 물음이다. 요시유키의 논지에 따르면, 정치는 경제를 반영하고 자율성을 거의 상실했다. 즉 정부에게 공공성 보장과 확보를 요구하는 것은 더이상 효과적인 전략일 수 없다. 특히 한국 사회의 기득권층은 인맥, 혼맥, 학연 등으로 단단하게 결합되어 있다. 강한 사회적인 압력을 만들 수 있다 하더라도 그 압력이 정책을 바꿀 수 있다고 자신하기 어렵다. 사실 이명박, 박근혜 정부라서 탄압의 형식이 더욱더 거칠게 나타났겠지만 다른 정부라면 상황이 달랐을까? 김대중, 노무현 정부하에서 농민, 노동자에 대한 탄압을 보면 쉽게 다르다고 얘기하기 어렵다. 리더십의 유형에 따른 차이는 있겠지만 신자유주의 시대에 정부가 공공성을 보장하고 확대하리라 기대하긴 어렵다(박원순 시장의 노동정책이 일정 선을 넘지 못하는 것도 이와 무관하지 않다).

이렇게 정부가 자율성을 가지고 있지 않다면, 공공성을 기업에게 요구해야 하나? 기업의 사회적 책임과 같은 말이 등장한 배경은 공공성과 연관되지만 경쟁과 배제라는 규칙은 전혀 바뀌지 않는다. 오히려 공공성은 경쟁에서 탈락한 사람들을 보호하는 듯한 인상을 풍기면서 실제로는 경쟁과 배제를 더욱더 강화시킬 뿐이다. 특히 한국처럼 재벌의 독점이 심화되어 가는 곳에서는 기업의 공공성이란 발 없는 경주마와 같은 모순일 뿐이다. 그렇다면 누구에게 공공성의 보장을 요구해야 하나?

둘째, 정부는 자신에게 맞서는 사람들을 쉽게 '비(非)국민'으로 만들어버린다. 밀양송전탑반대 농성장을 강제로 해체하는 과정에서 드러났듯이, 체제는 반대 세력에게는 기본적인 시민권조차 보장하지 않는다. 체제에 반대하는 주체는 어느 순간 노골적인 폭력에 노출되고 법도 이들의 권리를 보장하지 않는다. 특히 안전과 안보를 결합시키는 한국의 특수성은 공권력의 노골적인 폭력도 법으로 포장시킨다(지역 발전을 가로막는 종북 세력이라는 해괴한 조합!).

　이런 시대 변화는 공공성의 구성이나 보장, 확장을 요구하는 전략이 더욱더 넓어져야 함을 뜻한다. 이는 공공성이 단순히 국가나 개별 기업에 요구하는 것만으로 실현될 수 없고, 삶의 틀을 새로 짜는 것으로 나아가야 한다는 것을 뜻한다. 그리고 내면화된 규율권력을 넘어서야 할 뿐 아니라 우리 삶을 지배하는 규칙에서 벗어날 방법, 새로운 규칙, 자기 결정권이 반영되는 규칙을 새로이 짜야 한다는 것을 뜻한다. 그렇다면 어떤 대안이 가능할까?

IV. 맺음말 : 대안으로서의 종교적 공공성

1. 신종교의 공공성운동

　새로운 공공성의 주체는 어떻게 등장할 수 있을까? 함석헌(咸錫憲, 1901-1989)은 "나 속에 전체를 보고 전체 속에 나를 보아서만, 즉 다시 말하면, 전체의식으로 꿰뚫린 개인들이 모인 데서만 민이 주체라 할 수 있는데, 그것은 절대 신앙에 의하여 죽으므로 새로 난 변화된, 초월한 인간에서가 아니고는 도저히 볼 수 없는 일"이라고 말하며 민주주의가 종교를 통해 가능하다고 주장했다.[10] 그렇기에 함석헌에게 "종교는 믿는 자만의 종교가 아니다. 시대 전체 사회 전체의 종교이다. 종교로써 구원 얻는 것은 신자가 아니요, 그 전체요, 종교로써 망하는 것도 교회가 아니요, 그 전체다."[11] 종교는 개인이라는 단자가 아니라 전일성(全一性)을 통해 자신을 파악하는 주체의 등장을 가능케 한다.

　이렇게 보면 종교는 이미 일정한 공공성을 지향하고 있는데, 박광수는 식민지 시기의 신종교운동을 평가하며 "개별적 자아의 존엄성, 사회신분차별 제도의 혁파와 평등 사회 실현, 자유과 인권 의식의 발전은 정신문화적 한류의 세계화를 가능하게 한다. 한국 신종교의 공공성은 시민과 함께하는 '참여'를 의미하며 인권과 평화를 지향하는 철학이며 상생의 사회를 실현하고자 한 역사적 운동이다. 따라서 조선의 국난기에 일어난 역사적 사건이며 세계 보편적 실천철학"이라고 주장한다.[12] 그리고 김도공은 더 분명하게 "한말 외세의 침략과 이에 대응하는 지배층의 무능은 민중의 의식세계에 많은 변화를 일으켰고, 이러한 분위기 속에서 민중 스스로의 공공성이 발동된 것이 한국의 신종교인 것이다."라고 주장한다.[13]

구체적으로 신종교의 어떤 활동이 공공성을 담보하는 것이었을까? 그동안 사회주의 관점은 국내의 농민운동을 혁명과 개량의 관점에서 '평가'하며 사회주의 계열의 활동만을 진정한 사회운동으로 평가하곤 했다. 예를 들어, 사회주의 관점은 천도교 계통의 조선농민사(朝鮮農民社)나 기독교계의 농민운동, 협동조합운동 등을 일제 농민개량화 정책의 결과물로 보며 개량주의라 비판했다. 그러나 공공성의 관점에서 보면 다른 접근이 가능하다고 본다.

예를 들어, 기독교의 손정도(孫貞道, 1872-1931)는 "우리가 時下를 쫓차 基督의 精神을 發揮하나니 朝鮮 內地나 滿洲나 基督敎的 新農村이 組織되여야 하겟고 압흐로는 네게 잇는 所有를 다 이 農村에 드리노켓느냐 하는 問答으로 그 이가 敎人되고 못됨이 나타나게 될거시다."라고 말하며 소유 없는 신농촌, '기독교 사회주의'를 모색했다. 그러면서 손정도는 농민호조사(農民互助社)를 설립해 "無産農民으로서 金錢이 잇는 資本家들을 抵抗하고 스사로 生産하기가 不能할지니 不可不 貧者 貧者끼리 協同互助하는 것으로 生産의 資本力을 만들어야 한다."고 주장하며 이상촌 건설에 힘썼다.[14] 식민지 시기 가난한 이들의 비빌 언덕이 되었던 이상촌은 새로운 공적 주체의 등장을 추구하는 사건이 아니었을까?

마찬가지로 일본의 무교회주의자 우찌무라 간조(內村鑑三, 1861-1930)의 영향을 받았던 이용도(李龍道, 1901-1933)는 톨스토이를 스승이라 부르며 빈자와 연대하는 사랑의 공동체를 주장했다. 이용도는 장로교회에서 이단으로 선언되는 파문을 겪으면서도 교회를 가난한 사람들이 함께 춤추고 기도하는 공동체로 만들려 했다.[15] 이 역시 평등한 가난을 통한 공유의 공동체를 지향한 것으로 볼 수 있다.

또한 3 · 1운동 이후 점점 보수화되는 교회에 실망하던 이대위(李大偉, 1878-1928)를 비롯한 많은 젊은이들이 YMCA를 중심으로 사회복음운동과 농촌협동조합운동을 벌이기도 했다. 특히 유재기(劉載奇, 1905-1949)는 협동조합이 그리스도의 사랑을 생활화하는 유기적인 조직체라고 평가하며 장로회 농촌운동을 이끌었다. 유재기는 독일 라이파이젠식 신용조합과 영국 로치데일식 소비조합을 만들어 소농의 자립과 협동을 유도했다.[16] 이런 기독교 운동이 지향했던 바는 일제 식민지라는 가혹한 현실에서 민중들이 삶을 영위할 수 있는 중요한 기반이었다.

이런 운동의 흐름을 이어받아 식민지 시기 지식인들은 학교와 협동조합으로 구성되는 이상촌을 꿈꿨다. 대표적으로 도산 안창호(島山 安昌鎬, 1878-1938)는 산과 강이 있고 지미(地味)가 비옥한 지점을 택하여서 200호 정도의 집단 부락을 세우려 했다. 이 이상촌에는 "공회당(公會堂), 여관, 학교, 욕장, 운동장, 우편국, 금융과 협동조합의 업무를 담당하는 기관이 설치될 것"으로 "집단적인 회식과 오락"을 안창호 선생은 강조했다. 이 부락에는 금융기관과 협동조합이 있는데, "금융기관에서는 저금과 융자의 일을", 협동조합은 "생산품의 공동판매와 일상생활 용품의 공동구매와 배급 기관의 일"을 담당한다. 이상촌에는 일반 학교와 직업 학교가 만들어져 학교를 졸업하면

소자본과 약간의 연장으로 직업을 갖고 이상촌의 한 몫을 담당하도록 했다. 안창호 선생은 무실역행(務實力行)을 강조했다. "아무리 옳은 것을 알더라도 행함이 없으면 아니 하는 것과 다름이 없다."고 봤고, 무실역행하는 중요한 기관이 학교와 협동조합이라고 생각했다.[17]

기독교만이 아니다. 천도교계의 김일대(金一大)는 종교가 민중의 아편이지만 동학당(東學黨)을 이어받은 천도교는 인내천주의(人乃天主義)로써 광제창생(廣濟蒼生)을 하겠다는 새로운 정치사상을 가진 교정합일체(敎政合一體)라고 주장했다. 실제로 1925년에 조직된 조선농민사는 사회 전체의 행복을 얻고, 농민 대중의 교양을 향상시키고 농민대중의 경제생활을 안정시킨다는 목적을 세우고 소비조합운동, 생산조합운동, 기술향상운동, 경제균형운동(經濟均衡運動)을 펼쳤다. 김일대에 따르면, 1930년 조선농민사가 천도교 청년당과 통합한 지 불과 10개월 만에 새로 들어온 사원이 3만 명, 새로 만들어진 군 단위 농민사가 50개소, 리 단위 농민사 1,000개소라는 획기적인 발전을 이루었다고 한다. 김일대는 조선농민사가 조선 전체의 경제력을 발전시키고 균형을 이루어야 한다고 주장했다.[18]

실제로 조선농민사는 계와 두레 같은 전통적인 공동노동 조직을 공동경작계로 꾸리고 군 단위마다 공생조합(共生組合)을 만들며 농민들이 자급할 수 있는 기반을 만들려 했다. 그리고 『조선농민』과 『농민』 등의 잡지를 발행하고 강연회를 열며 계몽운동과 농민야학에도 힘썼다. 『조선농민』은 야학의 교재로 사용되는 〈농민독본〉, 〈농민과학 강좌〉, 〈위생강좌〉, 〈상식문답〉 등을 연재하고 농민야학과 귀농운동에도 힘을 썼다. 공동경작계는 협동노동을 공동체의 규약으로 발전시키며 서로 돕고 보살피는 자급과 공생의 체계를 마련했다.

원불교에서도 이런 운동의 흐름을 찾을 수 있다. 강현욱은 "한 사람 한 사람이 내 삶의 주권을 가지고 서로를 존귀하게 여기는 세상"을 만드는데 협동조합이 기여할 것이라 봤고, 소태산 대종사가 이런 목적을 추구했다고 본다.[19] 원불교의 소태산 대종사는 저축조합으로 자금을 모으고 모은 자금으로 목탄을 굽고 간척지를 만들어 경제 위기를 벗어나고 자립을 꾀했다. 방언조합은 이후 불법연구회라는 종교 조직으로 발전하지만 상호조합의 형태도 띠면서 종교적인 수행과 경제적인 자립을 꾀했다. 강현욱은 협동조합운동의 모델인 영국 로치데일 협동조합과 조선협동조합운동사, 원불교의 방언조합을 다음과 같이 비교한다.[20]

	로치데일 협동조합	조선협동조합운동사	방언조합
배경	산업혁명시 낮은 임금과 높은 물가 속에서 노동자의 경제적 위기로 인한 문화적 위기	일제의 침략으로 경제적·문화적 수탈로 인한 조선 농민의 경제적·문화적 위기	일제의 침략으로 경제적·문화적 수탈로 인한 조선 농민의 경제적·문화적 위기
활동 주체	로치데일 지역 파업 참여 해직 노동자와 프란델 공장의 노동자 28명	동경의 각 대학, 전문학교 재학중인 조선인 유학생 140명	소태산 대종사와 제자 8명
사상	오웬주의, 입헌주의	사회주의	일원주의에 기초한 종교적 깨달음
목표	조합원의 경제적 편익과 사회적 생활 향상	협동, 자율적 정신으로 민중적 산업관리와 민중적 교양	시방세계를 위한 공부와 사업 자금 마련
활동 내용	①공정거래(생필품, 옷) ②공동건물 매입 ③실업 및 착취 조합원의 생산을 위한 부동산 구매 ④도서관 및 학교 설립 ⑤강연 유치	①전국 순회 협동조합 강연 ②조선 경제·협동조합의 실체 책자 발행 ③소농들의 생산품 공동판매 ④소비품 공동 구입	①금주단연 ②근검저축 ③공동출역 ④시미운동 ⑤허례폐지 ⑥목탄사업 ⑦방언공사
특징	9가지 협동조합 원칙을 정하여 원칙에 의해 운영	①농촌 실정을 조사하여 농민에게 적합한 출자 방법 실행 ②조합원 교육 ③1인1구좌 원칙·이용고 배당 등 협동조합원칙 수행	①자기절제를 통한 조합금 마련 ②불법공부와 사업을 병행하여 정신과 생활이 함께 발전할 것을 목표

영향	①정육점, 신발, 도매업 등 여러 협동조합으로 확대	①전국 수백개 협동조합으로 확대	①초기교단 정신 확립
	②영국 전역과 독일 이탈리아 등에서 로치데일을 모방한 조합들이 형성	②신간회와 연계하여 경제운동에서 정치운동으로 발전	②종교조직으로 발전
			③원불교의 경제적 기틀을 세움
			④조합원의 정신적, 생활의 변화

공공성의 관점에서 이런 신종교운동의 실험들이 중요한 것은 공(共)의 힘으로 공(公)을 탈환할 수 있는 거점을 만들었기 때문이다. 물론 이런 거점들은 종교를 전파하기 위한 수단이기도 했지만 함석헌의 말처럼 그것을 통해 전체 사회를 구원하기 위한 전략이기도 했다. 이런 활동 속에서 민중은 삶을 이어 갈 수 있었고 조금씩 주체성과 존엄을 회복할 수 있었다. 머리를 조아리고 무릎을 꿇지 않아도 살 수 있고 그렇게 살아갈 수 있다면 공(共)의 힘이 강해질 수밖에 없기 때문이다. 또 그렇게 회복된 자신감은 국가나 자본과 맞설 수 있는 힘을 만들 수 있다. 그렇기에 공공성의 관점에서 신종교운동에 접근할 필요성이 있다.

2. 공공성의 관점에서 본 신종교운동

지면상 자세한 분석은 어렵고 두 가지 점만 지적하고자 한다.

첫째, 공공성과 관련해 신종교운동을 평가할 수 있는 부분은 국가가 방치한 사회의 공공성을 스스로 확보하려 했다는 점이다. 앞서 언급했던 이상촌운동이나 공동체운동은 국유가 아닌 공유의 방식으로, 스스로 통제할 수 없는 국가가 아니라 자치할 수 있는(적어도 그 가능성을 가진) 공동체를 통해 사회의 위기를 풀어 보겠다는 의도를 드러낸다. 즉 정부가 일방적으로 지정하는 사회적인 대안이 아니라 민중이 스스로 대안을 만들고 찾아가는 과정을 뜻한다.

그런 점에서 일본 〈생활클럽생협〉의 활동가 요코다 카쓰미(橫田克己)는 공공성 개념이 하나로 엮여 있지만 "본래 공(公)과 공(共)을 형성하는 조건과 방법은 상이한 것"이라 주장한다. 왜냐하면 "공(共) 영역은 사람들이 세금을 지불해서 사회를 개혁하는 틀과 자신들이 직접 자신들의 자원을 내서 리스크를 부담하는 가운데 사회를 개혁하는 틀이 함께 작동하는 곳"이기 때문이다. 그래서 공과 공을 붙여서 함께 사용하면 "공권력이 운영의 주체가 되는 공영역(共領域)과 공권력에 복종하는 시민적 공영역(共領域)의 세계가 당연한 것으로 받아들여질 가능성이 높고, 시민(私)이 운영하고 시민이 만들어 내는 공(共)적인 세계가 지니는 공공성(公共性)의 의미가 정부와 행정이 만들어 내는 공공성의 그늘 뒤로 가려져 버리는 것을 우려한다. 즉 공과 공을 섞어서 쓰다 보면 공(共)의 의미가 줄어들기에, 공(共)의 영역을 강화시키려는 운동은 자신의 관점에서 공공성을 재구성해야 한다는 것이다.

그래서 요코다 카쓰미는 자신이 속한 〈생활클럽생협〉의 운동이 공영역에서 '국가가 만드는 공공성'을 후퇴시키고 '시민이 만드는 공공성'을 확장시키는 것을 목표로 삼는 시민자치형 정치라고 주장한다. 이 시민자치형 정치는 나(私)와 다른 타자(私)를 수평적으로 연대하고 공생하는 것을 가능하게 만드는 공영역을 형성하는 과정 속에서 '공(公)'을 만들거나 혹은 그러한 공영역을 활성화시키기 위해 '공(공공제도, 공공정책, 그리고 공권력)'을 사용하는 공화주의 정치이다. 요코다 카쓰미는 공·공(公·共)에 대치되는 사·공(私·共)의 영역을 사회에 넓혀서, 정부가 만드는 공공 영역과 시민이 만드는 공공 영역이 힘의 균형을 이루게 하고 동시에 이 두 영역이 만드는 가치가 선순환 관계를 통해 확대 재생산될 수 있는 사회를 지향해야 한다고 강조한다.[21]

요코다 카쓰미의 말처럼 공(公)과 공(共)의 조건과 방법이 서로 다르기 때문에 공과 공의 균형을 잡는 것이 중요하다. 특히 한국처럼 민중이나 시민의 공공성 참여를 봉쇄해 온 권위주의 국가에서는 더더욱 그런 균형이 중요하다. 그렇지만 이렇게 공공성에 접근하는 것이, 함께함의 힘으로 모든 문제를 해결하고 인격적인 관계로 모든 관계를 대체하자는 것은 아니다. 오히려 갈수록 커지는 정부와 기업의 힘을 제어하려면 민의 힘이 강해져야 한다는 점을 내포한다.

특히 지금 시대의 문제는 각기 개별적인 존재로 분리되어 각자도생(各自圖生)하는 개체들을 주체로 묶을 방법이다. 즉 공(公)의 반대말이 사(私, private)라면, 공(共)의 반대말은 개(個, individual)이다. 그런 전환에서 종교의 역할이 있다. 인격적인 결합체인 공(共)과 비인격적 결합체인 공(公)의 장점을 잘 살릴 수 있도록 개인이 서로 연대하고 사유화된 것을 공유로 다시 점유하려는 노력이 중요하고 그런 노력의 결과가 구조를 바꿔야 한다. 종교는 그런 '묶음'의 역할을 맡을 수 있고, 근대 한국종교의 묶음은 '평등'과 '자치'라는 한국 사회 공공성에서 실종된 고리를 만드는 역할을 할 수 있다.

실제로 동학이나 대종교, 원불교 등의 신종교는 지배계급이 아닌 민중들의 종교였고, 그래서 신종교의 공통된 특징은 인간의 존엄성을 존중하고 수평적인 관계를 지향하는 것이었다. 그리고 그렇게 평등한 관계 속에서 서로의 삶을 돌보며 발전한다는 의미를 담고 있었다.[22] 따라서 신종교의 공공성에서 평등과 평등한 주체들의 공유/공동체라는 점이 더 부각된다면 공공성 논의를 더욱더 풍부하게 만들 수 있을 것이다.

둘째, 공공성과 관련해 신종교운동에서 또 하나 강조되어야 할 점은, 그런 주체가 계속 살아가기 위한 방법을 협동과 이를 위한 인식을 '탈성장'에서 찾는 것이다. 지금 당장 공공성이 강화되려면, 삶을 지속하려면 성장하지 않아도 나눌 것이 있고 부역하지 않아도 살아갈 방편이 있어야 한다. 이를 위해서는 평등한 주체들 간의 협동이 중요하다.

한국 사회에서 신종교운동도 그런 인식을 하고 있었다. 추상적인 교리가 일상의 수행으로 이어질 수 있어야 후천개벽과 공공성의 강화가 가능하다. 김도공은 원불교의 운동의 방향이 "시대적 또는 구조적 고난 해소를 위한 변혁(變革), 즉 개벽을 향한 실천으로" 발전했고, 그 같은 구체적 실천이 바로 소태산이 전개했던 저축조합운동(貯蓄組合運動, 1917), 간척지개척운동(干拓地開拓運動, 1918-1919), 기도결사운동(祈禱結社運動, 1919) 등이라고 주장한다.[23] 저축조합이 내세운 금주단연, 허례폐지, 미신타파, 근검저축 등은 교단 창립을 위한 토대를 만든다는 의미만이 아니라 생활의 방편을 만든다는 의미도 있었다. 기성조합의 해체 이후 불법연구회만이 아니라 상조조합이 만들어진 것도 이런 의미라고 생각한다.

성장주의는 지금 당장의 변화가 아니라 미래의 변화를 기다리게 한다. 그리고 지금 가진 것보다 더 많은 것을 그리고 더 강한 것을 원하도록 만든다. 그 미래와 욕망을 위해 지금 나는 희생하고 절제하고 노력해야 한다. 자립은 단순히 먹고사는 문제의 해결로 그치지 않는다. 경제적인 자립은 자립심을 기르고 자긍심을 주며 그런 주체들이 서로를 존중하게 만들며 민주적인 문화를 정착시킨다. 그렇게 살림살이와 민주적인 문화는 서로 맞닿아 있다.

김진호는 해방 이후 한국 기독교의 역사를 공공성의 관점에서 되짚으며 과거, 현재, 미래를 지배적 공론장, 규율화된 과시적 공론장, 규범적 공론장, 하위 공론장으로 설명한다. 증오의 정치를 따르는 극렬한 반공주의자들이 지배하던 개신교에서 카리스마적 지도자를 따르는 교회 중심의 성장, 대형 교회의 등장과 이에 대한 개입, 규범과 권위주의에 도전하는 새로운 교회의 등장을 설명하며 김진호는 '작은 교회'에 주목한다. "'작은 교회'란 규모가 작을 뿐 아니라 탈성장주의를 지향하는 교회를 가리킨다. 그런 점에서 이것은 짝퉁 대형 교회와 대조적이다. 비록 작은 교회 현상에 포함시킬 수 있는 교회들은 아직 절대 소수에 불과하지만, 이미 존재하고 있고 계속 늘고 있는 작은 교회들의 실험은 공공성의 관점에서 매우 유의미하다. 가령, 작은 교회가 교회의 제도와 담론에서 성장주의를 포기하고자 하면, 그 비움을 채울 다른 것을 찾아야 한다. 실제로 많은 작은 교회는 그 자리에 복지, 사회적 기업, 협동조합을 넣었고, 성직자와 평신도의 경계를 해체하는 다양한 예전(禮典)과 비공식 모임을 만들었으며, 안과 밖, 신자와 비신자, 타신자 간의 경계를 허물었고, 아웃사이더와 인사이더의 공감과 소통의 자리를 만들어내고자 했다."[24]

이런 문제의식은 다른 종교에서도 여전히 유용하다. 해방 이후 극단적인 반공주의로 치우친 개신교와 달리 신종교는 이런 담론을 만들기가 비교적 쉬운 편이다. 그렇지만 성장주의에 물든 건 기독교만이 아니고 신종교도 이런 유혹에서 완전히 자유롭지 않다. 지금 시대의 문제를 풀기 위해서는 더 이상 성장주의에 묶여 있을 수 없다. 그런 점에서 협동에 기초한 종교적 공공성은, 개발과 성장에 매달린 한국 사회에서 다른 삶의 길이 존재함을 보여줄 수 있다.

1920·1930년대
한국 '신종교'의 기본지형과
동향 및 특징

-『朝鮮の類似宗教』(村山智順, 1935)의 재검토

김민영 / 군산대학교 교수

Ⅰ. 머리말

인간의 사회적 삶 가운데 종교 역시 중요하게 자리하며 매우 다양하고 역동적인 관계와 영향을 주고받는다.[1] 그리고 여기에서 말하는 '사회'는 정치사회(국가)와 시민사회뿐 아니라 경제사회(시장경제)까지 포함하는 의미로 받아들여야 할 것이다. 이를 반영하여 종교학이나 종교사회학에서 '종교와 경제의 관계'는 면면히 고찰되어 왔다. 카를 마르크스를 비롯하여 막스 베버의 고전적 연구가 있었으며, 근래 동아시아의 경제성장과 유교의 관계성 등이 논의되기도 했다. 그만큼 오늘 우리 현실에서 경제와 종교의 관계에 대한 검토는 이론적 실천적으로 매우 필요한 작업이라 생각된다.

한편 근래 한국의 사회경제사 연구의 이론적·실증적 진전 가운데 관심 부문 또한 확산과 심화의 과정을 거쳐 왔다. 즉 노동, 기술, 산업 등 기존의 사회경제적 하부구조를 넘어 종교문화 등과의 관계에 대한 주제 영역으로 그 외연이 확장되어 가고 있다. 그러나 '종교와 사회'라는 넓은 측면의 연구사를 볼 때, 현실적으로는 각 종단의 교의나 사상의 이론적 논의에 치중하거나, 본래의 종교성과 분리된 채 사회경제 차원의 연구에 국한되어 온 측면도 있었다. 즉 상호 분리될 수 없는 두 영역에 대한 양립된 연구 경향성으로 종교가 '사적인 영역'에 머문 채 그 공공성(公共性), 즉 공적인 영역의 역할과 그 관계성에 대한 검토는 부족했다고 생각된다.

특히 식민지 시대를 중심으로 생각할 때, 이른바 한국의 '신종교'가 놓여 있었던 지형은 조선총독부가 인정하는 '종교(기독교, 불교, 신도)', 그리고 민족주의 등이 서로 얽혀 있던 복잡한 시공간이었던 것으로 기존 연구는 밝히고 있다.[2] 실제로 이 시기 한국에서 창립된 '신종교' 단체는 그 숫자뿐 아니라 이름 또한 다양하다.[3]

그러한 가운데 근래 한국 종교 특히 '신종교'에 착안하여 그 '지형과 종교문화'를 종합적으로 비교분석하여 그 보편성과 특수성을 찾아내는 일련의 작업이 시도되었다.[4] 특히 중심 주제를 축으로 한 심층적 비교분석, 시간을 축으로 한 역사적 조명, 공간을 축으로 한 지형성에 대한 종교인류학적인 참여관찰과 심층면담을 통한 실질적인 조사연구를 종합적으로 시도하고 있어 주목할 만한 성과라 생각된다.

또한 그 연장선상에서 한국 '신종교'를 사회운동사적으로 조명한 작업도 이루어졌다. 즉 근대 시기 '신종교'의 '민족종교'적 의미 가운데 '공공(公共)의 실천 윤리'를 찾아볼 수 있다는 것이다. 이에 기본적으로 '개벽사상과 구세 이념 가운데 새로운 사회를 갈망하며 대다수 민초들의 희망을 대변하는 세계 인식, 사회 변화 인식과 윤리 의식, 가치관과 민족관 등이 응축되어 있었음'을 밝히고자 한 것으로 이해된다.[5] 하지만 이와 같은 노력에도 불구하고 식민지 시대 한국 '신종교'가 '시민종교' 또는 '민중종교'로서 지니는 그 종교적 이념과 이상이 실제로 어떻게 사회에 적용되고 실천되었는가에 대한 실증적인 연구는 남아 있는 과제라 생각된다. 그리고 이에 답하고자 하는 일련의 관심들 가운데 '한국 종교의 공공성 재구축'과 연계하여 향후 중장기적인 천착이 필요하다고 생각된다. 그만큼 연구사적 맥락에서도 '근대문명 수용 과정에 나타난 한국 종교의 공공성'을 집단적으로 검토하는 공동연구 작업의 의의가 있는 것이다.

식민지 시대 한국 종교와 관련한 조사연구자료로는, 참서(讖書)의 하나로 여러 비기(秘記), 즉 참위설(讖緯說)·풍수지리설·도교(道敎) 사상 등을 혼합한 『정감록(鄭鑑錄)』의 편저자인 호소이 하지메(細井肇, 1886-1934)를 들 수 있다. 또한 요시가와 분타로(吉川文太郞)의 『조선제종교(朝鮮諸宗敎)』, 야오야기 난메이(靑柳南冥, 1877-1932)의 『조선종교사(朝鮮宗敎史)』 등도 중요한 저술이다.[6] 이들은 개설서 성격의 저술로 편협한 조선관을 포함한 식민지사관에 입각한 내용이라는 지적이 우세하다. 따라서 이를 포함한 식민지 시대에 간행된 한국 종교 관련 저술에 대해서는 향후 종합적인 검토가 필요할 것이다.

한편 이 시기 한국의 '신종교'와 관련하여 전체적인 실태를 가장 잘 드러내 주는 조사 자료로는 1935년에 간행된 무라야마 지준(村山智順, 1891-1968, 이하 무라야마)의 『朝鮮の類似宗敎』(조선총독부 조사자료 제42집)가 유력할 것이다.[7] 그의 조사보고는 1,000여 쪽에 달하는 방대한 분량이다.

그 가운데 상당 부분이 통계자료로 제시되어 있다. 우선 1860년 동학으로부터 시작하여 1934년 8월 조사 당시까지의 '신종교' 단체의 분포와 교세의 성쇠(신도 및 교구 수, 연도별, 도별 교세) 등이 자세하게 제시되어 있다. 또한 1930년대 초 조사 당시의 교세에 대해서도 종단, 신도(남여), 포교소, 교구 등을 설정하고, 각 도별 교세뿐 아니라 전체 종교 단체와 각 도의 종교 단체의 신도수, 포교소, 교구 수를 숫자와 그래프로 제시했다. 그리고 이 종교 단체들의 각 지역별·시기별(1880년대부터 1930년대 초반까지) 신도 수의 변화도 보여주었다. 또한 각 도별로 그 종교 단체들의 포교 개시, 각 '신종교' 단체의 남녀 신도수의 변화, 각 도별 포교 범주 등도 통계적으로 제시하였다. 특히 그는 이러한 '유사종교'의 분포와 교세의 성쇠, 신앙 의식, 그 영향, 운동으로서 종교사상운동과 사회운동까지 살펴보았다. 따라서 이 통계자료는 근대 종교, 식민지 시대 한국 '신종교' 단체를 연구하는 데 참고할 만한

가치가 있다고 생각한다.[8]

물론 이 경우 식민지 지배 시기에 만들어진 지적 산물, 특히 사회통계자료의 경우에는 좀더 냉정한 지식사회학적 시각이 견지되는 것이 중요하다. 따라서 여기에서는 무라야마의 한국 '신종교' 인식을 비판적으로 재검토하는 가운데, 그 조사 자료에 포함된 방대한 통계 등을 기본 텍스트로 삼고자 한다.[9] 그 과정에서 한국 '신종교'의 지형을 살피며, 특히 1920-1930년대 '신종교' 단체에 대한 기초적인 양적 고찰을 통해 그 주요한 동향과 특징을 살펴볼 것이다.

이러한 노력을 통해 식민지 시기를 전후로 하는 근대 시기 한국 '신종교' 역시 우리의 사회경제 및 생활과 정치 등을 지탱하고 설명하는 중요한 요소 가운데 하나였음을 실증적으로 파악하는 데 연구사적 진전이 이루어져야 할 것이다. 나아가 이러한 기초연구를 통해 향후 근대 한국 '신종교'의 '공공성 재구축'과 관련된 연구 발전에 하나의 디딤돌이 만들어지기를 기대한다.

II. 식민지 시대 한국 신종교의 기본 지형

식민지 시대 한국의 종교에 대해서는 수많은 연구가 축적되어 있음은 주지의 사실이다. 그리고 그 지형은 앞에서도 언급했듯이 조선총독부가 인정하는 '종교(기독교 · 불교 · 신도)'와 한국의 '신종교' 등이 서로 복잡하게 얽혀 있었던 것으로 이해된다.

그 가운데 '신종교'의 역사적 전개에 대해서는 몇몇 연구가 있다. 우선 방향성에 대해 조경달은 '민중종교'라는 시각에서 네 가지로 분화하고 있는 것으로 보았다.[10] 또한 그 시기구분에 대해서는 윤승용의 구분이 설득적이다. 즉 그는 한말 개화기인 1860년 동학의 창도로부터 1894년 동학농민혁명,

1904년 러일전쟁을 거치면서 민중종교로서의 근대 신종교가 사회변혁과 문명개화에 적극적으로 대응한 것으로 파악했다.[11]

그리고 그러한 역사적 맥락에서 기독교가 근대적 종교 체제로 유입되고 유교 역시 영향을 받는 가운데, 동학도 개신하여 '천도교'로서 문명종교적 체제에 대응해 나갔다는 것이다. 요컨대 당시 '신종교' 역시 '문명개화와 민족국가 형성이라는 시대적 과제를 직시하며 적절히 수용함으로써 향후 민중 · 민족운동을 선도해 갈 수 있었다'고 평가했다.[12]

특히 일제강점기를 3 · 1운동과 전시체제로의 전환을 계기로 3시기로 구분했는데, 기본적으로 '유사종교'라는 개념을 만들어 감시와 탄압을 하는 가운데 '신종교'가 그 직접적 대상이 되었다고 보았다.[13] 우선 3 · 1운동 이전인 무단정치 시기는 한반도를 효율적으로 통치하기 위한 식민지 종교 정책의 기반이 조성된 때로서, 1911년 불교를 통제하기 위한 '사찰령'과 유림을 회유하기 위한 '경학원 규정'을 만들고, 1915년에는 신도와 기독교를 규제하기 위해 '포교규칙'을 제정한 것에서 그 특징을 찾았다. 그 과정에서 조선총독부는 이에 포함되지 않는 한국 '신종교'를 이른바 '유사종교 단체'로 규정했다는 것이다.[14]

이후 3 · 1운동을 겪으며 이른바 문화정치기에 조선총독부는 어느 정도의 종교 활동을 용인하는 유화정책을 실시하는데, 특히 이 시기에 주목되는 것은 다양한 '신종교' 단체들이 등장하여 나름의 활동을 활발히 전개했다는 점이다. 한편 1930년대 만주사변과 중일전쟁 이후에는 일본 천황의 신격화와 신사참배 및 내선일체 사상이 강요되었다. 특히 1939년 종교단체법이 만들어지며 '신종교'의 입지는 더욱 곤란한 처지에 놓이게 되어, 강제해산당하거나 오히려 종교보국운동에 동원되기도 했다.[15]

즉 종교를 통치의 수단으로 삼은 일본 메이지 시대의 종교 정책이 조선총독부로 이어졌다.[16] 이는 이토 히로부미나 데라우치 등 당시 조선총독의 종교인식에서도 잘 나타나며 그 근간에서 종교 통제 정책이 일관되게 추진되고 있었다. 요컨대 식민지 시대 조선총독부의 종교 정책 역시 일본 국내의 정책과 밀접하게 연계되어 한편에서는 근대 일본의 정체성 확립을 위해 추진했던 신도의 일본 국교화 과정과 다른 한편에서는 한국 내 종교단체법 제정을 통해 통제를 일원화해 갔던 것이다.[17] 그리고 그 실상을 좀더 자세히 살펴보면, 신도, 불도, 기독교만 공식적인 가르침으로 인정되고 나머지는 모두 '좌도(左道)' 또는 '사교(邪教)'나 '유사종교' 혹은 '사이비종교' 등으로 규정되는 상황이었다.[18]

식민지 조선에서 이른바 '유사종교' 개념이 어떻게 적용되는지에 대해서는 본격적인 이론적 천착이 필요하겠지만, 이에 대한 개략적인 이해는 아오노 마사아키(靑野正明)의 정리를 참고로 한다.[19] 즉 1919년 문부성 종교통첩에 나오는 '종교유사의 행위'라는 표현 이후 1926년, 1929년의 '제2차종교법안'과 '제1타종교단체법안'에 나오는 '유사종교'라는 용어가 1920년대 후반 조선에서도 정착되어 사용되었다는 것이 정설로 받아들여지고 있다.[20]

이후 '유사종교'라는 용어는 1935년 무라야마의 『朝鮮の類似宗教』에 이르러 한국의 '신종교'를 학문적으로 분류하는 범주로 악용되기에 이른다.[21] 일제가 이 '유사종교'라는 개념을 통해 한국의 '신종교'를 통제 · 탄압 · 해산하는 근거로 사용했기 때문이다.

즉 조선총독부는 한국의 '신종교'를, 종교 단체를 담당하는 학무국이 아니라 경무국을 중심으로 감시 · 탄압하는 정책으로 일관한다. 한국에서 자생한 민족종교는 정식 종교가 아닌 '유사종교'로서 사회질서를 문란하게 하고 다른 한편에서는 민족의식을 고취시킨다는 이중적인 잣대를 제시해서 엄중한 관리하여 와해 또는 해체를 유도했던 것이다.[22] 그리고 이후 전시체제기에 이르러서는 '신종교' 단체에 대한 단속을 강화했다. 즉 1935년 총독부의 '종교유사단체 단속회의'나 1937년 미나미(南次郎) 총독의 '단속 강조', 1939년 당시 사법관회의에서 '엄중처벌 방침' 등이 그 상황을 잘 나타낸다.[23]

〈그림1〉 1860-1930년대 한국 '신종교' 단체의 지역별 추세

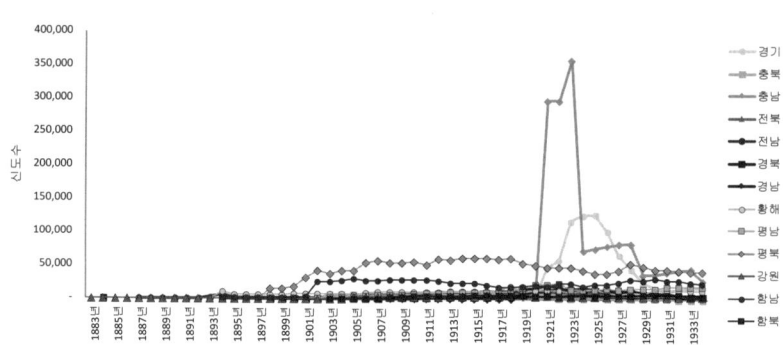

출처: 崔吉城·張相彦 共譯, 『朝鮮의 類似宗敎』(1935)에서 재구성.

이러한 상황 가운데 조선총독부 촉탁이었던 무라야마는 한국의 '신종교'를 '유사종교 단체'라 명명하며, 동학계, 흠치계, 불교계, 숭신(崇神)계, 유교계, 계통 불명으로 구분하였다. 즉 그의 조사에 따르면, 1900년대 전후 시기로부터 1930년대 초기에 이르는 시기에 한국의 '신종교' 단체의 신도 수는 꾸준히 증가하였다(〈그림1〉 참조). 특히 1920년대 초 63만여 명에서 1930년대 중반에는 17만여 명에 이르고 있었던 것으로 파악된다.[24] 그리고 각 계열별 교단의 총수는 1934년 8월 현재 67개로 집계되었다(〈표1〉 참조).[25]

〈표1〉 1930년대 초 국내 주요 '신종교'의 현황

계통	신종교명	총수
동학계[26] (東學系)	천도교(天道敎), 시천교(侍天敎), 상제교(上帝敎), 원종교(元倧敎), 천요교(天仸敎), 청림교(靑林敎), 대화교(大華敎), 동학교(東學敎), 인천교(人天敎), 백백교(白白敎), 수운교(水雲敎), 대동교(大同敎), 천명도(天命道), 평화교(平和敎), 무궁도(无窮道), 무극대도교(无極大道敎), 천법교(天法敎), 대도교(大道敎)	18
흠치계 (흠哆系)	보천교(普天敎), 무극대도교(無極大道敎), 미륵불교(彌勒佛敎), 증산대도회(甑山大道會), 증산교(甑山敎), 동화교(東華敎), 선도교(仙道敎), 태을교(太乙敎), 대세교(大世敎), 원군교(元君敎), 용화교(龍華敎)	11
불교계 (佛敎系)	불법연구회(佛法硏究會), 금강도(金剛道), 불교극락회(佛敎極樂會), 감로법회(甘露法會), 대각교(大覺敎), 원융도(圓融道), 정도교(正道敎), 광화교(光華敎), 영각교(靈覺敎), 원각현원교(圓覺玄元敎)	10
숭신계 (崇神系)	관성교(觀聖敎), 단군교(檀君敎), 대종교(大倧敎), 삼성교(三聖敎), 기자교(箕子敎), 숭신인조합(崇神人組合), 신리종교(神理宗敎), 문화연구회(文化硏究會), 교정회(矯正會), 성화교(聖化敎), 영신회(靈神會), 서선 신도동지회(西鮮 神道同志會), 칠성교(七星敎), 황조경신숭신교(皇祖敬神崇神敎), 지아교(知我敎), 영가무교(詠歌舞敎)	16
유교계 (儒敎系)	태극교(太極敎), 대성원(大聖院), 모성원(慕聖院), 공자교(孔子敎), 대성교회(大成敎會), 대종교(大宗敎), 성도교(性道敎)	7
계통불명	제화교(濟化敎), 천화교(天化敎), 각세교(覺世敎), 천인도(天人道), 동천교(東天敎)	5
총 계		67

출처: 崔吉城·張相彦 共譯, 『朝鮮의 類似宗敎』(1935)에서 재작성.

한편 이후 1930년대 후반기 한국의 '신종교' 가운데에는 그 밖에 20여 개의 추가적인 목록이 제시되었다.[27] 이는 『사상휘보』에만 나오는 것으로, 이처럼 사찰 대상인 민족종교에 대하여 감시와 탄압의 범위가 확대된 것으로 생각된다. 그만큼 일제의 '신종교' 탄압 정책은 신도 수나 단체 수 등을 포함하여 이 시기 종교지형의 변화를 초래하는 중요한 원인 가운데 하나였음을 알 수 있다.

III. '무라야마'의 한국 '신종교' 인식과 단체의 동향

1. 무라야마의 한국 '신종교' 단체 인식과 그 한계

주지하듯이 식민지시기 '유사종교'에 대해 집대성한 자료로는 단연 무라야마[28]의 1935년 보고서를 들 수 있다.[29] 조선총독부가 발간한 조사보고서는 대략 총 2,360여 종에 이르는데, 그 가운데 민속(사회 · 경제 · 의료 · 언어 · 의례 · 연희 · 신앙 · 예술) 관련 자료가 총 82종이며 비율적으로 무라야마가 11종을 집필하고 있어 그 역할을 짐작하고 남음이 있다.[30]

무라야마에 대해서는 평가가 엇갈린다. 그 하나는 "무라야마의 조사 방법은 각지의 경찰관들에게 의뢰하여 수행된 것이기 때문에 그 내용들이 지나치게 간단하고 정확성이 결여되어 있으며 조잡하여 학술상의 자료로서는 그 가치를 인정할 수 없다."는 것이다.[31] 반면 직접적이지는 않지만 무라야마가 집필한 조선의 민간신앙 4부작 가운데 하나인 『朝鮮の占卜と豫言』(1933)에 대한 서평 가운데 『朝鮮の鬼神』(1929), 『朝鮮の巫覡』(1932), 『朝鮮の風水』(1933) 등과 관련하여 일련의 의미(서론, 본론, 결론)를 부여하며 소개하고 있는 입장도 있다.[32]

그런데 식민지 시대 조선총독부의 조사 자료에 대해서는 무엇보다 식민지 시대라는 조건 가운데 이루어진 조사 활동으로 근대성과 식민성이 복잡하게 겹쳐져 있었다는 점을 간과해서는 안 될 것이다. 자료의 신뢰성은 물론 일련의 통계 자체가 '식민지권력'이라는 시선의 산물이기 때문이다.[33] 무라야마는 '일반 대중들이 지지하는 사상이야말로 사회적인 원동력'이라 보고 조선의 민간신앙을 연구하였다.[34] 그런데 그가 조선총독부 촉탁으로 활동하던 1920년대와 1930년대는 일제의 조선 통치가 새로운 국면에 들어선 시기로서, 이른바 '내지연장주의에 의한 동화(同化)정책'이 더욱 적극적으로 추진되는 시기였다. 즉 이 시기 일제의 구관(舊慣) 제도에 대한 조사 사업도 활기를 띠기 시작하였는데, 무라야마 역시 그 연장선상에서 '조선 사람들을 정신적·사상적으로 어떻게 하면 동화시킬 것인가를 고민'하고 있었던 것으로 이해된다.

그러한 맥락에서 무라야마는 개화된 사람들과 기독교인들이 무속 등 민간신앙을 미신으로 보고 타파하려는 움직임에 대해 '타파 불가능론'과 '무속 대책 신중론'을 제기하였는데, 그 근저에는 '일제의 신사(神社) 정책 하에서 양자의 유사(類似) 또는 동원(同源)을 주장하여 양자의 결합을 모색하려 했음'도 유의해야 할 것이다.[35]

아무튼 이후 무라야마의 조사 방법상의 문제점으로 '경찰관에 의한 조사 수행'이 지적되었고, 조선총독부 조사 보고서의 검토 과정에서도 '식민지 행정에 참고한다는 조사 목적과 경찰을 동원한 조사 방법'을 들어 그에 대한 평가는 일반적으로 부정 일변도였다.[36]

그러한 가운데 무라야마의 『朝鮮の類似宗教』가 '원래 식민통치를 목적으로 만들어진 것이지만 그것을 분석하고 이용하는 것은 이용자의 학식과 가치판단 능력'에 달려 있으며, 오히려 '식민지행정에 참조하기 위한 것이었기 때문에 조사 내용이 치밀성을 구비'하고 있으므로 꼼꼼하게 분석해 볼 필요성이 있다는 문제 제기도 있었다.[37] 특히 전체 분량 가운데 상당한 내용이 다양한 통계로 구성되어있다. 따라서 이 통계자료들은 자료 비판 등의 과정을 거치며 근대 종교를 연구하는 데 보조 자료로 참고할 필요가 있다고 생각된다.[38]

무라야마는 '유사종교' 단체를 동학계, 훔치계, 불교계, 숭신(崇神)계, 유교계, 계통 불명으로 구분하고, 이러한 '유사종교'의 분포와 교세의 성쇠, 신앙

의식, 그 영향, 운동으로서 종교사상운동과 사회운동을 살펴 보았다. 물론 '유사종교' 단체의 구분은 그의 주관적인 판단에 근거를 두고 있다.[39] 특히 그는 조선에서 19세 중엽 최제우(崔濟愚, 1824-1864)에 의한 동학을 시작으로 유사종교가 발생하게 된 것은 '조선 시대 유교 정치 이데올로기에 의한 불교 및 도교, 무속에 대한 단속과 탄압'에 연유한 것으로 보았다.

그러나 그는 '이조 중세부터 유사종교 발생 당시 조선 민중의 정신생활은 지적 비판에 의한 것이 아니고 오로지 맹목적 신앙에 의지하며 대단히 현세적인 생활 전개를 신비적으로 동경'하는 등 이른바 '조선민중의 무지'에서 한국 '신종교' 출현의 배경으로 이해하였다.[40] 즉 그는 '유사종교'의 사회적인 기능을 분석하며, '현재의 안심과 장래에 희망'을 준 것은 순기능으로 파악하고 '민중들이 일시적인 안심과 실현되지 않는 공허한 희망을 위해 많은 금전적 지불을 하게 하여 투기심을 조장'한 것은 역기능으로 보았다. 따라서 '유사종교'의 장래를 위해서는 '해산하든가 아니면 외적 운동이 아니라 내부성찰에 전념하여 참다운 종교로 다시 태어날 것'을 '권고'하고 있다.

요컨대 당시 한국 '신종교'가 더이상 '유사종교'로서 '민중들을 현혹시키지 말고 해산하든가 내부 성찰을 통해 다시 태어나 종교로서 공인을 받지 않으면 쇠퇴의 길을 피하기 어려울 것'이라고 '경고'하였다.[41] 그렇다면 이 시기 무라야마가 전국에 걸쳐 유사종교 단체들을 조사해야 할 필요성은 어디에 있었을까. 이는 그도 밝히고 있듯이 유사종교가 가지는 '저항성·운동성' 뿐만 아니라 '혹세(惑世)'라는 측면을 조사하여 식민지 통치적으로 그 대책을 강구함은 물론 당시 일본이 처한 위기를 극복하기 위해 '국민총동원정책'을 원활하게 수행하는데 조사의 필요성이 있었던 것이 분명하다고 평가된다.[42]

한편 1920-1930년대 한국 신종교 단체의 사회경제인식과 관련하여 그의 입장과 견해는 매우 중요한 시사점을 준다. 무엇보다 그가 당시 한국 신종교의 경제·사회·정치사상적 영향까지 분석하였기 때문이다. 그는 한국 신종교가 '경제적으로는 곤궁을 초래하였으며 정치적으로는 소요 사건을 일으키고 민중을 신동하며 인심을 현혹하고 구습을 고집하고 진흥 운동에 배치되는 등 식민지 통치에 걸림돌이 되고 있다'고 파악하였다.[43] 나아가 '사회로부터도 혐오와 반발을 불러일으키고 있으며 사상적으로는 혁명 사상을 고취하고 민족의식을 농후하게 조장하였고 근로정신을 저해하고 사회운동 발생의 기초를 만드는 등 악영향을 미치고 있다'는 입장이자 분석 결과를 도출하였기 때문이다.[44]

그는 이와 같은 악영향을 미치는 각 지역별 실태까지 소상하게 제시하였다. 또한 신도들의 종교 인식과 관련하여 입교 동기를 작성하고 이를 토대로 그 조사 결과를 통계적으로 제시하였다. 즉 18가지로 나누어 '수동적 입교 과정'을 밝혔다. 입교 목적도 20개 항목으로 나누어 조사한 결과 '현실적 이익을 목적으로 입교한 경우'가 다수임을 보여주었다.[45] 즉 '현실적 이익 가운데 생활 안정과 정치사회적 권세를 획득하려는 목적'을 크게 부각시켰다. 바로 그 점이 '식민지 조선 유사종교'의 특색이라는 것이다.[46] 그는 비슷한 맥락에서 탈퇴 동기도 파악하였는데, '성미, 성금 납부 등의 경제적 고통과 집회 등 시간의 허비'를 강조하였다.[47]

〈표2〉 1930년대 초 한국 '신종교'의 교계별 신도의 신분 상태(단위 : %)

신도 교계	신분		직업		빈부		지식		성별	
	지위있는양반	지위없는상민	농업	기타	유산	무산	유학	무학	남	여
동학계	30	70	98	2	6	94	20	80	60	40
흠치계	10	90	95	5	6	94	17	83	77	23
불교계	18	82	64	36	10	90	10	90	57	43

| 숭신계 | 33 | 67 | 40 | 60 | 0 | 100 | 10 | 90 | 47 | 53 |
| 유교계 | 63 | 37 | 100 | 0 | 45 | 55 | 75 | 25 | 95 | 5 |

출처 : 崔吉城·張相彦 共譯, 『朝鮮의 類似宗敎』(1935), 826쪽에서 재작성.

　나아가 신도의 사회적 신분과 직업, 빈부, 지식, 성별 등을 조사하였다(〈표2〉 참조). 즉 한국 '신종교'의 주요 교계별 신도들이 신분적으로는 '사회적 지위 없는 상민'이 지배적이라는 것이다. 물론 유교계의 경우에는 '지위 있는 양반'이 63%를 이루고 있지만, 대조적으로 훔치계는 90%가 '지위 없는 상민'으로 나타나 있다. 당시 시대 상황에서 기인하겠지만, 직업적으로는 농업종사자만 있는 교구가 80%를 상회하며, 자산(資産)이 없는 이른바 무산 신도가 유교계를 제외하면 90%에 이르고 있다. 비슷한 맥락에서 그의 표현을 빌리자면, '무학몽매한 사람만이 있는 교구'가 80%로 파악되었다.[48]

　앞에서 언급했듯이 무라야마는 '유사종교'를 새로운 종교사상운동의 하나로 보았다. 그는 1860년대에서 1930년대에 이르는 70여 년간의 한국 '신종교'를 면밀히 조사 검토하여, 결론적으로 이를 종합화하였다. 즉 한국 '신종교'의 '후천개벽사상, 지상천국사상, 기적과 구세주사상, 사회운동'이라는 측면에서 '동학운동(그의 본문에서는 '동학당'으로 표기하고 있음), 일진회, 3·1 독립운동(본문에서는 '3·1소요운동'으로 표기하고 있음), 성도(聖都)운동, 기타 혹세(惑世)운동' 등으로 분류한다.[49] 그리고 이러한 그의 관점 가운데 '유사종교' 조사를 통해 자신만의 '조선인론'을 피력하며 궁극적으로 '유사종교의 해산'이라는 방향을 제시했던 것이다.

　요컨대 당시 한국의 '신종교'를 통해 "조선 민중의 생활사상에는 스스로 땀 흘려 노력하여 생활의 전개를 꾀하기보다 아무것도 하지 않고 다른 힘과 기회를 이용하여 자기 생활의 약진을 기대하는 점이 있으며, 생활고의 해탈에 대해서는 현상만이라도 타파되면 장래는 어떻게 되든 관계없다."는 '찰

나관념'이 있다고 결론을 내렸다.[50]

나아가 '유사종교'가 '민중의 생활 요구'를 반영하여 '일시적이고 비현실적
이면서도 현재의 안심과 장래에 대한 희망'을 준 점은 인정해야 한다고 했
다. 그러나 "민중은 이 일시적인 안심과 끝내 실현되지 않은 공허한 희망을
사는 데에 도저히 단념할 수 없을 정도의 많은 액수를 지불했다."며, '유사
종교가 종교라는 이름에 의해 민중의 투기심을 조장한 사실은 종교라는 이
름을 더럽히는 것'이라고 단정하였다.[51] 결국 그는 이제 더이상 '유사종교가
민중들을 현혹시키지 말고 해산하든가 내부 성찰을 통해 다시 태어나 종교
로서 공인을 받지 않으면 쇠퇴의 길을 면하기 어려울 것'이라고 '경고'하였
다.[52]

이러한 상황 가운데 1935년을 중심으로 한국 '신종교' 관련 당시 신문을
검색해 보더라도, '유사종교의 비밀'[53], '유사종교 단체 일소'[54]와 같은 기사가
눈에 띈다. 더욱이 일부 언론은 1935년 초 '유사종교 교도'와 그 규모를 127
개 단체에 20여만 명으로 파악하고 있으며, 주요한 사회문제로서 '단속과
일소'가 필요하다는 기사가 나타나 당시의 시대적 단면을 설명해 준다.

결론적으로 그는 당시 한국 '신종교'가 더이상 '유사종교'로서 '민중들을
현혹시키지 말고 해산하든가 내부 성찰을 통하여 다시 태어나 종교로서 공
인을 받지 않으면 쇠퇴의 길을 피하기 어려울 것이라는 경고성 문구로 조사
보고서를 마무리하였다.[55] 그런데 이처럼 식민지 시대 무라야마 등에 의해
제기된 한국 '신종교'에 대한 인식과 평가가 공식화되고 나아가 '공적 영역
에서 사적 영역'으로 내몰리며, 이후 그 '내면화와 고착화'까지 전개되는 논
리적 장치의 기초가 마련된 것으로 생각된다. 따라서 향후 각 개별 '신종교'
차원에서 그 '편협과 왜곡의 논리화 과정'과 그 문제점 분석 및 '공적영역의
회복'에 대한 실증적인 연구가 필요하다고 생각된다.[56]

2. 한국 '신종교' 단체의 동향과 주요 특징

한국의 주요한 '신종교'는 1860년 동학이 시초인 것으로 이야기된다. 앞에서 언급했듯이 무라야마의 조사 보고가 나온 것이 1935년이니 실로 70년이 넘는 장기적인 검토한 것이다. 그에 따르면 이 기간 동안 크게 6개 계열의 '유사종교'가 성행했으며, 1935년 기준으로 보더라도 67종에 이른다.

또한 그 참여 신도 숫자도 〈그림1〉에서 보듯이 가장 성황을 보인 1923년경 63만여 명에 달했다.[57] 한편 1910년 당시 한국 '신종교'의 교세를 보면, 동학계의 경우 '천도교' 112,767명, '시천교' 7,063명, '상제교' 5,585명이고, 증산계인 '보천교' 277명, 불교·숭신계인 '대종교(大倧敎)' 66명, '칠성교' 6명, 유교계인 '태극교' 3,896명, '대종교(大宗敎)' 70명 등으로 전체 129,730명이었다.[58] 당시 천주교 신자가 73,517명, 개신교 장로교 신자가 140,470명이었음을 감안한다면, 개신교·천주교의 교세와 비교해도 무시할 수 없는 수치였다.[59]

이후 '신종교'의 교세는 등락을 거듭하여 1935년경에는 17만여 명으로 파악된다(〈표3〉 참조). 그 사이의 각 종단별, 주요 계열별, 지역별 교세를 파악하는 데는 무라야마가 조사 보고한 통계자료를 재검토함으로써 어느 정도 알 수 있겠지만 그리 간단한 것은 아니다. 특히 당시 '신종교' 단체 중에는 지하 종교도 있었고, 그 경우 그 단체와 신도 수 등의 파악은 일제 경찰에게도 일정한 제한이 있었을 것이다. 더욱이 비교적 활동이 자유로운 '신종교'의 경우에는 조사 통계가 용이하였을 것이고, 어느 측면에서는 과대 포장되었을 가능성도 있어 역시 한계가 있다.[60]

1930년대 한국 '신종교'의 지역적 분포 상황은 〈표3〉이 잘 보여준다. 이를 좀더 구체적으로 살펴보자면 〈표4〉가 참고로 된다. 이렇게 볼 때, 1920,

1930년대 한국 '신종교' 교세의 중요한 특징은 계열로 보았을 때, 이른바 '동학계'가 중심을 이루었다. 그리고 지역적으로 보았을 때는 '충남 지역'의 변동 추세가 매우 역동적이었음을 알 수 있다.

〈표3〉 1930년대 초 한국 '신종교' 단체의 교세(단위 : 명, 개)

도별	종단수	신도 남	신도 여	신도합계	포교소수	교구수
합계	67	108,933	63,925	172,858	1,157	711
경기도	29	9,939	8,344	18,283	70	51
충청북도	13	739	314	1,053	25	45
충청남도	16	17,497	10,341	27,838	56	55
전라북도	16	4,185	2,076	6,261	35	53
전라남도	9	3,824	1,677	5,501	70	58
경상북도	12	4,709	1,041	5,750	22	78
경상남도	10	2,247	596	2,843	45	48
황해도	15	7,439	5,841	13,280	159	70
평안남도	11	11,684	7,243	18,927	167	59
평안북도	5	23,882	17,689	41,571	326	34
강원도	19	2,754	976	3,730	49	89
함경남도	10	15,705	7,620	23,525	109	42
함경북도	5	4,329	167	4,496	24	20

주 : 1934. 8 현재 조사 내용.

출처 : 崔吉城·張相彦 共譯, 『朝鮮의 類似宗敎』(1935), 381쪽에서 재구성.

이를 더 자세하게 알아보기 위해 1920년부터 1924년까지 충남 지역의 신도 수를 살펴보면, 1920년 3,352명(남 2,284 여 1,068)에서 1921년 297,236명(남 199,799 여 97,437), 1922년 297,400명(남 199,676 여 97,724), 1923년 358,509명(남 241,359 여 117,150), 1924년 72,279명(남 58,288 여 13,991)으로 확인된다.[61] 즉 1920년까지 '유사종교'를 믿는 충남지역 신도의 수는 대략 3천 명 정도였는데, 그 다음해인 1921년에는 30만 명에 육박한 것으로 나타나고, 특히 1923년에는 35만 명을 넘고 있어 주목을 끈다. 그러나 1924년에는 다시 7만 명 수준으로 급감한 것으로 나타나 있다.[62]

〈표4〉 1930년대 초 한국 '신종교' 단체의 세부 상황(단위 : 명, 개)

교명	교도수 남	여	계	포교소	교구수	교명	교도수 남	여	계	포교소	교구수
천도교	55,547	37,859	93,406	193	781	감리법회	30	130	160	1	1
시천교	2,443	1,624	4,067	39	44	영각교	40	60	100	5	1
청림교	652	382	1,034	18	11	불교극락회	4	1	5	1	1
상제교	5,013	2,237	7,250	77	59	원융도	-	-	-	1	2
수운교	3,254	1,976	5,230	61	46	소계10	13,166	9,888	23,054	26	25
대도교	1,860	1,000	2,860	1	1	단군교	41	10	51	5	6
인천교	729	637	1,366	13	9	삼성교	5	2	7	1	1
대화교	350	530	880	10	7	대종교	미상				
동학교	641	134	775	9	1	기자교	642	-	642	2	2
대동교	185	120	305	2	3	칠성교	108	13	121	1	2
평화교	107	78	185	3	1	관성교	1,230	1,055	2,285	6	3
천요교	57	17	74	2	1	영신회	-	900	900	1	1
백백교	40	23	63	3	4	숭신인조합	61	359	420	1	1
무궁도	26	20	46	1	1	황조경신숭신교	104	67	171	6	7
천명도	12	6	18	1	1	성화교	12	23	35	2	3
무극대도교	15	1	16	1	1	문화연구회	-	30	30	1	1
천법교	3	7	10	1	1	서신신도동지회		26	26	1	1
원종교	미상					교정회		10	10	1	1
소계18	70,934	46,651	117,585	970	436	신리종교	7	-	7	1	1
보천교	13,076	3,398	16,474	107	153	지아교	1	-	1		1
무극대도교	1,432	758	2,190	4	24	영가무교		1	1		1
증산교	712	250	962	2	9	소계16	2,211	2,496	4,707	29	32
증산대도교	180	120	300	1	1	태극교	2,275	-	2,275	2	2
미륵불교	131	-	131	1	2	대성원	2,500	-	2,500	2	1
태을교	48	12	60	2	2	공지교	1,140	-	1,140	1	1
용화교	31	6	37	-	1	성도교	306	272	578	1	4
동화교	29	2	31		6	대종교	123	71	194	5	7
원군교	31		31	1	1	대성교회	15		15	1	1
대세교	미상					모성원	미상				
선도교	미상					소계7	6,359	343	6,702	12	16
소계11	15,670	4,546	20,216	118	200	천인도	590	1	591	2	1
금강도	7,877	5,377	13,254	2	1	동천교	3	-	3	-	1
원각현원교	1,258	2000	3,258	1	1	각세도	미상				
광화교	2,106	924	3,030	3	2	제화교	미상				
정도교	875	550	1,425	5	4	천화교	미상				
대각교	600	400	1,000	3	2	소계5	593	1	594	2	2
불법연구회	376	446	822	8	7	총계67	108,933	63,925	172,858	1,157	711

출처: 崔吉城·張相彦 共譯, 『朝鮮의 類似宗敎』(1935), 383쪽에서 재작성.

이처럼 1920-30년대 한국 '신종교'의 대세를 이루었던 동학 계열은, 무라야마의 분류에 따르면, 모두 18개이다. 이 가운데 주요 교단의 연도별 교세를 보면 〈그림2〉와 같다. 여기에서 '상제교'의 경우 1921년에 갑자기 30만여 명의 신도로 급성장했다가 1924년 7만여 명 수준으로 급감하는 부분이 잘 나타난다. 즉 앞에서 보았듯이 1920년대 전체적으로 '유사종교'의 숫자가 급증하고, 특히 충남 지역을 중심으로 나타난 배경에는 '상제교'의 부침이 작용하였던 것이다. 이는 〈그림3〉을 통해서도 잘 알 수 있다.

〈그림2〉 식민지 시대 동학 계열 주요 '신종교'의 연도별 교세 추이

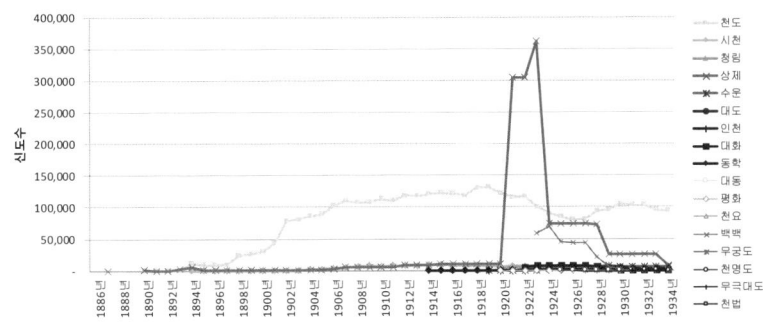

출처 : 崔吉城·張相彥 共譯, 『朝鮮의 類似宗敎』(1935)에서 재작성.

〈그림3〉 식민지 시대 동학 계열 주요 '신종교'의 지역별 교세 추이

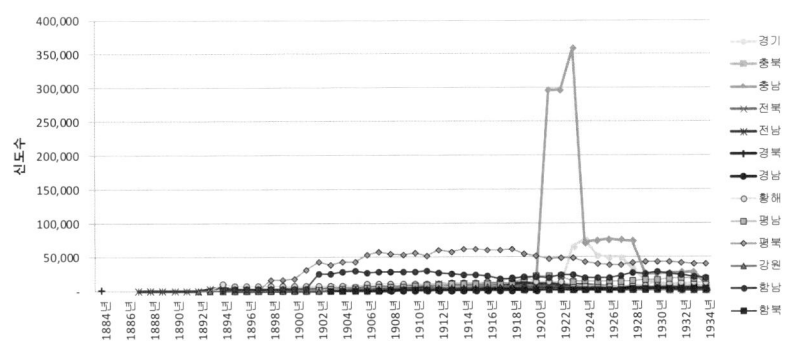

출처 : 崔吉城·張相彥 共譯, 『朝鮮의 類似宗敎』(1935)에서 재작성.

따라서 이를 좀더 구체적으로 살펴보면, '상제교'는 1884-1886년경 1개의 지부로 시작하여 1887-1889년에는 2개의 교구에 77명(남38, 여39)의 신도가 있었음이 확인된다. 무라야마가 제시한 통계상으로는 동학 계열 '신종교' 가운데 유력했던 '천도교'보다도 앞선 시기이다. 즉 '천도교'는 1890년 3개의 교구에 8명(남5, 여3)의 신도 수가 확인되기 때문이다. 특히 동학농민혁명이 있었던 1894년 '천도교'와 '상제교'의 교세를 보면, 교구 수가 각각 19, 11개소였으며, 신도 수는 각각 11,786명(남7,218, 여4,568)과 4,881명(남3,170, 여1,771)이었다.

이후 1910년경 '천도교'과 '상제교'의 교세를 보면, 교구 수가 각각 129, 40개소였으며, 신도 수는 각각 112,767명(남67,742, 여45,025)과 5,585명(남3,406, 여2,179)으로 확인된다. 그런데 이 시기에 이르면 1894년 1교구 1인 신도로 출발한 동학 계열의 '신종교'인 '시천교'도 28교구, 7,063명(남5,265, 여1,798)에 달한다.

〈표5〉 1920년대 초 동학 계열 주요 '신종교'의 교세(단위 : 명, 개)

연도별	1921				1922				1923			
교별	남	여	계	지	남	여	계	지	남	여	계	지
천도교	72,405	42,744	115,149	172	71,554	44,237	115,791	172	60,506	40,163	100,669	173
상제교	203,614	100,624	304,238	70	203,614	100,624	304,238	71	243,624	118,624	362,248	72
시천교	4,700	1,912	6,612	36	4,470	1,924	6,394	37	4,395	1,864	6,259	37

출처 : 崔吉城·張相彥 共譯, 『朝鮮의 類似宗教』(1935)에서 재작성.

이러한 추세를 1919년을 기준으로 하여 '천도교', '상제교', '시천교'의 교세를 비교하면, 교구 수는 각각 165, 68, 36개소였으며, 신도는 각각 130,884명, 10,733명, 7,815명으로 파악된다. 그런데 1921년부터 1923년 사이에 동학계열 주요 '신종교'에 큰 변화가 일어난다. 즉 〈표5〉에서 보듯이 이 기간 동학계열 주요 교단인 '천도교'와 '시천교'의 교세에는 큰 변화가 없지만, '상제교'는 1921년과 1922년 신도수가 동수인 304,238명(남녀 신도 수도 동일)이고, 1923년에는 362,248명으로 나타나 있다. 교구 수에는 큰 변화가 없어서 신도 수가 급증한 이유가 궁금해진다. 이 결과는 앞의 〈그림2, 3〉에서도 매우 돌출된 그래프로 표시되었다.

그렇다면 동학계열 '신종교'인 '상제교'는 어떠한 종교인가? 동학의 제2대 교주 최시형(崔時亨, 1827-1898)의 수제자였던 김연국(金演局, 1857-1944)은, 1898년 최시형이 사형을 당하자 손병희(孫秉熙, 1861-1922)와 교통(敎統)을 이어받는 문제로 갈등을 빚었다. 1905년 손병희가 동학을 '천도교'로 개칭하고 제3세 교주가 되자, 김연국은 이용구(李容九, 1868-1912)가 세운 '시천교'의 '대례사(大禮師)'가 되었고 1913년에는 권병덕(權秉悳, 1868-1944)과 함께 '시천교 총부'를 만들었다.

우리의 관심을 끄는 1920년대 초 특히 1924년에는 계룡산 신도안에 교 본부를 옮기고 이듬해에는 계룡산 상제봉에서 천제를 지낸 뒤 교명을 '상제교'로 바꾸었다. 또한 교인들이 신도안에 정착하자 황무지를 개간하고 광제소(廣濟所)라는 사업 기관을 설치하였으며 사립 교육기관인 유신학교(維新學校)를 세웠다. 나아가 전국에 지부와 선교소를 설치하였고 본부에는 부흥청년단을 조직하는 등 교세 확장에 힘을 쏟아 전성기에는 신도수 50만 명을 헤아리게 되었던 것으로 파악된다.[63]

이러한 가운데 〈표6〉을 통해 1934년 8월경의 통계에서 볼 수 있듯이, 상제교는 교구 수 11개소에 신도수 역시 5,000명을 하회한 것으로 나타나 그간의 사정은 물론 그 격심한 변화에 대한 논구는 중요한 과제라 생각된다.[64]

〈표6〉 1930년대 초 충남 지역 주요 '신종교' 종단의 교세(단위 : 명, 개)

교명	신도수			포교소수	교구수	교명	교구수			포교소수	교구수
	남	여	계				남	여	계		
천도교	580	257	837	14	8	시천교	17	4	21	2	1
상제교	3,184	1,364	4,548	7	11	단군교	2	1	3	1	1
수운교	2,266	1,547	3,813	5	8	기자교	50	-	50	1	1
대화교	173	397	570	5	4	칠성교	107	13	120	1	1
대동교	185	120	305	3	2	관성교	56	45	101	3	2
천요교	56	16	72	1	1	성화교	2	3	5	1	2
보천교	563	27	590	8	10	성도교	295	265	560	1	1
금광도	7,862	5,366	13,228	1	1	각세도 청림교	미상				
광화교	2,099	916	3,015	2	1	계 16	17,497	10,341	27,838	56	55

출처 : 崔吉城·張相彦 共譯,『朝鮮의 類似宗敎』(1935)에서 재작성.

앞에서도 언급했듯이 무라야마의 조사 보고만 보더라도 1860년대에서 1930년대 초반에 걸쳐 한국 '신종교'에 대한 방대한 통계자료 등을 포함한다. 이 시기 각 계열별·교단별·지역별에 걸친 통계자료 등을 활용한 '신종교'의 상세한 연구는 앞으로의 과제라 할 수 있을 것이다.

IV. 맺음말

이상에서 1860년대부터 1930년대 초까지에 걸쳐 한국의 '신종교'를 조사 분석한 무라야마 지준(村山智順)의 『朝鮮の類似宗敎』(1935)에 포함된 방대한 통계자료 등을 기본 텍스트로 삼아, 한국 '신종교'의 기본 지형과 1920-1930년대의 주요 동향 및 특징에 대해 양적 측면의 기초적 검토를 시도하였다. 이를 통해 식민지 시기를 전후로 하는 근대 시기 한국 '신종교' 역시 우리의 사회경제 및 생활과 정치 등을 지탱하고 설명하는 중요한 요소 가운데 하나였음을 파악하고자 했다.

물론 근대 한국의 '신종교'는 일종의 자문화운동이며, 다른 한편에서는 민족운동의 일환이기도 했다는 점에서 그 자체만으로도 '공공성'을 지녔다고 볼 수 있다. 하지만 더 체계적인 논구를 위해서는 식민지 시대의 공공성 및 '신종교' 단체의 부침과 사회적 공공성과의 관계 등에 대해 충분한 실증적 검토가 뒤따라야 할 것이다.

아울러 식민지 시대 조선총독부의 조사 자료에는 근대성과 식민성이 복잡하게 겹쳐져 있다는 점을 간과해서는 안 될 것이다. 자료의 신뢰성은 물론 그 조사 통계자료 역시 '식민지 권력'이라는 시선의 산물이기 때문이다.

식민지 시대 한국의 종교지형은 조선총독부가 인정하는 '종교(기독교·불교·신도)'와 한국의 신종교 등이 서로 얽혀 있었다. 특히 이른바 유사종교라는 용어가 1935년 무라야마에 의해 한국의 신종교를 학문적으로 분류하는 범주로 정착하여 악용되기에 이른다. 더욱이 일제는 이 유사종교라는 개념을 통해 한국의 '신종교'를 통제·탄압·해산하는 근거로 사용하였다.

무라야마는 '일반 대중들이 지지하는 사상이야말로 사회적인 원동력'이라고 보고 조선의 민간신앙을 연구하였다. 그러나 무라야마는 한국 '신종교'로 인한 '경제적 곤궁 초래'와 '정치적 소요 사건 연관' 및 '민중 선동과 인심 현혹'을 강조하였다. 또한 '구습 고집 및 진흥운동 배치' 등 '식민지 통치에 걸림돌'로 파악하였다. 나아가 '사회로부터의 혐오와 반발 초래' 및 '혁명 사상 고취와 민족의식 농후 조장'을 악영향으로 분석하였다. 나아가 '근로 정신 저해 및 사회운동 발생의 기초 조성' 등의 영향을 미쳤다'는 분석 결과를 도출하였다.

또한 신도들의 종교 인식과 관련하여 입교 동기를 작성하고 이를 토대로 조사한 결과를 통계적으로 제시하였다. 이를 요약하면 '수동적 입교 과정'과 '현실적 이익을 목적으로 입교한 경우'가 다수였다는 것이다. 즉 '현실적 이익 가운데 생활 안정과 정치사회적 권세를 획득하려는 목적'을 크게 부각시켰다. 바로 그 점이 '식민지 조선 유사종교'의 특징이라는 것이다. 그는 비슷한 맥락에서 탈퇴 동기도 파악하였는데, '성미, 성금 납부 등의 경제적 고통과 집회 등 시간의 허비'를 강조하였다.

특히 신도의 사회적 신분과 직업·빈부·지식·성별 등까지 조사하였는데, 한국 신종교의 주요 교계별 신도들이 신분적으로는 '사회적 지위 없는 상민'이 지배적이며, 직업적으로는 농업종사자만 있는 교구가 80%를 상회하고, 자산(資産)이 없는 이른바 무산 신도가 유교계를 제외하면 90%에 이르고 있었다. 결국 그의 표현을 빌리자면, '무학몽매한 사람만이 있는 교구'가 80%인 것으로 파악되었다.

나아가 무라야마는 '유사종교'를 새로운 종교사상운동의 하나로 보았다. 즉 그는 한국 신종교의 '후천개벽사상, 지상천국사상, 기적과 구세주사상, 사회운동'이라는 측면과 함께 '동학운동(실제로는 동학당 표기), 일진회, 3·1 독립운동(실제로는 3·1소요운동 표기), 성도(聖都)운동, 기타 혹세(惑世)운동' 등과 연계시켜 파악하였다.

그리고 이러한 관점의 연장선상에서 유사종교 조사를 통해 그 자신만의 타율성에 입각한 '조선인론'을 피력하며 궁극적으로 유사종교의 해산이라는 방향을 제시하였다. 요컨대 당시 한국의 신종교를 통해 "조선 민중의 생활사상에는 스스로 땀 흘려 노력하여 생활의 전개를 꾀하기보다 아무 것도 하지 않고 다른 힘과 기회를 이용하여 자기 생활의 약진을 기대하는 점이 있으며, 생활고의 해탈에 대해서는 현상만이라도 타파되면 장래는 어떻게 되든 관계없다는 찰나 관념이 있다."고 결론지었다.

즉 유사종교가 민중의 생활 요구를 반영하여 '일시적이고 비현실적이면서도 현재의 안심과 장래에 대한 희망'을 준 점은 인정해야 하겠지만, '민중은 이 일시적인 안심과 끝내 실현되지 않은 공허한 희망을 사는 데에 도저히 단념할 수 없을 정도의 많은 액수를 지불했다'며, 유사종교가 종교라는 이름으로 민중의 투기심을 조장한 사실은 종교라는 이름을 더럽히는 것이라고 단정지었다.

결국 그는 '이제 더이상 유사종교가 민중들을 현혹시키지 말고 해산하든가 내부 성찰을 통해 다시 태어나 종교로서 공인을 받지 않으면 쇠퇴의 길을 면하기 어려울 것이다'고 경고하였다. 즉 그는 조선총독부 촉탁으로서 '내지연장주의에 의한 동화(同化)정책'의 이론적 배경을 마련하기 위해 일반 대중들이 지지하는 사상 즉 한국의 신종교를 충실하게 조사 연구하여 정신적, 사상적 동화를 도모했던 것이다.

한편 그의 보고서 통계에 기초하면 1900년 이후 한국의 신종교는 꾸준히 증가하였다. 특히 신도 수를 보면 정점을 이루는 1920년대 초 63만여 명에서 1930년대 중반에는 17만여 명에 이르렀던 것으로 파악된다. 특히 1920-1930년대 한국 신종교 교세의 중요한 특징은 계열로 보았을 때는 동학계가 대종을 이루었다는 것이다. 그리고 지역적으로 보았을 때는 충남 지역의 추세가 매우 역동적이었다. 그 이면에는 상제교 등의 동향이 매우 크게 작용한 것으로 보인다.

따라서 향후 근대 시기 한국 신종교 단체 가운데 특히 동학계열, 시기 및 지역적으로는 1920년대의 충남 지역 등에 대하여 개별적이고 심층적인 연구가 필요하다고 생각된다. 나아가 식민지 시대 무라야마 등이 제기한 한국 신종교 인식의 근저에 놓인 조선인 타율성론, 나아가 종교의 공적 영역으로부터 사적 영역화와 그 논리의 내면화 및 고착화 등에 대하여 실증적인 연구가 진전되기를 기대한다.

근대 한국 종교에서의
'민족'과 '민중'

- Nation, Nation State, 그리고 Nationalism과 관련해서

김석근 / 아산정책연구원 부원장

I. 머리말: 종교와 민족주의

근대 한국 종교에서 그 이전 시대의 종교와 구별되는 가장 큰 차이는 역시 기독교[서학, 천주학]의 존재를 알게 되었으며, 동시에 그로부터 알게 모르게 적지 않은 영향을 받았다는 점일 것이다. 예컨대 '동학(東學)'이란 말 자체는 이미 '서학(西學)'의 존재를 인정한 것이다. 그 연원이 전혀 없지는 않았지만 기독교에서의 인격신·유일신·창조신 같은 측면이 그렇다고 할 수 있지 않을까? 심지어 비판마저도 그런 영향의 한 표현이라 하겠다.

실은 '종교(宗敎)'라는 개념과 용어 자체가 낯선 것이었다. 한국 사회에 '종교'라는 개념이 등장한 것 역시 근대 개항기라 할 수 있기 때문이다.[1] 뿐만 아니라 '종교'라는 단어는, 많은 학문적 용어가 그러하듯이 'religion'이 일본에서 번역된 것이며, 이어 한국에 수용된 것이다. 일본에서 religion은 '법교(法敎)', '교법(敎法)', '법문(法門)', '신도(神道)', '교도(敎道)', '신교(神敎)', '종교(宗敎)' 등으로 번역되었지만, 그들 사이의 경쟁 끝에 마침내 '종교'로 굳어지게 되었다. 아울러 한 가지 중요한 것은, 서양에서 religon이란 개념은 그 자체가 이미 기독교를 모델로 하여 구성되었다는 점이다. 다른 말로 하자면 기독교를 religion이라 불렀다는 것이다.[2]

따라서 종교와 관련해서 등장한 다양한 명명들[예컨대 고등종교, 유사종교, 토착종교, 자생종교, 보편종교, 한국종교 등]이 실은 기독교의 존재와 정통성을 전제해 두고 전개된 것이라 하겠다. 암암리에 서구 중심주의적 사고가 깊숙이 내재되어 있는 것이다. 흔히 말하는 '민족'종교와 '신'종교('신흥'종교와 구분되는) 역시 그와 무관하지는 않지만, 그래도 '민족'과 관련된 측면과 '새로운' 종교현상이라는 점을 시사해 준다는 점에서는 조금 다르다고 생각한다. 실제로 근대 한국의 종교현상 역시 아주 다양하고 독특하다고 할 수 있다.[3] 바야흐로 '종교 다원주의(religious pluralism)' 시대에 걸맞은, 편견과 선입견을 넘어서 '종교적 인간'을 객관적으로 바라볼 수 있는 입체적인 종교 인식이 필요하다고 하겠다.[4]

이 글에서는 19세기 후반 이후 한반도에서 등장한 대표적인 새로운 종교(신종교)들, 구체적으로는 최제우(崔濟愚, 1824-1864)의 동학(東學, 1860), 그 보다 조금 늦게 등장한 강일순(姜一淳, 1871-1909)의 증산교(甑山教, 1901), 나철(羅喆, 1863-1916)의 대종교(大倧教, 1909), 그리고 박중빈(朴重彬, 1891-1943)의 원불교(圓佛教, 1916)를 주목해 보고자 한다. 이들은 다소의 편차는 있겠지만 전환기에 등장했을 뿐만 아니라 그 시대의 위기와 과제에 부응하고자 했다는 점에서는 다르지 않았다. 여기서는 종교나 교리 내용 그 자체보다는 그들이 지녔던 사회적, 정치적 함의와 위상에 초점을 맞추어 보고자 한다.

조금 구체적으로 말해 보자면 그들 종교가 '민족', '민중', '민족주의'에 대해서 어떤 생각을 가지고 있었는가를 살펴본다는 것이다. 그 부분을 다룬 선행 연구들이 더러 있기는 하다.[5] 하지만 이 글에서는 근대적 의미의 Nation, Nation State, 그리고 Nationalism이란 맥락에서 그들을 어떻게 평가해야 할 것인지 논의해 보고자 한다. 예비적 고찰로서 제2장에서는 그들 개념에 대해서 조금 더 검토하고자 한다. 미리 말해 두자면, 19세기 말 확장 중이던 국제사회에서 시급한 과제는 '국가적 독립'[대외적인 문제]과 대내적으로 계급과 계층을 넘어서는 '대내적 통합'을 이루어 내는 것이었다. 이른바 근대적인 Nation의 문제라 할 수 있겠다. 거기서 국가적 독립과 대내적인 통합은 서로 이어지게 된다. 이른바 근대국가 형성 과정이라 해도 좋겠다. 다시 말해 '주권'을 가진 근대적인 '국민국가'가 그것이다.

II. '민족', '민중', 그리고 Nation

사전적인 의미에 따르자면 민족(民族)은 "일정한 지역에서 오랜 세월 동안 공동생활을 하면서 언어와 문화상의 공통성에 기초하여 역사적으로 형성된 사회집단"을 말한다. 하지만 그것은 인종이나 국가 단위인 국민과 반드시 일치하는 것은 아니다. 인종과 국민이 겹쳐질 수도 있겠지만 겹쳐지지 않을 수도 있다는 것이다. 특히 '근대 국민국가(modern Nation State)'의 구성원으로서의 '국민(Nation)'과의 관계가 그러하다.

그렇기 때문에 민족을 정의하기란 어려운 일이다. 그럼에도 객관적 기준과 주관적 기준이란 측면에서 말해 볼 수 있겠다. 객관적으로는 동일한 명칭이나 문화적 요소를 공유하고 공통의 기원으로 거슬러 올라가는 신화나 공통의 역사적 기억을 갖는 사람들로 이루어진 집단이 특정의 영역에서 자신들을 결합하여 연대감을 갖는 존재라 할 수 있다. 하지만 민족의 분포와 국민국가의 관계는 간단하지 않다. 같은 지역, 같은 언어, 같은 종교가 민족의 충분조건이라 할 수는 없겠다. 주관적인 기준으로 가장 중요한 것은 '우리는 타자와 다르다'는 '우리 의식'이나 '우리로의 귀속 의식'을 낳는 연대감이라 할 수 있다. 하지만 이 같은 '우리 의식'을 갖는 집단의 틀 역시 고정되어 있는 것은 아니다. 끊임없이 움직인다. 존재하지 않던 민족이 생겨나거나 종래 실재했던 '우리 의식'을 갖는 집단이 다른 민족에 포함되는 사례는 흔히 볼 수 있다.

주관적 기준과 객관적 기준은 오히려 서로 떼놓을 수 없을 정도로 연관되어 있다. 같은 현상의 두 측면이라 할 수 있다. 민족이라는 의식은 자생적·문화적인 힘이 서로 길항(拮抗)하는 다이내믹한 작용과 관계 속에서 성립한다고 할 수 있겠다. 여기서 중요한 것은 역시 '국민국가'의 존재다. 이때 국민국가의 틀에 반발하여 문화적인 정체성을 유지하거나 주장하는 이들을 가리켜 '에스닉 집단(the ethnic group)'이라 부른다. 하지만 그들이 하나의 독립된 '국가(국민국가)'로 나아가고자 할 때, 그것은 민족주의(the ethnic Nationalism)라 할 수 있다(동유럽의 사례). 그들이 국민국가를 지향할 경우 역시 작위적, 정치적인 측면이 중시되는 것이다.[6]

중국은 56개 '민족'으로 이루어져 있다고 할 때, 그들 구성원은 모두 중국이라는 근대 국민국가의 구성원, 즉 '국민'인 것이다. 하지만 그 '민족', 흔히 소수민족으로 불리는 이들은 에스닉 집단(the ethnic group)에 속하는 것이다. 그래서 조선족의 경우, 국적(the nationality)은 중국이지만 에트노스(ethnos: the ethnicity) 차원에서는 '조선'족으로 불리는 것이다. 민족(the ethnicity)과 국적(the nationality)이 일치하지 않는 것이다.

그러면 우리말(혹은 한자어) '민족'에 해당하는 영어 단어는 무엇일까. 흔히 nation, people, folk, race 등이 이에 해당한다고 한다. race는 인종으로, folk는 민속으로, people은 인민으로 번역된다. Nation이 많이 쓰이고, Nation, Nation State, Nationalism은 민족, 민족국가, 민족주의으로 번역되어 왔다. 하지만 최근에는 민족과 nation의 관계 여하에 주목해서, 객관성을 높이기 위해 점차로 국민, 국민국가, 국민주의(내셔널리즘)으로 부른다. 필자 역시 그런 동향에 동의하는 입장을 취하고 있다.[7]

다음으로 '민중(民衆)'은 어떤가. 사전적인 의미를 따르자면 '민중'은 "국가나 사회를 구성하는 일반 국민이나 피지배계급으로서의 일반 대중을 이른다.” ‘민중’은 “국가와 사회를 이루는 구성원. 전체 다수의 국민·서민·평민·인민이라고도 한다. 특히 피지배층을 이루는 주변인을 이르는 말로 쓰이기도 한다.”[8] 한자어로서의 ‘민중’은 동양의 고전에서도 확인된다.[9]

또한 이렇게 말하기도 한다. “역사를 창조해 온 직접적인 주체이면서도 역사의 주인이 되지 못한 사회적 실체를 지칭하는 말로 쓰인다. 정치적·문화적·경제적 지배 관계에서 종속계급·피지배계급에 속해왔다. 민중은 고정된 계급을 지칭하는 것이 아니며, 역사 속에서 각기 다른 모습으로 파악되는 유동적인 계급·계층의 연합이다. 따라서 계급·계층·시민 등 여러 개념을 포용하는 상위개념이라 하기도 한다.” 그렇다면 민중은 대중(mass), 계급(class)과 구분된다. “민중은 공유하는 역사적 경험에 근거하여 계급 이전의 형태, 혹은 계급의 경계를 넘어서는 다양한 사회집단들의 연합으로 이루어질 수도 있다.”[10]

‘민중’은 또 ‘인민대중(人民大衆)’을 줄인 말이라 하기도 한다. “민중(民衆)은 인민대중의 줄임말로, 한국에서 국가나 사회를 이루는 구성원을 가리키는 말로, 피지배계급인 민중을 ‘역사의 주체’로 보는 관점이 담겨 있다. 비슷한 단어로는 인민이 있다.”고 하기도 한다.[11] 그리고 ‘인민대중’은 “역사상에서 각 시대의 계급 사회에서, 지배되고 억압받으며 착취되면서, 생산에 종사하고, 물질적으로도 정신적으로도 문화의 창조를 떠받치는 사람들”이라 한다. 조금 더 나아가자면 그들이야말로 ‘역사의 참된 창조자들’이라 한다. “특히 인민대중이 역사에서 갖는 의의는 사회혁명의 시기에 명료해지는데, 혁명이 수행되고 새로운 사회로 진보되어 가는 것은 이 대중의 힘에 의해서이다. 사회를 추진시키는 인민대중의 사회적·정치적 세력의 내용과 범위는, 역사의 단계에 따라 다르다.”[12]

과연 ‘민중’은 ‘인민대중’의 줄임말인가? 일차적으로 ‘인민’과 ‘대중’은 독립된 개념·용어로 성립한다고 해야 하지 않을까? 그렇게 성립된 다음에야 '인민대중'으로 연결될 수 있지 않을까? 또 하나, 민중에 해당하는 영어 단어는 무엇일까? the people, the(general) public 등을 말하는 듯하다. 하지만 일반적으로 the people은 인민, the public은 공중(公衆), the mass는 대중(大衆)으로 번역된다. 그래서인지 '민중'에 해당하는 영어가 없다고 하면서 소리나는 대로 the minjung으로 표기한다는 얘기도 들었다.

어떻든 간에 '민중'이란 개념에는 1) 국가와 사회의 구성원, 2) 종속, 피지배계급(계층)의 이미지가 동시에 존재하지만, 역시 2)가 강한 인상을 주는 듯하다. '대다수의 피지배층' 정도라 해도 좋겠다. 그 범위와 대상은 역시 시대에 따라 달라질 수밖에 없을 것이다. 19세기 말과 오늘날의 민중이 같을 수는 없다.

그렇다면 앞에서 본 '민족'과 '민중'의 관계는 어떻게 연결되는가, 아니 연결될 수 있을까. 여기서 필자는, 하나의 방법으로 Nation 개념과 관련해서 이해하는 것이 좋다고 생각한다. 더 구체적으로는 Nation State, Nationalism을 포함시켜서, 일종의 준거틀로 삼자는 것이다. 특히 근대적인 의미에서의 Nation State, 즉 '근대 국민국가'라는 시각에서 바라보는 것이 효율적이라 생각한다. 이른바 '근대 세계 시스템'의 성립 이후, 새롭게 형성된 국제사회에서 행위자 또는 멤버십은 역시 '국민국가'였기 때문이다. 그것은 유럽 정치사에서 전세계로 확대된 것이기도 하다. 서구 문명의 전세계적 확산과 더불어 '국민국가'가 전파되었다. 그것은 서구 근대문명 수용 과정에서 핵심적인 사안이라 해도 좋겠다. 효율적인 논의를 위해서 '국민(nation)' 개념을 논하는 부분을 인용해 보고자 한다.

국민이란 스스로 국민이 되고자 하는 사람들의 집합체라 할 수 있을 것이다(It has been said that a nation is something that wants to be a nation). 단순히 하나의 국가적 공동체에 소속되어 공통의 정치제도하에 놓여 있다는 객관적 사실은 아직 근대적 의미의 국민을 성립시키기에는 충분하지 않다. 거기에 있는 것은 기껏해야 인민(人民, a people) 또는 국가에 소속된 구성원이지 국민(nation)이 아니다. 그것이 『국민』으로 되기 위해서는 그들이 같은 귀속감〈共屬感〉을 적극적으로 원하거나 적어도 바람직한 것으로 의식하지 않으면 안된다. 바꾸어 말하면 한 집단의 구성원이 다른 국민과 구별되는 특정한 국민으로서 상호 간의 공통된 특성을 의식하고, 다소간 그런 일체성을 수립해 가려는 의욕을 가지고 있어야 비로소 국민의 존재를 말할 수 있는 것이다. 애초부터 그런 일체 의식은 다양한 뉘앙스로 존재할 수 있다. 언어 · 종교 · 풍속 · 습관 기타 다른 문화적인 전통의 공통성을 기반으로 하여 자신들의 문화적 일체성에 대해서는 명확하게 자각하면서도 정치적인 국민의식은 결여한 그런 경우도 있다[전형적인 경우로 19세기 초기까지의 독일 국민이나 이탈리아 국민]. 그러나 그런 문화 국민이라 하더라도 문화적 일체성을 외부로부터 옹호하려고 하면 곧바로 자신의 존재를 정치적으로 고양시켜 국가적 공동체를 형성할 필요에 부딪히게 된다. 이리하여 국민의식은 정말 그것이 자각적인 한 머지않아 정치적 일체의식으로 응집하기에 이른다. 무릇 국민국가를 떠받쳐 주는 것은 바로 그런 의미에서의 국민의식이다. 그리고 그런 국민의식을 배경으로 하여 성장하는, 국민적 통일과 국가적 독립의 주장을 폭넓게 국민주의(Nationalism: Principle of nationality)라고 부른다면, 국민주의야말로 근대국가가 근대국가로서 존립하기 위해서 없어서는 안 될 정신적인 추진력이다.[13]

정리하면 근대적 의미의 '국민', 그 국민을 국민답게 만들어 주는 '국민의식', 그리고 국민의식을 바탕으로 성장하는 '국민적 통일'과 '국가적 독립'의 주장으로서의 '국민주의'로 요약할 수 있다.[14] 문화적 일체감을 넘어서 정치적 일체 의식으로 가야 하는 것이다. 그것은 안과 밖의 동시적인 문제이기도 하다. 대내적으로 국민적 통일, 그리고 대외적으로 국가적 독립 과제가 되는 것이다. 이것은 비서구 사회 국가들이 공통되게 지녔던 과제-흔히 그 것은 '반봉건'과 '반외세'라는 형태로 나타났다-라 할 수 있으며, 19세기 조선 역시 예외는 아니었다.

이하에서는 근대 한국에서 등장한 대표적인 신종교들[동학(천도교), 증산교, 원불교, 대종교]에서 '민족'과 '민중'의 문제가 어떻게 나타났는지 살펴본 다음, 이어 '국민, 국민의식, 국민주의'라는 관점에 입각해서 논평해 보고자 한다.

III. 동학: 보국안민(輔國安民)과 광제창생(廣濟蒼生)

동학은 1860년(철종11) 4월, 최제우(崔濟愚, 1824-1864)에 의해 창도되었다. 무엇보다 '동학'이란 말 자체가 시사적이다. "나 또한 동쪽에서 태어나 동도(東道)를 받았으니 도(道)는 비록 천도(天道)이나, 학(學)은 동학(東學)이다(논학문)." 이 말에는 '서학(西學)' 또는 '서교(西敎: 천주교)'에 대응한다는 의미가 담겨 있다.[15] 그 출발점에서부터 '서'에 대한 '동'의 자각 또는 주장이라는 점에서 정체성(identity)과 관련된 성격이 강한 종교라 할 수 있다.

익히 알려져 있듯이, 최제우의 동학 창도에는 조선왕조와 양반 사회에 대한 민심의 반감이 깔려 있다. 왕조의 시운이 다했다는 말세관과 사회변동기의 불안이 민심의 반감을 가속화시켰다. 신분 차별과 적서(嫡庶) 차별에 괴로워하였던 서민 계층이 공명한 것은 자연스러운 일이었다. 최제우 자신이 몰락 양반의 후예(庶出)이자 재가녀(再嫁女)의 자식이었던 만큼 '한계엘리트

(marginal elite)'로서의 소외감을 느끼고 있었다.[16]

40세까지 구도의 방황을 계속한 그가 이름을 '제우(濟愚)'로 고친 것은 시사적이다.[17] "어리석은 사람들을 구하겠다."는 것이다. 그가 보기에 당시 사회는 왕조의 시운이 쇠하여 개벽을 대망하는 시대였다. 그는 동시대를 '천명을 돌보지 않는 난세', '나쁜 질병이 가득찬 혼탁한 세상'으로 읽었다. 실제로 홍수, 지진, 역병 등이 횡행했다. 또한 조선왕조에 대해서 "아국 운수 가련하다."고 읊었다. 이미 전래된 서학의 존재, 그리고 서양의 이양선(異樣船) 출현 역시 그런 위기의식을 가속화시켰다.

그는 서학에 대항하기 위해서는, 그리고 아국 운수를 회복하기 위해서는 '경천' 사상을 되찾아 천도를 받고자 하는 새로운 믿음의 창도가 필요하다고 여겼다. 그가 '득도'한 종교적인 체험은 '만고 없는 무극대도'를 맞은 것이다. 1860년 월, 최제우가 36세 때의 일이다. 갑자기 몸이 떨리고 마음이 불안해지면서 무슨 병인지 알 수 없는 상태에서 홀연히 어떤 신선의 목소리가 들려왔다. 놀라 일어나 귀를 기울이고 들었다. "두려워하지 말라. 세상 사람들이 나를 상제(上帝)라 부르거늘 너는 상제도 모르는가?" 최제우가 이렇게 나타난 이유를 물었다. 그러자 신선은 이렇게 말했다. "나 역시 공을 이룬 바 없으므로 너를 세상에 태어나게 하여 사람들에게 이 법을 가르치고자 하노니 의심치 말라." 최제우가 "그러면 서학으로써 사람들을 가르칠까요?" 하고 물었다. 신선은 이렇게 답했다. "아니다, 나에게 신령한 부적(符籍)이 있으니 그 이름은 선약(仙藥)이요, 그 모습은 태극(太極) 같기도 하고 궁궁(弓弓) 같기도 하다. 나에게 이 부적을 받아 질병으로부터 사람을 구하고, 나에게 이 주문(呪文)을 받아 나를 위해 세상 사람들을 가르치면 너 또한 장생(長生)할 것이요, 덕(德)을 천하에 펼 수 있으리라."[18] '득도(得道)' 혹은 '대각(大覺)'의 순간이었다. 구약성서를 보면 모세가 시나이산에서 하느님과 대화를 나누는 장면이 나오는데, 비슷한 이미지라는 인상을 받았다.

득도 체험을 기초로 그는 주문을 짓고 강령의 방법을 만들어 새로운 신앙을 포교하기 시작했다. 13자 주문[시천주조화정영세불망만사지(侍天主造化定永世不忘萬事知)]을 외우는 소리가 높아졌으며, 점차로 교단이 형성되었다. 접(接)과 포(包) 같은 조직 체계도 갖추게 되었으며, 교세도 빠르게 성장했다.[19] 동학에는 유(儒)·불(佛)·선(仙) 3교가 종합되어 있다고 하지만, "유도·불도 수천 년에 운이 역시 다하였던가."라고 했듯이, 기존의 종교와는 구별되는 것이었다. 서학에 대해서는 그 힘을 인정하면서도, 천주나 천도가 서학의 독점물일 수는 없다고 했다. 당연히 비판도 가했다.

교세가 날로 커지자 조정에서는 '민심을 현혹시켰다'는 이유를 들어 동학을 금하게 되었다. 1863년 12월(음력) 최제우는 '삿된 도로 세상을 어지럽힌 죄(左道亂正之律)'로 경주에서 체포되었다. 그리고 3월 대구 감영에서 '혹세무민(惑世誣民)'의 죄목으로 처형되었다.

이른바 '교조신원운동(敎祖伸寃運動)'을 통해서 동학은 점차로 집단적인 운동 형태로 전개되기 시작했다. 그와 더불어 탐관오리 배척, 외세 배척 등 정치적 요인들이 끼어들게 되었으며, 동학은 단순한 종교운동을 넘어서 사회운동으로 고양되기에 이르렀다. 그 절정에 달한 것이 1894년(고종31)의 동학농민혁명이다. 동학과 동학농민혁명의 관계 여하에 대해서는 여전히 논의의 여지가 있지만, 적어도 동학의 조직과 구성원, 그리고 사상이 중요한 역할을 했다는 점만은 부인할 수 없을 것이다. 그들이 내세웠던 '제폭구민(除暴救民)·축멸왜이(逐滅倭夷)·진멸권귀(盡滅權貴)'의 구호는 그들의 운동이 무엇을 지향하고 있었는지 여실히 보여준다.

동학에서 신앙 대상은 '천(天)' 또는 '천주(天主)', '한울님'이었다. '경천(敬天)'의 '시천주' 신앙을 바탕으로 하는 '보국안민(輔國安民)'의 종교라 할 수 있다. 하지만 최시형(제2대 교주)에 와서는 '사인여천(事人如天)', '이천식천(以天食天)', '양천주(養天主)' 등을 내세웠으며, 1905년 손병희 시대에 이르러서는 '인내천(人乃天)'이라는 종지를 내세웠다.[20]

그러면 동학과 동학농민혁명을 어떻게 볼 수 있는가? 특히 민족과 민중에 대해서, 그리고 그것은 Nation, Nation State, Nationalism이라는 측면에서는 또 어떠한 위상을 차지하는가?

첫째, 동학에서는 '서'에 대한 '동'의 자각과 주장이라는 점에서 정체성과 관련된 성격을 강하게 보여주었다. 이미 서학과 천주교의 세례(?)를 받았을 뿐만 아니라 그로부터 계시종교 내지 인격신적인 관념을 자기화하였다. 종래의 유(儒)·불(佛)·선(仙)에서도 좋은 것은 기꺼이 받아들였다. 동학의 그 같은 정체성 인식은 동아시아 내에서도 중국, 일본과 구분되는 것이었다. 다시 말해서 종래의 중화 문화권으로부터도 독자성을 자각, 주장하는 양상을 보여주었다. 그 자체가 Nation State, Nationalism과 직결되는 것은 아니지만, 분명한 자기 인식이라는 측면에서는 주요한 계기라 할 수 있다. 이미 에스닉 집단(the ethnic group)으로서의 '민족'의 존재는 당연히 그리고 충분히 자각되고 있었다는 것이다.

둘째, 동학이 서양과 서교에 대해서 품었던 가장 큰 우려는 우리나라를 침략하려는 침략자라는 것이었다. 동학에서 내세웠던 '축멸왜이(逐滅倭夷)', '척왜양창의(斥倭洋倡義)' 등은 그런 감정을 표현한 것이라 할 수 있다. 그것은 말하자면 자기 보호 본능, 또는 '향토애(鄕土愛)'에 가까운 것이다. 인간이 일정한 토지에 대대로 정착해 갔다는 사실에 의해서 자연히 그 토지 또는 풍속에 대해 품게 되는 애착 같은 것은 먼 옛날부터 존재해 왔다. 그같은 본능적인 향토애는 국민의식을 배양하는 원천이기는 하지만, 그것이 곧바로 정치적 국민을 만들어 내는 원동력이 되지는 않는다.[21]

셋째, 동학의 성격은 그들이 내세운 구호들, 특히 나라를 보호하고 백성을 편안하게 한다는 '보국안민(輔國安民)'과 널리 백성을 구제한다는 '광제창생(廣濟蒼生)', 온 세상에 덕을 베푼다는 '포덕천하(布德天下)'에서 잘 드러난다. 정치사회 문제에 대한 입장 표명이라 해도 좋겠다. 보국안민에서 '국'은 어디까지나 전통적인 왕조 체제의 그것이지, 근대 국민국가에 해당하는 것이라 볼 수는 없다. 어쨌든 그들은 '국가'를 중시했다.

예컨대 전봉준은 1894년 3월 기포(起包) 때 이렇게 말했다. "팔로(八路)가 어육(魚肉)이 되고 만민이 도탄에 들었다. 수재(守宰)의 탐학에 백성이 어찌 곤궁치 아니하랴. 백성은 국가의 근본이라. 근본이 쇠삭(衰削)하면 국가는 반드시 없어지는 것이다. 보국안민의 책(策)을 생각지 아니하고 다만 제 몸만을 생각하여 국록(國祿)만 없애는 것이 어찌 옳은 일이랴. 우리 등이 비록 재야의 유민(遺民)이나 군토(君土)를 먹고 군의(君衣)를 입고 사는 자라. 어찌 차마 국가의 멸망을 앉아서 보겠느냐."[22] 군토, 군의 같은 용어가 여전히 왕정의 위상을 말해 주고 있다.

조금 시간이 흐른 후에 손병희 역시 비슷한 발상을 보여주었다. "나라에 으뜸 되는 가르침이 없으면 백성들이 성품을 가눌 수 없어 제 자신만을 위하는 고(故)로 정법(政法)이 불행(不行)하나니 그러므로 예로부터 지금에 이르기까지에 나라에 도가 없으면서도 흥한 나라가 없었나이다. … 정부가 어찌 혼자만의 힘으로써 외국에 대항할 수 있으리까? 민심을 끼고 민권을 배양해야 천하를 상대할 수 있으리니 그러므로 나라를 위하는 근본은 민심(民心)이요 백성을 가르치는 근본은 도(道)이니라."[23]

넷째, 이미 앞에서 언급된 것처럼 전봉준은 "만민이 도탄에 들었다"고 외쳤다. 백성들을 편안하게 한다는 것, 즉 안민(安民)은 널리 백성을 구제한다는 '광제창생(廣濟蒼生)'과도 이어진다. 왜 그런가. "무릇 백성이 나라의 근본이니 그 본(本)이 온전하지 못하고서도 그 나라가 홀로 온전한 예가 일찍이 없었다. 이러므로 세계 각국은 각기 자기의 문명지도(文明之道)를 지키고 백성을 지키고 그 직분을 가르침으로써 그 국가로 하여금 태산과 같이 편안케 하였다.”[24] ‘민중’의 존재와 삶을 강조한다. 동학의 각종 주문, 한글로 지은 가사, 민간신앙적인 요소 역시 민중들에게 친화력이 강한 것이었다.

하지만 단순히 민중을 강조하는 데 멈추지 않았다. 나아가서는 만민평등 사상을 전망하였다. 누구나 천주를 모신다는 생각, 즉 ‘시천주(侍天主)’ 사상이 그것이다. 천주(天主)는 따로 존재하는 것이 아니라 사람 안에 있다. 따라서 천주를 모시는 사람은 계급, 신분이나 빈부(貧富), 적서(嫡庶), 남녀(男女) 등의 구분에 관계없이 모두 평등하다는 새로운 지평이 열리게 된다. 이즈음에서 ‘민중’에 여전히 따라다니는 지배(착취)와 신분의 그늘 역시 희미해지지 않을 수 없다. 그 끝 간 데에 이르게 되면 ‘사람이 곧 하늘’이라는 혁명적인 선언에 이르게 된다.

다섯째, 종합해 본다면 동학농민혁명에는 ‘반외세[대외]’와 ‘반봉건[대내]’ 요소가 동시에 존재했다. 그들은 나라를 구제하고자 했으며, 동시에 만민평등의 기치를 내세웠다. 거기서 대외적으로는 국가적 독립, 그리고 대내적으로는 국민적 통일이라는 Nation 개념의 두 가지 측면의 ‘가능성’을 읽어 낼 수 있다. 하지만 엄격히 말하자면 근대적인 국가, 국민국가를 전망할 수는 있었지만, 실제로 다다른 것은 아니었다. 일종의 전기적(前期的) 내셔널리즘 혹은 근대적인 Nation과 Nation State로 나아갈 수 있는 교두보를 세울 수 있었다. 현실은 냉혹했다. 두 개의 과제는 결코 쉽지 않았다. 그들 둘이 서로 동시적으로 겹쳐진다는 것이 도저히 넘어설 수 없는 벽이 되었다. 동학농민혁명의 실패 혹은 좌절과 더불어 그들은 더이상 나아가지 못했다.[25]

IV. 증산교: 천지공사(天地公事)

증산교[26]의 발생은 1894년의 동학농민혁명과 밀접하게 관련되어 있다. 아쉽게도 동학농민혁명은 그 이념과 목표를 이루지 못하고 실패로 끝났다. 가담하였던 사람들은 좌절을 맛볼 수밖에 없었다. 일부 급진적인 성향의 사람들은 본래 생활로 돌아가지 못하고 사회를 개혁할 새로운 방법을 찾았다. 강일순을 중심으로 하는 증산교가 대표적인 사례라 할 수 있다.

따르는 사람들은 그를 '상제(上帝)'로 불렀다.[27] "상제(上帝)의 성은 강(姜)씨요, 존휘는 일순(一淳)이고 자함(字啣)은 사옥(士玉)이고 존호는 증산(甑山)이니, 태어난 때는 신미년(辛未年, 1871) 11월 1일이었다."[28] 태어날 때부터 기이한 현상이 있었다. "상제께서 대순하시다가 선망리의 한 여인이 근친하러 갔을 때 그 여인의 몸을 하늘의 불덩어리가 덮고 이상한 향기와 맑은 기운이 가득히 찬 방에서 신미년 9월 19일에 광구(匡救) 천하하기 위해 강세하실 것을 예시하였다."[29]

강일순은 동학농민혁명군을 따라다니며 혁명의 진행 과정을 주의깊게 바라보았다. 하지만 실패를 미리 예감했던 그는 싸움에 직접 가담하지는 않았다.[30] 혁명의 실패와 더불어 사회적 혼란이 계속되자, 그는 세상을 구원할 수 있는 것은 기성 종교나 인간의 능력으로는 불가능하며, 오로지 신명(神明)에 의한 도술(道術)로써만 가능하다고 생각했다. 세상과 인간을 구원할 방법을 찾기 위해서 그는 유교·불교·선교와 음양·풍수·복서·의술 등을 연구했다. 또한 술법, 도술, 도통 공부도 했다. 1897년부터 3년 동안 삿갓을 쓰고 전국을 돌아다니기도 했다.[31] 이인(異人)을 만났고 이서(異書)를 얻어 공부했다.[32] 세상을 구원할 권능을 얻고자 전라북도 모악산(母岳山)의 대원사(大願寺)에 들어가 수도했다(1901).[33]

극심한 수도 생활 중에 하늘과 땅의 근본이 되는 바른 길, 즉 '천지대도(天地大道)'를 깨닫게 되었으며, 욕심·음란·성냄·어리석음[貪淫瞋痴] 네 가지를 극복하게 되었다 한다. 도를 깨친 것이다. 이후 따르는 사람들이 나타났다. 그는 금산사 입구 구릿골[銅谷里]에서 약방을 차렸다.[34] 병을 고치는 것은 포교를 위해서도 중요한 일이었다. 환자를 치료할 때 한약 처방에 의한 약물치료와 함께 주문을 외우게 하거나, 부적을 사용하기도 하고, 안수 치료를 같이하기도 했다. 효험을 본 사람들은 그를 '신인(神人)'으로 여기고 따랐다. 그는 자신이 하늘과 땅과 인간의 '삼계대권(三界大權)'을 가지고 있으며, 조화로 천지를 개벽하고 선경(仙境)을 열어 고통 속에 헤매는 중생을 건지기 위하여 이 세상에 내려왔다고 주장했다.

따르는 자들은 그를 하느님(상제)으로, 그리고 이 세상을 구하기 위해 내려온 구세주라 믿게 되었다. 대각 이후 스스로 미륵이라 하기도 했다.[35] 그는 7년에 걸쳐서(1902-1909) 포교 활동을 펼쳤다[천지공사(天地公事)]. 기행(奇行)과 이적(異蹟)·신통묘술(神通妙術)·예언(豫言)·치병(治病) 등 이해할 수 없는 일들이 이어졌다. 지역은 전주·태인·정읍·고부·부안·순창·함열 등 동학농민혁명이 가장 활발하였던 전북 7개 군이었다. 주요 활동지는 역시 자신이 약방[광제국(廣濟局)]을 운영했던 모악산 부근이었다.

더러 포정소(布政所)·대학교(大學校)·복록소(福錄所)·수명소(壽命所) 등의 명칭을 사용하기도 했지만, 그는 종교 명칭을 사용하거나 조직 구조를 체계화하지는 않았다. 다만 종교의식의 핵심인 '천지공사(天地公事)'를 행하고, 주변 사람들을 상대로 자신의 교리와 사상을 가르칠 뿐이었다. 포교 활동 중에 그와 일부 신도들이 의병 모의 혐의로 고부경무청에 체포되기도 했지만, 증거 불충분으로 석방되었다. 그들은 문득 차가운 현실에 부딪힌 것이다. 평소에 말하던 '천지개벽'이 늦어짐을 원망하거나, 빨리 '선경'을 이루

어 달라고 요구하는 일이 늘어났다. 하지만 피와 살로 된 '인간'이었던 그는 1909년 사망했다.[36]

교주의 허망한 죽음 앞에 신도들은 흩어졌으며, 몇몇 제자들만 남아 장례식을 치렀다. 그의 '재림'을 믿는 사람들도 있었다. 강일순의 아내 고부인(高夫人, 高判禮-首婦)이 갑자기 졸도했다가 몇 시간 후에 깨어났다. 그녀는 성령(聖靈)이 자신에게 옮겨졌다고 하며 강일순과 비슷한 언행과 행동을 하기 시작했다. 이러한 일이 알려지자 강일순을 따랐던 자들이 다시 모여들었다. 그들은 강일순을 교조로, 고부인을 교주로 하고 교명을 선도교(仙道教, 일명 太乙教)라고 했다(1914).

이후 교단에 다양한 분파와 갈래가 난립하게 되었다. 차경석(車京石)의 '보천교(普天教)', 고부인의 '태을교', 김형렬(金亨烈)의 '불교진흥회(나중에 미륵불교)', 안내성(安乃成)의 '증산대도교(甑山大道教)', 이치복(李致福)의 '제화교(濟化教)'와 '삼덕교(三德教)', 박공우(朴公又)의 '태을교(태인)', 김광찬(金光贊)의 '증산교도리원파교단(甑山教桃李園派教團)' 등.[37] 교파의 난립에도 불구하고 신자 숫자는 크게 늘어났다. 그중에서 차경석의 '보천교'가 규모와 활동에서 사회적 관심과 논란을 불러일으켰다.[38] 총독부에서는 전국 각지의 보천교 신자 검거령을 내렸으며, 보천교 신자를 처벌하는 특별법까지 제정하기도 했다. 동시에 적극적인 회유 공작을 펼치기도 했다. 보천교 내부의 갈등과 대립, 새로운 교단 설립이라는 현상도 계속되었다.[39] 일제강점기 증산교 교파는 100여 개에 이르렀다. 증산교단은 총독부가 선포한 '유사종교 해산령(1936)'과 더불어 크게 위축되기에 이르렀다. 일부는 지하로 들어가 활동하면서 해방 이후의 증산교단을 형성하는 모태가 되었다. 현재 60여 개 종파가 있다.[40]

그러면 지금까지 살펴본 내용을 토대로 민족과 민중, Nation, Nation State,

Nationalism과 관련해서 증산교를 어떻게 볼 수 있을까. 이하에서는 몇 가지로 정리해 보고자 한다.

우선, 개인적으로 가장 인상 깊은 것은 강일순의 종교 지도자로서의 '카리스마'를 들지 않을 수 없다.[41] 약 7년 동안 진행된 그의 천지공사가 남긴 유산은 실로 컸다. 사후 문도들 사이의 인간적인 분열과 갈등을 거치면서도 강증산에 대한 믿음은 거의 흔들리지 않았던 듯하다. 수많은 종파가 끊임없이 생겨났다는 것도 놀라운 일이지만, 그들 사이의 갈등과 대립 역시 그러하다. 다소 불경하게 들릴지도 모르겠지만, 일정한 교리와 의례를 공유하는 종파들[예컨대 강일순이 천지공사를 행할 때 사용한 송주(誦呪, 주문을 외우는 것)와 소부(燒符, 부적을 태우는 의식) 등] 사이의 '통합'과 '통일'에 이르지도 못하면서 어떻게 다른 종교, 더 나아가 전체 '민족'을 포괄할 수 있을까 하는 의문이 살짝 드는 것도 숨길 수 없다.

둘째, 강일순과 증산교는 선행자로서의 동학과 동학농민혁명과 밀접하게 관련되어 있었다. 그는 '좌절당한 혁명' 혹은 '미완의 혁명'으로서의 동학농민혁명을 옆에서 지켜보았다. 심지어 동학에 들지 말라고 하기도 했다.[42] 증산교의 많은 문도들이 동학 출신이었다. 출신 지역 역시 상당 부분 겹친다. 이는 증산이 자신의 종교를 '참동학'이라 한 것과 무관하지 않다. 자신의 강림(?)에 대해서 그는 이렇게 말하기도 했다. "최수운에게 천명(天命)과 신교(神教)를 내려 대도를 세우게 하였더니 수운이 능히 유교의 테 밖에 벗어나 진법(眞法)을 들춰내어 신도(神道)와 인문(人文)의 푯대를 지으며 대도의 참 빛을 열지 못하므로 드디어 갑자년(1864)에 천명과 신교를 거두고 신미년(1871)에 스스로 세상에 내려왔노라."[43] 그러니까 동학이 다 하지 못한 일들을 하기 위해서 이 세상에 왔다는 것이다.[44] "최제우는 작란(作亂)한 사람이오, 나는 치란(治亂)하는 사람이니라."[45] '작란(作亂)'을 넘어서 '치란(治亂)'으로 가야 한다는 것이다.

셋째, 앞에서 지적한 것과 관련해서 증산교는 동학의 전통을 이어받으면서도 한편으로는 다른 방향으로 나아간 것으로 볼 수 있다. 이어받은 부분은 새로운 세상을 열고자 하는 열망, 즉 후천개벽(後天開闢) 같은 것을 들 수 있다. 에스닉 집단(the Ethnic Group)으로서의 '민족'은 이미 그러한 것으로 전제되어 있다고 해도 좋겠다. 다양한 교리와 이념들, 예컨대 무교(巫敎)·선(仙)·불교·유교·기독교 등을 섭렵하면서도 한민족 고유의 사유를 근간에 두고자 했다.[46] 지배 및 착취와 더불어 상정되는 '민중'에 대해서도 친화성이 있다고 해야 할 것이다. '민중' '중생' 구제 역시 중요한 부분을 차지한다.[47] "이 세상의 단 한 사람이 원한을 품어도 천지의 기운이 막힌다."[48] 그는 해원(解寃)·상생(相生)·조화(造化)의 이념을 실천하여 지상선경(地上仙境)을 건설하고자 했다. 이상사회에서는 "죽은 자를 재생케 하며 눈먼 자를 보게 하고 앉은뱅이도 걷게 하며 그 밖에 모든 질병을 다 낫게 하리라."[49] 또한 예로부터 내려오는 대표적인 구습인 남존여비도 무너질 것이며,[50] 적서(嫡庶)의 명분과 반상의 구별도 없어질 것이다.[51]

넷째, 증산교가 동학, 특히 동학농민혁명과 구분되는 다른 방향으로 나아간 것은 역시 현실 참여 부분이라 할 수 있다. 다시 말해서 대외적인 측면, '왜'와 '양'에 대한 비판과 배척, 나아가서는 국제사회 속에서의 국가적 독립의 지향점이 다소 후퇴한 듯한 느낌을 받지 않을 수 없다. 이는 현실에서의 좌절과 실패를 보았기 때문이 아닐까 한다. 국제정세가 어떻게 전개되는지 정확하게 알 수 없는 측면도 나름 작용하지 않았을까. 동학농민혁명과 관련해서 발발했던 청일전쟁과 그 여파 역시 상당한 영향을 미쳤던 것으로 여겨진다. 그러다 보니 적극적인 현실적 사회적인 참여보다는 정신적이고 종교적인 측면에로의 회귀라 할 수도 있지 않을까 싶다. 또한 '운도(運度)'와 그 조정으로서의 '개벽' '선천(先天)'과 '후천(後天)' 등의 개념 장치 -'천지공사'는 후천세계에로의 개벽을 위한 운도 조정 작업으로 된다-가 사회적 갈등과 혼란을 주목하다 보니, 상대적으로 국제 정세와 국제 관계 부분을 소홀히하게 된 것으로 보이기도 한다.

다섯째, 강일순의 사유 구조에서 국가(나라)로서의 조선은 어느 정도의 위상을 차지하고 있을까. "나는 서양(西洋) 대법국(大法國) 천계탑(天啓塔)에 내려와서 천하를 대순하다가 삼계의 대권을 갖고 삼계를 개벽하여 선경을 열고 사멸에 빠진 세계 창생들을 건지려고 너의 동방에 순회하던 중 이 땅에 머문 것은 곧 참화 중에 묻힌 무명의 약소민족을 먼저 도와서 만고에 쌓인 원을 풀어주려 하노라. 나를 좇는 자는 영원한 복록을 얻어 불로불사하며 영원한 선경의 낙을 누릴 것이니 이것이 참동학이니라. 궁을가(弓乙歌)에 조선 강산(朝鮮江山) 명산(名山)이라. 도통군자(道通君子) 다시 난다라 하였으니 또한 나의 일을 이름이라 동학 신자 간에 대선생(大先生)이 갱생 하리라고 전하니 이는 대선생(代先生)이 다시 나리라는 말이니 내가 곧 대선생(代先生)이로다라고 말씀하셨도다."[52] 무명의 약소민족(조선)을 돕기 위해서라는 것이다. 게다가 "우리나라를 상등국으로 만들기 위해"[53] 그리고 "소중화(小中華)가 곧 대중화(大中華)가 되리라."[54]는 낙관적인 말도 했다. 그래서 '민족사상' 내지 '민족주체사상'으로 해석되기도 한다.[55]

그런데 다른 곳에서 증산은 일본에 대해 이렇게 말했다. "상제께서 어느 날 가라사대 조선을 서양으로 넘기면 인종의 차별로 학대가 심하여 살아날 수가 없고, 청국으로 넘겨도 그 민족이 우둔하여 뒷감당을 못할 것이라. 일본은 임진란(壬辰亂) 이후 도술(道術) 신명(神明) 사이에 척(隻)이 맺혀 있으니 그들에게 맡겨 주어야 척이 풀릴지라. 그러므로 그들[일본]에게 일시(一時) 천하통일지기(天下統一之氣)와 일월대명지기(日月大明之氣)를 붙여주어서 역사케 하고자 하나 한 가지 못 줄 것이 있으니 곧 인(仁)이니라. 만일 인자까지 붙여 주면 천하가 다 저희들에게 돌아갈 것이므로 인자를 너희들에게 붙여 주노니 잘 지킬지어다."[56] '인'(仁) 자는 일본이 아니라 조선에게 붙여 주었다고 하지만, '운도(運度)'에 대해서 알 수는 없지만, 세속적인 Nation State, Nationalism 같은 차원을 이미 넘어선 것으로 보인다. 천지공사를 행하기 위하여 모든 신명들을 한자리에 모아 놓고 천지의 모든 일을 의논하는 '조화정부(造化政府)'를 수립한다는 것도 그렇다.

V. 원불교: "물질이 개벽되니 정신을 개벽하자"

원불교는 박중빈(朴重彬)이 큰 깨달음(大覺)을 얻어(1916.4.28) 세운 종교 교단으로서 법신불일원상(法身佛一圓相, ○)을 종지로 하여 정신개벽을 주창했으며, 불법(佛法)의 시대화·대중화·생활화를 표방했다. '원불교'라는 정식 이름은 1947년(원기33) 4월에 선포되었다.[57]

박중빈의 호는 소태산(小太山), 1891년 전남 영광군 백수면 길룡리(全南 靈光郡 白岫面 吉龍里)에서 태어났다.[58] 그가 태어난 것은 "바른 도리가 행하지 못하고 삿(邪)된 법이 세상에 편만하며, 정신이 세력을 잃고 물질이 천하를 지배하여 생령의 고해가 날로 심하여지기 때문"[59]이었다(훗날 제자들은 '새 부처님의 탄생'[60]이라 해석했다.). 당연히 그에게도 격렬한 고난이 있었다.[61]

1916년 4월 28일(음3.26), 이른 아침 동녘에 번지는 서광을 보면서 홀연히 마음이 밝아지고 온몸이 상쾌해지며, 영문(靈門)이 열려 오랫동안 품어 왔던 모든 의심이 한꺼번에 풀리게 되었다. 그는 "만유(萬有)가 한 체성(體性)이며 만법(萬法)이 한 근원이로다. 이 가운데 생멸 없는 도와 인과보응되는 이치가 서로 바탕하여 한 두렷한 기틀을 지었도다(『대종경』, 「서품1」)."라고 밝했다. 그는 시대 상황을 살펴보고 도탄에 빠진 사람들의 마음을 바로잡고자 했다. 그는 '정신개벽'이 무엇보다 시급함을 느끼고 '물질이 개벽되니 정신을 개벽하자'는 표어를 제창했다.[62]

박중빈은 많은 경전과 서적을 읽었지만[63], 불교 특히 『금강경』에 많이 기울었다. 그는 "석가모니불은 성인들 중의 성인이라."라고 했으며 "내가 스승의 지도 없이 도를 얻었으나 발심한 동기로부터 동 얻은 경로를 돌아본다면 과거 부처님의 행적과 말씀에 부합되는 바 많으므로 나의 연원을 부처님에게 정하노라."(『대종경』, 「서품2」)고 했다. 자신의 연원을 부처에게 정했지만 단순한 불교 개혁 또는 '개혁불교'에 머물렀던 것은 아니었다.[64] 이미 '새로운 종교'의 영역에까지 이르렀다고 할 수 있다.

그 같은 종교적인 혁명성(?)은 '교리'에서도 드러나지만[65], 실제 활동에서도 여실히 드러난다. 특히 주목하고 싶은 것은 두 가지 사안이다. 1917년 8월, 소태산과 제자들은 저축조합을 창설했다. 금주단연 · 허례폐지 · 공동출역 등으로 자본금을 모으고 근검저축 · 이소성대(以小成大) 정신으로 공부와 사업 토대를 마련했다. 이듬해(1918) 3월 영광 해면을 막아 간석지를 만드는 '방언공사'에 착수해 영육쌍전(靈肉雙全) · 일심합력(一心合力)의 정신으로 추진한 것이다. 방언공사는 1919년 3월에 완공되었다.[66] 불법(佛法)의 시대화, 대중화, 생활화에 걸맞은 사업이라 해야 할 것이다.

저축조합은 '불법연구회 기성조합'을 거쳐서 '불법연구회(佛法研究會)'로 자리잡았다. 전북 익산에 중앙총부를 건설하여 활발한 교화 활동을 전개했다. 1943년 그가 열반에 들자 정산(鼎山)이 법통을 이었다. 원불교라는 정식 명칭 반포 역시 그에 의해 이루어진 것이다. 이후 원불교가 이룩해 온 온축과 기여에 대해서는 새삼 말하지 않아도 될 듯하다. 신종교에서 흔히 볼 수 있는 분열과 대립, 그리고 갈등을 보여주지 않은 것 역시 높이 평가되어야 할 것이다. 증산교 계열과는 확연히 구분되는 측면이라 하겠다.

이제 이 글의 관심사와 관련해서 몇 가지 간략하게 정리하는 형태로 마무리하고자 한다.

첫째, 동학농민혁명의 좌절은 강일순은 물론이고 박중빈에게도 큰 인상을 안겨 주었을 것이다. 그들은 그 미완의 혁명을 자신들이 수행해야 한다는 생각을 가졌던 듯하다. 박중빈 역시 동학에 심취했던 듯하다. 이는 다음에서 엿볼 수 있다. 김기천이 여쭙기를, "선지자들이 말씀하신 후천개벽의 순서를 날이 새는 것에 비유한다면, 수운(水雲) 선생의 행적은 세상이 깊이 잠든 가운데 첫새벽의 소식을 먼저 알리신 것이요, 증산 선생의 행적은 그 다음 소식을 알리신 것이요, 대종사께서는 날이 차차 밝으매 그 일을 시작하온 것이라 하오면 어떠 하오리까?" 대종사 말씀하시기를, "그럴 듯하니라." 이호춘이 다시 여쭙기를, "그 일을 또한 일 년 농사에 비유한다면, 우선 수운 선생은 해동이 되니 농사지을 준비를 하라 하신 것이오, 증산 선생은 농력(農曆)의 절후를 일러 주신 것이요, 대종사께서는 직접으로 농사법을 지도하신 것이라 하오면 어떠 하오리까?" 대종사께서 말씀하시기를, "또한 그럴 듯하니라."[67] 그러니까 박중빈 스스로 '수운 대선생(代先生)'으로 자임했다는 것으로 된다. "예수교도는 예수의 재강림을 기다리고, 불교도는 미륵의 출세를 기다리고, 동학 신도는 최수운의 갱생을 기다리나니 누구든지 한 사람만 나오면 각기 저의 스승이라 하여 따르리라."고 하여 이 땅에 새 세상의 성자가 곧 뒤이어 출세하여 새 세상의 큰 회상을 건설할 것임을 넌지시 일러 주고 있다.[68] 수운에서 증산을 거쳐 자신에게 이르렀다는 것을 인정하고 있는 셈이다.

둘째, 박중빈의 앞에는 수운도 있고, 증산도 있었다. 그가 새로운 종교를 개창한 시점은 1916년이었다. 그때는 우리나라가 이미 일본의 식민지가 되어 있었다. 에스닉 집단(the ethnic group)으로서의 '민족'은 여전히 존재했지만, 나라(국가) 없는 상태에서 '국민'은 성립될 수 없었다. 애초에 Nation으로서의 한계가 지워져 있었던 것이다. 또한 동학혁명이 남긴 유산 중에서 대외적인 측면인 '반외세'와 '국가적 독립'이라는 부분 역시 위축되지 않을 수 없었다. 더구나 근거지를 해외로 옮긴 대종교와는 달리 기반을 국내에 두었던 만큼, 취할 수 있는 행동반경 역시 제한되어 있었다. 그 점이 가장 큰 차이였다고 해도 좋겠다. 따라서 적극적인 무장투쟁과 같은 것은, 머릿속으로 상상만 할 뿐 실제 현실에서 실행할 수는 없었다. 1919년 3·1운동이 일어났을 때 박중빈과 제자들이 보여준 조심스러운 대처 혹은 종교적인 대응 방식 역시 그와 무관하지 않을 듯하다.[69]

셋째, 원불교는 동학과 증산교에서 내세웠던 '민중' 부분에 대해서는 이어받으면서 한층 더 추동해 갔다고 볼 수 있다. 특히 해원과 상생 부분. '대내적 통합'이라는 것 역시 식민지 조선과 조선인이라는 범주 안에서만 가능한 것이었다. 원불교에서는 저축조합과 방언공사 등을 통해서 실제 생활을 개선해 가는 '점진적인' 방식을 취했던 듯하다. 그 같은 운동마저도 식민지 총독부의 감시를 받아야만 했지만. 그럼에도 원불교는 한편으로는 사회개혁을 다른 한편으로는 평등세계를 실현하기 위해서 노력했다고 해야 할 것이다. 네 가지[천지, 부모, 동포, 법률] 은혜를 갚기 위해서 마련한 실천요목이 사요(四要)라 할 수 있다. 사요란 자력양성(自力養成)·지자본위(智者本位)·타자녀교육(他子女敎育)·공도자숭배(公道者崇拜)를 말한다. 종교적인 요목이라기보다는 바람직한 사회를 만들어 가는 데 필요한 지침처럼 여겨지기도 한다. '삼계대권(三界大權)'과 '조화정부(造化政府)'를 말하는 강일순과는 판연히 다른 차원이라 하겠다.

넷째, 1945년 8월 해방을 맞은 이후 원불교가 보여준 동향 역시 주목할 만하다. 교단에서는 만주와 일본 등에서 들어오는 전재 동포를 구제하기 위해 서울·부산·익산 등에 '귀환 전재동포구호소'를 설치해 식사·의복·숙소·응급치료 등의 활동을 전개했다. 또한 중앙총부 등에 야학원을 개설해 한글을 교육하고, 전국 교당에서 일제히 문맹퇴치운동을 전개했다. 동포를 구제하고 한글 교육을 실시했다는 점이 중요하다. 아울러 필자가 특별히 주목하고 싶은 것은, 그해 10월 제2대 종법사 정산(鼎山 宋奎)이 『건국론』을 저술했다는 사실이다. 정산은 건국의 강령을 밝히고 국력을 배양하는 방법 등을 제시했는데, 종교인의 건국론이라는 점에서도 의의가 크다고 하겠다. 아무튼 '건국'이란 곧 국가 건설(State Building 또는 Nation Building)을 말한다. 이에 대해서는 필자의 다음 연구과제로 삼고자 한다.

VI. 대종교: 민족 부흥과 국가 재건

대종교는 처음에 단군교라 했듯이, 단군(檀君)을 교조로 하여 한민족에 고유한 하느님을 신앙하는 종교라 하겠다. 개창한 교주는 나철(羅喆 弘巖大宗師), 전라남도 낙안(樂安, 寶城) 출신으로, 계해생(1863), 본관은 나주, 아명은 두영(斗永)인데, 초명(初名)은 인영(寅永), 당호는 일지당(一之堂)이다.[70] 그는 단군교를 '중광'(重光)했으며, 이름을 철(喆), 호를 홍암이라 했다.

나철의 인생에서도 대종교의 성립에서도 역시 을사보호조약이 하나의 전환점이 되었다. 국가의 존망을 예감할 수 있었다. 나철은 이렇게 호소했다. "여러 의사들이여! 여러 의사들이여! 오늘의 일은 실로 대한 독립을 유지하기 위한 길이요, 우리 2천만 국민의 생사에 관한 문제이다. 여러분, 진실로 자유를 사랑할 수 있는가? 바라건대 결사적인 의지로 이들 (을사) 5적을 죽이고 국내의 병폐를 쓸어버리면 우리는 물론 우리 자손들이 영원히 독립된 천지에서 살 수 있으니 그 성패가 오늘에 달렸으며 여러분의 생사에 관한 문제가 또한 여러분에게 달려 있습니다."[71]

대한 독립을 유지하기 위한 것, 2천만 국민의 생사와 관련된 문제라는 것. 여기서 대한 독립과 국민은 이미 근대적인 의미의 국가와 국민에 가까운 것이라 하겠다. 이에 대해서는 뒤에서 다시 논의하게 될 것이다.

나철은 을사조약의 부당함을 외쳤지만 뜻을 이룰 수 없었으며, 세 차례 일본을 방문해 조약 폐기를 요구했지만 아무런 소용이 없었다. 국적(을사5적)을 암살하기 위해 지하 단체를 조직하고 실행에 옮겼으나 뜻을 이루지 못했다. 선고(10년 유형)를 받아 지도(智島)에 유배되었다.[72] 유배에서 풀려난 그는 자신회(自新會)를 조직(1907)하기도 했다.

그 언저리에서 종교에 흔히 보이는 '이적(異蹟)'이 있었다. 1905년 음력 12월 30일 백전이라는 도인에게서 나인영은 『삼일신고(三一神誥)』와 『신사기(神事記)』를 전해 받았다.[73] 그에 힘입어 나철은 마침내 단군교를 '중광'하게 된다.[74] '중광'의 순간을 대종교 교사는 이렇게 기록했다.

1908년 12월 9일 밤에 천만 가지 생각[千思萬慮]으로 조국의 앞날과 민족의 장래를 걱정하신 대종사는 드디어 "국운의 회복은 애국 정객 몇 사람의 힘으로 되는 것이 아니요, 전 민족의 거족적인 일치 단합으로 생명의 근본체인 단군 대황조(大皇祖)를 지성 숭배하고 그 교화의 대은(大恩) 아래에서 신화(神化)의 대력(大力)이 없는 한 성취될 수 없음"을 절실히 깨달으시고, 또한 대종사께서는 "국파민멸(國破泯滅)의 근본 원인이 오로지 장구한 세월에 걸쳐 모화·사대의 왜곡된 교육을 받아 온 민족이었으므로 의당 있어야 할 그 민족 의식이 가리워졌던 까닭"이라고 절실히 느끼게 되시어, "이미 나라는 망하였으나 민족에게만은 진실한 의식을 배양시켜 민족 부흥과 국가 재건의 원동력을 만들어야 한다."고 앞으로의 갈 길을 고쳐 잡으시고 그 날부터 정치에 단념할 것을 굳게 맹서하신 다음 날로 동행과 함께 귀국하시었다. … 그리하여 한배검의 교화를 널리 펴시어 보국안민과 제인구세(濟人救世)의 대원을 이룩하고자 한배검께 주야원도(晝夜願禱)하신 지 만 1년 만에 마침내 대도포명(大道佈明)의 묵계(默契)를 받으시었다.[75]

이 글의 관심사와 관련해서 특별히 주목해야 할 부분이 있다. 그것은 '조국의 앞날'과 '민족의 장래'라는 구절과 "이미 나라는 망하였으나 민족에게만은 진실한 의식을 배양시켜 민족 부흥과 국가 재건의 원동력을 만들어야 한다."는 구절이다. 거기에는 '에스닉 집단(the ethnic group)'으로서의 '민족', 그리고 조국, 나라, 국가라는 말을 통해서 the State 의식이 분명하게 자각되고 있다. 그들 둘이 이어질 때 그리고 독립을 유지할 수 있을 때, 온전한 의미의 국민국가(Nation State)를 예상할 수 있다. 그런 측면에서 대종교는 Nationalism이란 관점에서 적확하게 평가되어야 할 것이다.

더욱이 한일병합(1910)은 대종교가 지향하는 바를 좀더 분명하게 만들어 주었다. "우리 민족이 경술국치 후 반만년 조업(祖業)을 이어오던 조국을 빼앗기고 자유와 평화를 잃은 뒤로는 복국(復國) 운동에 절치부심하여 정든 고향과 애중하던 가족과 가산을 불고(不顧)하고 천리 이역에서 바람을 마시며 이슬로 잠자리 하면서 항쟁하여 왔다. … 우리 동포들은 수구초심(首丘初心)의 조국을 사랑하는 마음도 간절하였지마는 그 근본을 잊지 않는 보본(報本) 정신과 민족의식이 어느 때보다도 더욱 강렬하였다."[76]

나라를 되찾는 것, 즉 복국(復國)이라는 과제와 그를 위한 운동의 기반을 조국을 사랑하는 마음과 민족의식에서 찾고 있다. 그러다 보니 자연스레 현실 참여, 즉 독립운동의 방향으로 나아가지 않을 수 없게 되었다.

「종교통제안(宗敎統制案)」 공포와 더불어 탄압을 노골화한 때문인지 나철은 1916년 자결했으며, 〈순명(殉命) 3조〉를 남겼다.[77] 그들은 1919년 2월 「대한독립선언서(大韓獨立宣言書)」를 발표했으며[78], 비밀 결사 단체 중광단(重光團)을 조직하기도 했다. 중광단은 북로군정서(北路軍政署)로 발전해갔으며 무장 독립 투쟁을 전개했다. 청산리전투(1920)는 그 대표적인 전과라 할 수 있겠다. 하지만 그에 대한 보복으로 일본군은 수많은 교도들을 무차별 학살했다. 병으로 사망한 김교헌의 뒤를 윤세복(尹世復)이 이었다.

윤세복과 대종교인들은 수많은 고난을 겪었다. 특히 1942년 11월 19일, '조선 독립을 목적으로 한 단체 구성'이라는 죄목으로 윤세복 외 간부 20명이 검거되었다. 윤세복은 무기형을 받았으며 고문을 받은 간부들이 사망하기도 했다. 이른바 '임오교변(壬午敎變)'이 그것이다. 임오십현(壬午十賢)으로 숭상하고 있다. 1945년 8월 광복을 맞게 되자 대종교 총본사가 부활했으며, 1946년 2월 귀국했다. 미군정하에서 대종교는 유교, 불교, 천도교, 기독교와 함께 5대 종단의 일원으로 등록되었다. 대한민국 정부 수립 후에는 초대 문교부(교육부) 장관인 안호상의 노력으로 제1호 종단으로 등록되었으며, 개천절을 국경일로 제정하기에 이르렀다.

그러면 민족과 민중, 그리고 근대적인 의미의 국민, 국민국가, 내셔널리즘이라는 측면에서 볼 때 대종교는 어떤 위상을 차지하고 있을까. 몇 가지 정리하는 형태로 이 절을 마무리하고자 한다.

우선, 앞에서도 지적한 것처럼 대종교의 경우, 구사하고 있는 용어나 개념 자체가 상당히 근대적인 그것에 가까워져 있다. the Ethnicity으로서의 '민족'과 '민중'에 대한 관심 역시 보여주었다. 그럼에도 굳이 말한다면 '민중'보다는 '민족'에 포커스가 맞춰져 있었다고 할 수 있지 않을까. 물론 나철이 죽을 때 남긴 〈순명(殉命) 3조〉에서는 "내가 대종교를 받은 지 여덟 해에

빌고 원하는 대로 한얼의 사랑과 도움을 여러 번 입어 장차 중생을 구원하고자 하였더니 정성이 부족하여 그 은혜를 만분의 하나도 갚지 못한지라. 이에 한 오리의 목숨을 끊음은 한배님을 위하여 죽는 것이다."라고 했지만. "한겨레의 망하게 됨을 건지지 못하고" "이제 온 천하에 많은 형제·동포·자매가 암흑한 장면으로 빠져 가는"[79]이라 한 것에서 알 수 있듯이 '한겨레'와 '동포'에 대한 생각도 마찬가지로 깊었기 때문이다.

둘째, 대종교에서 구사하는 표현들, 예컨대 "대한 독립을 유지하기 위한 길이요, 우리 2천만 국민의 생사에 관한 문제", "전 민족의 거족적인 일치 단합", "이미 나라는 망하였으나 민족에게만은 진실한 의식을 배양시켜 민족 부흥과 국가 재건의 원동력을 만들어야 한다." 등을 보면, 근대적인 의미의 Nation과 Nation State 관념에 아주 가까이 가 있다. 특히 진실한 의식을 강조한 것, 더 구체적으로는 '민족의식' 그리고 '전민족의 거족적인 일치단합'이라는 것은 대내적인 통합과 민족의식이라는 측면에서 그렇다고 할 수 있겠다. 또한 '대한 독립', '국가 재건', '복국(復國)'이라는 표현에서 알 수 있듯이, the State, the Nation State, the Nationalism 관념에도 아주 근접해 가고 있었다.

셋째, 대종교에서는 '단군'이라는 고조선의 건국 시조에 주목해서 한민족의 정체성을 환기시켰다는 측면이 두드러진다. 오늘날의 관점에서 보면 그야말로 밀려오는 외세와 시대적 위기를 맞으면서 한민족의 새로운 구심점으로 재발견한 것이라 해도 좋겠고, 나아가서는 일종의 '정치적 상징'을 적절하게 만들어 낸 것이라 해도 좋겠다. 당연한 것이지만 종교로서의 특성은 또 다른 별개의 것이다. 지금도 가끔 쓰이는 "우리는 다 같은 단군의 자손"이라거나 모두가 다 같은 민족이라는 '단일민족' 신화(혹은 관념) 역시 그로부터 비롯된 것으로 보인다.[80] 19세기 말에 등장한 단군신앙은 대외적으로는 일본의 시조신으로서의 아마데라스 오오카미(天照大神)에 비견시킨 것으로 볼 수도 있겠다. 대종교에서 천조(天祖)는 삼위일체[三神一體]이니, 환인(桓因)과 환웅(桓雄)과 환검(桓儉)이라 한 것은, 기독교의 삼위일체 신앙을 연상하게 해 주기도 한다. 일각에서는 '단군 민족주의'라는 용어를 사용하기도 하는데, "종교와 근대 민족주주의의 형성"이라는 측면에서[81] 전혀 일리 없는 명명(命名)은 아니라고 생각한다.

넷째, 대종교는 종교운동의 근거지를 국내가 아닌 해외로 옮기므로써 일본 제국주의의 지배로부터 비교적 자유로울 수 있었다. 그들은 대한독립선언서를 발표하기도 했고, 비밀 결사를 조직, 운용하기도 했다. 나아가 치열한 무장 독립 투쟁을 전개하기도 했다. 가혹한 보복과 탄압이 뒤따랐지만, 그 같은 운동과 투쟁이 나라를 되찾아 새로운 국가(Nation State)를 만들려는 Nationalism 운동이라는 점에 대해서는 누구도 부인할 수 없을 것이다. 그들은 신생국가 대한민국을 만드는 데에도, 그리고 정부를 수립하는 데에도 일정한 역할을 할 수 있었다. 지금도 여전히 '국경일'인 개천절이 좋은 케이스라고 할 수 있다.

VII. 맺음말: '상상의 공동체'와 종교

오해를 피하기 위해서 말해 둔다면, 이 글에서 시도한 것은 과연 어느 종교가 더 나은가 혹은 좋은가 하는 '평가'와는 아무런 관계가 없다. 다만 근대 한국의 다양한 종교현상들, 특히 사회적으로 주요한 역할을 한 신종교가 근대적인 의미의 Nation, Nation State, Nationalism 관점에서 볼 때 어떠했는지 논의해 보고자 했을 뿐이었다. 종교적인 신성함이나 믿음세계의 무한함을 조금이라도 부인하거나 하는 것은 결코 아니다.

또한 덧붙여 두자면 이 글에서는 주권을 가진 근대적인 국민국가를 절대

시하거나 그것을 가장 바람직한 형태라고 생각하거나 하지도 않는다. 다만 전 세계적으로 그 시대에는 그 자체가 일종의 '표준(standard)'으로 여겨졌다는 것이다. 어쩌면 지금까지도 그 위에서 있다고 해야 할지도 모르겠다. 이미 서구 중심주의가 비판받는 시대이기는 하지만.

베네딕트 앤더슨(Benedict Anderson, 1936-2015)은 *Imagined communities : reflections on the origin and spread of nationalism*에서 '상상의 공동체(Imagined communities)'라는 개념을 제시한 바 있다.[82] 그는 nation과 nationalism을 왕조국가가 쇠퇴하고 자본주의가 발달하는 시기에 나타나는 특정한 '문화적 조형물'로 이해한다. Nation을 고대로부터 존재해 온 원초적인 실체로 보는 입장과는 다른 것이다. Nation을 상상의 공동체로 보는 앤더슨 입장에서는 사회적 실재가 문화적으로 구성되고 경험되는 시공간 안에 존재한다는 명제를 깔고 있다. 특정한 시기에 사람들의 경험을 통해서 구성되고 의미가 부여된 역사적 공동체라는 것이다. 그런 의미에서 '상상의 공동체'라는 것이다.

이 같은 시각은 '근대 국민국가'를 이해하는 데 중요한 시각을 제공해준다.[83] Nation이라는 것이 근대의 발명품이라는 것은 충분히 수긍할 수 있지만, 그렇다고 Nation이 아무것도 없는 백지상태에서 상상을 통해서만 현전하는 것은 아니다. 동아시아의 경우 특히 그렇다. 근대적 의미의 'Nation'으로 보기는 어렵지만 타자와 구별되는 the ethnic group의 '민족'은 존재했기 때문이다. 임진왜란, 병자호란, 척양척왜에서 알 수 있듯이 '왜(倭)' '호(胡)' '양(洋)'과 확실히 구분되는 '우리(조선)' 인식이 있었다. 근대적인 의미의 국민국가는 아니지만, 그래도 나름 독자적인 정치체제로서 존재하였다.[84]

그 같은 '우리' 인식과 독자적인 정치체제성은 강력한 서구 문명의 도래와 더불어 도전과 위험에 처하지 않을 수 없었다. 그들의 문명이 '표준'으로 여겨졌고, 식민지, 반식민지가 되지 않기 위해서는 그 같은 표준에 따라야 했기 때문이다. 근대 국민국가로 업그레이드해서 근대 국제 시스템 내에서 다른 국가들에 의해서, 특히 서구 국가들에 의해서 독자적인 행위자로 인정받는 것이야말로 비서구사회 내셔널리즘의 공통된 과제였다.

한국도 당연히 예외는 아니었으며, 어쩌면 그같은 과정을 가장 혹독하게 겪었다고 해야 할 것이다. 일본의 식민지가 되기는 했지만 밀려오는 서구 문명 앞에서 다양한 변화를 시도했으며, 그런 시도는 특히 '종교' 영역에서 다채롭게 그려졌다. 우리가 주목했던 종교들(동학, 증산교, 원불교, 대종교)이 그 대표적인 사례들이라 하겠다. 이 글에서는 주권을 가진 근대 국민국가 형성이라는 관점에서 돌이켜보았을 뿐이며, 이런 검토가 그들 종교의 모든 것이라 할 수는 없다. 바야흐로 근대, 국민국가, 내셔널리즘을 넘어서고자 하는 탈근대적인 전망하에서, 그들이 보여준 다양한 종교적 상상력은 '근대'와 '탈근대'를 아울러 고찰해 보는 데에 아주 유용한 사상적, 철학적 자원이 될 수 있을 것이라고 생각한다.

제2부

한국 신종교의 공공성

동학이 그린 공공세계
- '공공하다'와 '하늘사람' 개념을 중심으로

조성환 / 원광대학교 원불교사상연구원 책임연구원

I. 머리말

지금까지 동학에 관한 연구는 주로 역사학자들에 의해서 '농민전쟁'이라는 사건을 중심으로 진행되어 왔다. 이외에도 다른 분야의 연구자들에 의해서 다양한 주제에 걸쳐 상당한 연구가 축적되어 있지만[1] 동학을 '철학적 틀'을 가지고 분석한 시도는 그리 많지 않다. 내가 아는 바로는 박맹수의 『공공하는 철학에서 본 동학의 공공성』[2] 정도를 들 수 있는데, 이것은 교토포럼에서 논의된 공공철학, 그중에서도 특히 '대화(對話)·공동(共働)·개신(開新)'을 지향하는 김태창의 '공공하는 철학'을 분석틀로 삼아서 동학을 해석한 것이다.

동학을 '철학'이라는 시각에서 접근한 연구가 적은 이유는 오늘날 한국의 철학계에서 생각하는 '철학'의 기준에 동학이 부합되지 않는다고 여겨지기 때문이다. 즉 동학이 일반적으로 '민중종교'나 '민족종교'로 분류되는 것에서 알 수 있듯이, 철학적이기보다는 종교적인 사상으로 인식되고 있는 것이다. 그러나 이것은 서구 근대의 학문 분류가 가져온 편견일 수 있다. 동아시아의 전통적인 학문 분류에 따르면, 동학이든 유학이든 불교든 도교든, 모두 '학'이나 '도'의 범주에 들어간다. 즉 표영삼식으로 말하면 신념 체계[3]라는 점에서는 모두가 동일한 '도'인 것이다.

이 글에서는 동학이라는 신념 체계를, 박맹수의 선행연구와 거기에 소개된 김태창의 공공하는 철학의 계발을 받아, '공공철학'이라는 프리즘을 통해서 분석하고자 한다. 이러한 방법론을 택하게 된 이유는 이 프리즘이야말로 동학의 사상적 특징과 그것이 지향한 공공세계를 명료하게 드러낼 수 있다고 생각했기 때문이다.

그런데 공공철학의 관점에서 동학을 분석하려면, 적어도 공공철학이 무엇인지에 대한 개략적인 설명이 선행되어야 할 것이다. 이 글에서는 동아시아 고전에 나오는 '공공한다'는 개념에 주목하여, 공공하는 '이념'과 그것을 실현하는 '주체', 그리고 이 주체들이 만들어 가는 '세계'라는 세 가지 요소를 중심으로 '공공철학'을 규정하고자 한다. 그런데 대개의 사상은 이 세 가지 요소를 다 갖추고 있다. 가령 자유민주주의는 '시민이 주체가 되어 자유와 평등이 구현되는 시민사회 건설을 지향하는 철학'이라는 점에서 공공철학이라고 할 수 있다. 따라서 이 글에서 말하는 '공공철학'은 어떤 사상이나 철학을 분석하기 위한 방편적인 분석틀이라고 보아도 무방하다.

이러한 분석을 시도하기 위해서 본론에서는 먼저 동아시아 고전에 나오는 '공공' 개념의 의미와 변천을 살펴보고자 한다. 이것은 동학이 탄생할 무렵의 동아시아 사상사의 분위기를 '공공성'이라는 관점에서 이해하는데 필요한 작업이다. 이어서 동학의 탄생이 한국 사상사에서 차지하는 위치와 의미를 '개벽'과 '하늘' 개념을 중심으로 고찰한다. 이 고찰을 통해서 동학이 어떠한 내용의 공공성을 추구했는지를 알 수 있을 것이다. 마지막으로 이상의 준비 작업을 바탕으로 동학사상을 공공철학의 관점에서 해석하여, 그것이 지향했던 이념과 세계, 그리고 이것을 실현하는 주체가 어떤 것이었는지를 밝히고자 한다.

II. '공공' 개념의 역사적 전개

1. 전통 시대의 '공'과 '공공'

원래 '공공(公共)'이라는 말은, 일찍이 김태창이 지적했듯이[4], 지금으로부터 약 2천년 전에 쓰여진 사마천의 『사기』에 "법이라는 것은 천자라 할지라도 천하와 함께 '공공'하는 바입니다(法者天子所與天下公共也)"라는 말에서 유래한다. 여기에서 '공공'은 "모두가(公) 공유한다(共)"는 '사실'을 나타내는 동사로 쓰인 것인데, 그 이면에는 "모두가 실천해야 한다."는 '당위'성도 내포되어 있다(이 경우에는 "모두가 예외 없이 법을 지켜야 한다."). 그래서 '공공'이라는 말에는 모두가 공유한다는 사실적 명제와 함께 그 공유하는 규범이나 원리 또는 가치를 실현시켜야 한다는 당위적 명제가 모두 들어 있다고 볼 수 있다.[5]

이 '공공'이라는 말이 동아시아 사상사에서 본격적으로 등장하기 시작한 것은 12세기 신유학의 성립 무렵부터이다. 가령 주자학에는 '공공지리(公共之理)'라는 말이 나오는데[6], 그 의미는 "누구나(公) 공유하는(共) 리(理)"라는 뜻으로, 구체적으로는 우주의 근원적인 도덕원리로서의 천리(天理), 즉 '인(仁)'이 인간[人]은 물론이고 모든 존재[物]에게 처음부터[自然] 본성으로서 공유되어 있다는 것이다.[7] 그리고 이 말이 당위적인 함축을 띠게 되면, 인간은 그 본성으로서의 천리를 실현시켜야 하는 존재라는 것이다.

여기에서 '공공'은 인간의 영역을 넘어서 자연의 영역으로까지 확대되고 있다. 즉 『사기』에서의 공공의 대상이 법이라고 하는 인간사회의 영역에 한정되어 있었다고 한다면, 신유학에서는 그것이 우주론적인 차원으로 확장된 것이다. 그래서 『사기』에서의 '공공의 법'이 'public law'에 해당한다고 한다면, 신유학에서의 '공공의 리'는 'universal principle'[8] 또는 'cosmological principle'이라고 영역할 수 있다.

한편 '공(公)'은 '공공'의 다른 말로 쓰이기도 하고, 또는 보편적인 원리나 가치 또는 보편성이나 공평성 등을 나타내는 추상명사로 쓰이기도 한다. 가령 '공공지리(公共之理)'는 줄여서 '공리(公理)'라고도 쓸 수 있는데, 여기에서 '공'과 '공공'은 혼용되어 쓰인다. 또한 '공'이 동사로 쓰이면, '공공'과 마찬가지로, "모두와 공유한다" 또는 "모두와 함께 한다"는 의미로 사용된다.[9] 한편, 송대의 신유학자인 정자(程子)나 주자(朱子) 등은 '공(公)'이라는 한 단어로 '공평함'이나 '보편적 태도' 등을 나타냈다.[10] 나아가서 조선후기의 유학자 성호 이익은 사단(四端=도덕감정)을 '공(公)'으로, 칠정(七情=자연감정)을 '사(私)'로 구분했는데,[11] 이때의 '공'은 추구되어야 할 보편적 감정을 나타내는 명사로 쓰인 것이다.

이상의 고찰을 바탕으로 성리학을 공공철학적 관점에서 해석해 보면, 공공하는 이념은 천리 또는 공리이고, 공공하는 주체는 유학자나 사대부이며, 공공하는 세계는 천리가 실현되는 인륜 사회라고 할 수 있다. 이 공공세계의 특징은 신분상의 차이가 전제된 사회에서, 학문과 수양을 겸비한 지식인이 민중을 교화하여 도덕성이 실현된 세계를 건설해 나간다는 데 있다.

2. '공공성' 개념의 출현

한편 전통적인 의미에서의 '공'과 '공공'에 커다란 변화가 생기기 시작한 것은 19세기 말에서 20세기 초의 일로, 그 변화의 원인은 서양 사상의 수용과 일본 제국의 탄생이다. 일본 최초의 환경운동가로 알려져 있는 다나카 쇼조(田中正造, 1841-1913)는 '공공'을 '시민'이나 '사회'를 나타내는 '명사'로 쓰는데-예를 들면 "나는 일신(一身)을 '공공'에 바치겠다"와 같이[12]-여기에서 '공공'은 영어의 'the public'에 해당하는 말로 볼 수 있다. 이러한 용례는 1889년에 성립한 〈대일본국헌법〉 제9조에 '공공의 안녕질서 유지'라는 표현에서도 찾아볼 수 있다[13](오늘날 사용하는 '공공질서'라는 말은 여기에서 유래함).

그러나 다나카 쇼조에게서 주목할 만한 점은 동사로서의 '공공' 개념도 여전히 살아 있다는 사실이다. 가령 '자연공공의 대익[自然公共の大益]'과 같이[14], 인간 사회를 넘어선 영역에서까지 '공공'을 사용했다는 점에서, 그것도 명사가 아니라 동사적으로 썼다는 점에서, 그의 '공공' 개념은 전통 사상의 연장선상에 서 있다고 할 수 있다.

특히 '자연공공'은, 요코이 쇼난(橫井小楠, 1809-1869)의 '천지공공'의 근대적 표현으로 볼 수 있는데[15], 그에게 '자연'이 지니는 위상이 어떤 것이었는지를 말해 준다. 즉 자연은 인간에 의해 도구적으로 사용되어야 할 수단적 대상이 아니라, 인간의 생명과 생활을 유지해 주는 가장 '공공적'인 것으로 인식된 것이다(이하에서는 자연에 대한 이러한 생각을 편의상 '천지공공사상'이라고 부르기로 한다).

다나카 쇼조의 이러한 '천지공공사상'은 그의 유명한 문명관인 "참된 문명은 산을 황폐화하지 않고 강을 황폐화하지 않고 마을을 파괴하지 않고 사람을 죽이지 않는다."라는 말에도 반영되어 있다. 전통적인 '천지공공사상'에 입각한 다나카 쇼조의 문명관은, 서구 산업 문명의 영향을 받아 부국강병을 위해 자연을 파괴하고, 그 결과 민중들이 공해로 고통받는 근대 일본의 비판으로 이어진다.

한편 근대 일본에서는 '공공' 개념뿐만 아니라 '공' 개념에도 변화가 생기는데, 조선 총독이었던 미나미 지로는 '공'을 '국가'로 치환시켜, 국가를 위해서 개인은 희생해야 한다고 하는 '멸사봉공'을 주창하였다.[16] 이것은 일종의

'국가 중심주의' 또는 '국가 지상주의'라고도 할 수 있는데, 기존의 '도'나 '리' 또는 '천지'의 자리에 '국(國)'이 들어가서, '국'이 '공'이 된 형태이다. 오늘날 '공'이라는 말을 들으면 곧장 '국가'를 연상하는 것은 이때부터 생긴 현상이다.

또한 이 시기는 오늘날 거의 모든 분야에 사용하는 '공공성'이라는 말이 처음으로 등장하는 시기이기도 하다. 야마와키 나오시에 의하면, '공공성'이라는 명사형은 1930-1940년대에 와츠지 테츠로(和辻哲郎, 1889-1960)의 『윤리학』에서 명확하게 정의되었다고 한다.[17] 여기서 공공성이란 "사적 존재의 바깥에 있는 더 큰 공동성"으로, 간단히 말하면 "인간존재가 지닌 사회성 또는 공동체성"을 말한다.[18] 그리고 와츠지는 이 공동성 또는 공동체성이 실현되는 궁극적인 영역을 '국가'로 제시한다. 즉 그에게 국가는 '인륜의 도가 실현'되는 곳이며, 그런 의미에서 공공성은 기본적으로 '국가적 차원에 한정된 공공성'을 의미한다(여기에서는 이것을 '국가적 공공성' 또는 '국가공공'이라고 부르고자 한다).[19]

이러한 공공성 개념의 탄생은 기존의 동사로서의 '공공'이 '공간화'되고 추상화되었음을 의미한다. 그것은 달리 말하면 '공공' 개념이 본래 지니는 실천적이고 주체적인 의미가 탈색되고, 그 영역도 '천지(자연)'에서 '국가(사회)'로 축소되었음을 뜻한다. 이것은 '공공의 세속화'[20]이자 '천지공공에서 국가공공으로의 전환'이라고 할 수 있다. 즉 근대 일본에서 '국'이 '공'이 되고 '공공'이 국가라는 공간에 갇히게 됨에 따라, 다시 말하면 '공공이 국가화'되고 '국가적 공공성(=국가가 가장 공공적이라는 생각)'이 출현함에 따라, '공공'이 본래 지니는 우주적 차원의 보편성과 실천성이 탈색된 것이다.[21]

III. 동학의 사상사적 의미

1. 개벽파의 등장

19세기 말의 조선의 사정은, '공'의 사상사라는 측면에서 보면, '서양 근대'라는 외재적인 '공'의 도전으로 인해 기존의 성리학적 '리'가 더이상 '공'의 역할을 하지 못하는 가운데, 기존에 '공'의 담당자였던 사대부 관료들이 새로운 '공'을 창출해 내지 못하는, 한마디로 말하면 '공'적 가치의 붕괴와 동요의 상황이었다고 요약할 수 있다. 이와 같이 공공해야 할 가치의 부재와 그로 인한 사회적 혼란의 상황을 동학을 창시한 최제우는 '유도(儒道)·불도(佛道)의 쇠운'[22]과 '각자위심(各自爲心)'[23]이라는 말로 표현하였다.

이에 대해 당시 지식인들의 반응은 크게 세 부류로 나눌 수 있는데, 하나는 전통적인 유교사상을 유지한 채 서양의 제도와 기술을 받아들이자는 온건개화파이고, 다른 하나는 서양의 정치제도는 물론 사상까지도 받아들이자는 급진개화파이며, 마지막은 서구 문물의 유입에 위기의식을 느낀 위정척사파이다.[24] 개화파들은 기본적으로 지식인이 중심이 되어 서양식 제도를 바탕으로 부국강병과 민중계몽을 도모하고자 했다는 점에서는 온건파이건 급진파이건 모두 마찬가지이다. 또한 동도서기론을 제기한 온건개화파는, 위정척사파와 마찬가지로, 사상적으로 새로운 '공'을 제시하지 못했다는 점에서는 한계가 있었다.

반면에 '관(官)'이 아닌 '민(民)'이 주체가 되어, 지식인뿐만 아니라 민중도 동참하여, 중국이나 서양 사상이 아닌 한국의 전통사상을 중심으로, 제도개혁보다는 심신수양에 초점을 맞추어, 철학계몽의 방식이 아닌 종교운동의 형태로, 부국강병이 아닌 보국안민을 슬로건으로 삼아, 새로운 공공의 가치를 창출하고자 한 이들이 있었으니 이들이 바로 '개벽파'이다. 동학을 창도한 최제우, 대종교를 중광(重光)한 나철, 증산교를 창시한 강일순, 원불교를 개교한 박중빈은 대부분 유교적 지식인으로 출발했지만 유교를 고집하거나 서양에 기대지 않으면서, 독자적인 깨달음과 시대적 통찰을 바탕으로 새로운 문명론을 제시하고, 그것을 '개벽'이라는 말로 담아 냈다.

개벽파의 선구자인 최제우는 중국적 질서의 붕괴와 서양 사상의 도래에 의한 문명 전환의 필요성을 '다시개벽'이라는 말로 표현하였고,[25] 그 뒤를 이은 최시형은 '선천은 물질개벽이요 후천은 인심개벽'이라며[26] 물질문명에 대한 정신문명의 중요성을 강조했으며, 이후 천도교에서는 '정신개벽ㆍ민족개벽ㆍ사회개벽'의 '삼대개벽'을 주창하여 동학의 개벽을 시대적 상황에 맞게 구체화하였다. 한편 강일순은 "나의 가르침이 참동학이니라."[27]라며 동학과의 연관성을 강조하는 한편, 새 세상을 열어 곤궁(困劫)에 빠진 인간과 신명을 안정시키는 것을 '천지개벽'이라고 하였다.[28] 마찬가지로 원불교에서도 최제우와 강일순을 모두 선지자로 받들면서,[29] '물질개벽'에 대해 '정신개벽'을 주창하였다.[30]

학계에서는 이들을 보통 민족종교나 민중종교 또는 신종교의 창시자로 분류하지만, 적어도 사상사적인 관점에서 보면, 그중에서도 특히 개화파와의 대비라는 측면에서 보면, '개벽파'라고 불러도 무방할 것이다.[31] 이들 개벽파는 공공성의 영역을 국가가 아닌 천지의 차원에서 생각했다는 점에서는 개화파나 와츠지 테츠로보다는 요코이 쇼난이나 다나카 쇼조에 가깝다. 최시형의 천인상여(天人相與)[32], 대종교의 개천(開天), 강일순의 천지공사(天地公事), 원불교의 천지은(天地恩) 등은 모두 '천지,' 즉 우주와의 '공공'을[33] 지향한다는 점에서 개화파가 추구한 국가 중심의 공공성과는 근본적으로 달랐다. 이들은 동아시아의 전통적인 천인관을 바탕으로, 서양이나 유교와는 다른 독자적인 공공성을 모색했다는 점에서 '자생적 공공성'을 추구했다고 할 수 있다.

2. 천학의 성립

흔히 '개벽'이라고 하면 대개 '후천개벽'을 연상하고, 후천개벽이라고 하면 우주적 질서의 근본적인 전환과 메시아의 출현에 따른 이상세계(유토피아)의 도래를 떠올리기 마련이다. 즉 개벽을 우주론적이고 예언적인 사상으로 이해하는 것이다.[34] 그러나 개벽이란, 최제우의 '다시개벽'이라는 말에서 엿볼 수 있듯이, 결코 일회적인 우주적 사건이 아니라 끊임없이('다시') 이루어나가야하는 지속적인 과정을 의미한다.[35] 그래서 그것은 '수양'을 필요로 한다.[36]

개벽파의 특징은 우주론적인 또는 『정감록』적인 예언 사상을 개인의 수양을 강조하는 동아시아의 '학문' 틀에 담아 냈다는 데에 있다.[37] 동아시아의 학문은 기본적으로 '천인 관계를 바탕으로 한 수양학' 또는 '천지공공을 실현하기 위한 실천적인 방법론'이라고 규정할 수 있는데, 개벽파는 모두 이러한 전통 위에 서 있었다.

대표적으로 최제우에게 있어 '개벽'은 심신수양을 통해 도달해야 할 정신적 경지와 이상적 사회를 의미하였다. 그의 언설에서 보이는 '심학(心學)'[38], '「논학문」'[39](『동경대전』), '수덕(修德)'[40], '학성도덕(學成道德)'[41], '수심정기(修心正氣)'[42], '정심수신(正心修身)'[43], '수도(修道)'[44], '도성덕립(道成德立)'[45], '도성립덕(道成立德)'[46]과 같은 말들은 모두 개벽사상이 단순한 예언적 도참설이나 정치적 혁명론이 아니라, 동아시아의 수양학 전통을 계승했음을 말해 준다.

'동학'을 풀어서 말하면 '동방의 수양학'이라는 뜻이다.[47] 용어상으로는 차이가 없어 보이지만, 동학의 학문 내용과 수양의 대상은 중국의 그것과는 근본적으로 달랐다(이 '다름'이야말로 '개벽'이란 말에 담긴 또 다른 함의이다). 그 것은 최제우가 '동학'의 별칭으로 제시한 '천도'라는 말에서 추측할 수 있다. '천도(天道)'란, 수양의 궁극적인 준거를 본성이나 천리 또는 자연이나 마음 이 아닌, '하늘[天]'로 삼은 '실천 체계[道]'라는 뜻이다. 그런 의미에서 천도는 '천학'(하늘을 최고 범주로 하는 수양 체계)이라고 바꿔 말할 수 있다.[48]

이것은 한국에 전통적으로 내려오는 '하늘사상'을 동학이 처음으로 '학문 화'했음을 의미한다.[49] 그와 동시에 수양의 대상과 목표가, 천리나 인의(仁 義) 또는 자연이나 무위 혹은 공리(空理)나 불성(佛性)에서, 하늘로 중심이 이 동하게 된다. 인의[유가]나 자연[도가]의 도덕이 아닌 하늘의 도덕[天道·天德] 이 수양[학문]의 최고 위치에 오른 것이다.[50]

반면에 중국의 주류 사상에서 하늘이 수양의 궁극적인 대상이 된 적은 없 었다. 수양의 최고 모델은 어디까지나 '자연'이었다. 자연의 질서[=道나 理]에 부합하는[合] 것이야말로 최고의 경지로 상정되었다(현대 연구자들은 이 경지 를 보통 '천인합일(天人合一)'이라는 말로 표현하는데, 이때 '천'은, 동학에서와 같은 인 격적인 '하늘님'이 아니라, '자연' 또는 '자연의 질서'를 의미한다). 그런 의미에서 중 국 사상은 천학(天學)이라기보다는 도학(道學)이라고 할 수 있다.[51]

중국이 도학이고 한국이 천학이었다는 것은, 중국에서 가장 공공적인 것 은 '도'이고, 한국에서 가장 공공적인 것은 '하늘'이었음을 의미한다. 즉 모 두가 공공해야 할 궁극적인 대상이 중국에서는 '도'이고, 한국에서는 '하늘' 인 것이다. 이것은 고대 중국의 제자백가가 '도'에 대한 논쟁에서 시작된 반 면에[52], 고대 한국의 부족국가들은 모든 이가 '하늘'을 공공하는 제천 행사 를 공유했다는 사실에서 엿볼 수 있다(부여의 영고, 고구려의 동맹, 삼한의 무천 등).[53]

또한 『중용』 1장에서 "도라는 것은 잠시도 떠날 수 없다(즉 '공공해야' 한다)"
거나, 이에 대한 주자의 주석에서 "리(理)에 대한 외경은 잠시도 떠날 수 없
다"는 식으로 도나 리로부터의 분리를 경계한 데 반해서[不離於道], 조선의
퇴계는 "상제(=하느님)는 잠시도 떠날 수 없다(『이자수어』『궁격』)."고 하고,[54]
이수광은 "사사물물이 하늘과 관계되지 않은 것은 없다(『무실론』)."고 하면
서,[55] 하늘로부터의 분리를 경계한 것에서도[不離於天] 추측할 수 있다.

최제우는 이러한 '하늘'을 공공하는 전통을 바탕으로 기존의, 그중에서도
특히 유교의 인간관·자연관·천인관을 탈구축하는[deconstruct] 새로운 세
계관을 제시하였다. 그런 의미에서 최제우의 천학은 그동안 중국사상에 가
려져 있었던 한국 사상의 발견이자, 그것을 통한 '자기'의 발견이기도 하다.
이 자기의 발견을 그는, '개신유학'이나 '개혁불교'가 아닌, '동학'이라고 명명
한 것이다(여기에서 '동'은 일찍이 최치원이 한반도를 '동방'이라고 표현하였듯이, 의
미상으로는 '한반도'를 가리킨다고 보아야 할 것이다).

IV. 동학의 천인공공(天人公共)[56]

1. 우주적 생명력으로서의 하늘

최제우가 새로운 수양의 준거로 발견한 '하늘'은 성리학적 질서[理]로 해석
되기 이전의 우주적 생명력[氣] 그 자체였다.[57] 이것을 그는 '지기(至氣)'[58]나
'일기(一氣)'[59]라고 하였고, 최시형은 '영기(靈氣)'[60]라고 하였다. 따라서 최제
우에게 '천'은 기본적으로 '리'[天卽理]가 아닌 '기'[天卽氣]인 것이다.

그러나 그렇다고 해서 그의 학문적 경향이 최한기와 같은 이른바 기학(氣
學) 계통과 완전히 일치하는 것은 아니다. 왜냐하면 최한기의 기학은 오로

지 기의 운동과 변화[활동운화]에 의해서 인간과 사회와 자연을 설명하는 데 반해, 최제우는 '지기'나 '일기'를 '천주(天主)'나 '하늘'[61]로 인격화시켜 모심[侍]과 공경[敬]의 대상으로 삼기 때문이다. 그래서 그의 동학은 굳이 분류한다면, 리학(理學)이나 기학(氣學)이 아닌 천학(天學)에 속한다고 할 수 있다.

최제우의 천학에 의하면 모든 존재는 우주적 생명력인 '하나의 기운[氣]'에 의해서 태어나고 활동한다. 이러한 생각은 흔히 한대의 우주론에서도 찾아볼 수 있다. 그러나 한대의 우주론은 원기(元氣)에서 음양을 거쳐 만물이 나왔다고 하는 우주발생론적 성격이 강하다. 이에 반해 최제우는 그것을 '하늘님'으로 인격화시켜서 수양론과 윤리학의 영역으로 삼았다, 즉 일기(一氣)를 공공성의 영역으로 끌고 들어온 것이다.

모든 존재가 우주적 생명력인 하늘님에 의해 생성·변화한다는 것을 최제우는 "하늘님을 모시고 있다(侍天主)."라고 하였고, 최시형은 "하늘님의 영기를 모시고 탄생하고 생활한다(侍天靈氣而化生生活)."고 하였다.[62] 그런 의미에서 동학은, 공공철학적으로 말하면, '공공지리(公共之理)'나 '공공지기(公共之氣)'가 아닌 '공공지천(公共之天)'을 지향한다고 할 수 있다. 즉 하늘을 공공하는 공공철학인 것이다. 그리고 그것의 구체적인 의미는 우주적 생명력으로서의 하늘을 모두가 공유한다는 것이고, 그것의 당위적인 의미는 그 우주적 차원의 하늘을 개체적 차원의 하늘, 즉 인간이 수심정기(守心正氣)의 수양을 통해서 잘 보존하고[侍] 길러야[養] 한다는 것이다.

한편 성리학에서도 모든 존재는 기로 이루어져 있다고 보지만, 그 기에는 청탁이 있다고 여겨진다. 가령 인간의 기운은 동물의 기운보다 맑기 때문에 도덕적일 수 있고, 인간 중에서도 특히 기운이 더 맑은 자가 사리 분별 능력이 뛰어나다고 생각한다. 또한 리 역시 모든 존재가 품부받고 있지만, 인간만이 기가 맑아서 그 리를 온전히 실현할 수 있다고 본다. 즉 인간만이 인의 예지를 실천할 수 있는 것이다. 이처럼 성리학은 '도덕'을 기준으로 모든 존재를 '차등'화 한다.

반면에 동학은 우주를, 그리고 인간과 만물을 생명의 차원에서 바라본다. 그래서 거기에는 기의 서열이 없다. 즉 존재의 우열이 없다[無別]. 왜냐하면 생명은 다 같이 동등하다고 보기 때문이다. 그래서 동학에서는 '존재의 서열화'[63]가 없고, 만물이 가치적으로 평등하며, 사물일지라도 인격성을 띤다. 최시형의 경인(敬人)이나 경물(敬物) 사상은 이러한 만물의 평등성과 인격성에 바탕을 두고 있다.

물론 성리학에서도 모든 존재가 다 천리를 품부 받고, 그래서 모든 인간이 다 성인이 될 수 있는 가능성[性]을 가지고 태어났다는 점에서는 평등하지만, 이것은 어디까지나 '가능적 평등'이지 '현실적 평등'이나 '가치적 평등'은 아니다.[64] 즉 모든 인간이 현실적으로 동등하게 대해져야 하는 것을 의미하지는 않는다. 도덕적 우열이나 신분적 차등에 따라 다르게 대접받아야 한다는 것이다.

2. 성인에서 천인으로[65]

우주적 생명력으로서의 하늘을 모시고 있고, 그래서 가치적으로 평등한 자연인을 최시형은 '천인', 즉 '하늘사람'이라고 불렀다. 천인은 도덕적으로 또는 제도적으로 규정되기 이전의 본래의 인간을 말한다. 천인의 모티브는 멀리 단군신화에까지 거슬러 올라갈 수 있다. 왜냐하면 단군은 하늘에서 내려온 천신(天神) 환웅과 땅에 살고 있는 인간 웅녀의 결합으로 태어난 반신반인(半神半人)의 천인으로, 동방의 시조로까지 여겨져 왔기 때문이다.[66] 그런 점에서 천인이야말로 중국의 성인보다 한국인의 이상적 인간관에 더 부합하였다고 할 수 있다.

동학은 이러한 '하늘사람'의 모티브에 생명론적 해석을 가미하여 생명적 인간관을 탄생시켰다. 이 인간관은 조선 사회를 지탱해 온 유교적 인간관과는 근본적으로 달랐다. 유교는 먼저 인간을 '오륜'이라는 사회적 관계 속에서 규정하는 데에서 출발한다. 즉 부자나 군신 또는 부부와 같은 인간관계를 불변의 '정리(定理)'로서 절대화하고 실체화한 것이 유교인 것이다. 이 정리는, 마치 수학에서의 공리(公理, axiom)와 같아서, 그 누구도 벗어날 수 없다.[67] 공동체에서의 개인의 역할은 어디까지나 이 관계 속에서 규정되고, 이 관계를 잘 유지하는 것이야말로 가장 바람직한 인간으로 여겨진다. 『논어』에서 말하는 '화이부동(和而不同)'의[68] '화(和)'란 '오륜'의 인간관계가 '예'적인 차등 질서 속에서 잘 유지된 이상적인 상태를 말한다. 이것이 유교가 지향하는 공공세계의 모습이다.

그래서 유교에서는 오륜을 어기면 곧 패륜으로 낙인찍힌다. 조선 후기에 유학자였던 윤지충이 조상의 신위를 묻었다는 이유만으로, 즉 조상의 제사를 거부했다는 이유만으로 사형에 처해진 것은 그가 오륜이라는, 그것도 부모와 자식의 관계라는 유교의 가장 근본적인 질서를 부정했기 때문이다.[69] '제사'라는 '예'는 오륜 중에서 부자간의, 더 나아가서는 조상과 후손 간의 질서를 유지하기 위한 사회적 장치이다.

고대 유교에서는 이러한 도덕 질서와 예적(禮的) 질서를 만든 이가 성인이라고 여겨졌다. 그리고 후대로 내려가면, 공자나 주자와 같이, 성인이 만든 규범을 가장 잘 계승하고 체현했다고 여겨진 자가 성인으로 간주되었다. 이처럼 성인은 유교에서 상정한 가장 이상적인 인간이자 모든 이의 모범이다. 그래서 유교사회는, 더 나아가서 전통시대의 중국은, 사상적으로 보면 '성인이 다스린 사회'라고 해도 과언이 아니다.

국가란 성인의 말씀[經]과 현인의 설명[傳]을 현실 속에서 실현시키는 공적인 조직이고, 그 구성원은 학문을 하는 사대부[士] 관료들이다. 그리고 백성들은[民] 사대부[士]가 전하는 성현(聖賢)의 말씀을 통해서 계몽되고 다스려져야 하는 대상으로 자리매김된다. 이렇게 유교 사회는 '성인[聖]-현인[賢]-사대부[士]-백성[民]' 식으로 '학문'을 통해서 서열화된다.

조선 사회는 여기에 다시 차등적 신분제가 가미된 사회이다. 즉 오륜적 인간관과 성현사민(聖賢士民)의 학문 서열, 그리고 사농공상의 신분제가 합쳐진 사회가 조선 사회인 것이다. 그러나 동학의 입장에서 보면, 이것들은 모두 문화적으로 해석된 이차적 인간관에 불과하다. 동학이 제시한 천인은 오륜과 신분 등으로 규정되기 이전의 근원적인 자연인을 말한다. 그래서 거기에는 화이관(華夷觀)과 같은 문명인과 야만인의 구도나, 신분제와 같은 양반과 노비의 차등이 존재하지 않는다. "오직 하늘만은 반상을 구별하지 않는다."[70]는 최시형의 말은 동학의 천인적 인간관에 기초한다.

이러한 평등적 인간관을 지향하는 동학에서는 세상을 대하는 방식[待人接物] 또한 유교와 다르다. 동학에서는 그것을 '경(敬)'이라고 하였다. 원래 성리학에서 '경'은, '주일무적(主一無適)'이라는 말에서 알 수 있듯이, 정신을 하나에(一) 집중시켜(主) 욕망을 다스리는 마음공부의 영역이었다. 그런데 동학은 이것을 대인(對人) 윤리로 전환시켜, 외물을 대하는 태도[敬人·敬物]로 삼았다. 양반과 노비 사이의 맞절은 '경'의 대인 윤리를 의례로 나타낸 것이다. 이것은 혈연과 신분에 따라 차등과 분절을 표시하는 유교적인 '예'와는 정면으로 충돌하는 것이었다.

이렇게 보면 동학은 중국적인 성인 패러다임에서 천인 패러다임으로의 전환[=개벽]을 꾀하였다고 할 수 있다. '동'이라는 말에는 이러한 함축이 담겨 있다. 마치 최치원이 '풍류'라는 개념으로 중국의 삼교와는 다른 새로운 '도'

를 제시했듯이, 최제우 역시 '하늘'을 모티브로 중국학과는 다른 한국학[東學]을 주장한 것이다.

한편 최제우와 동시대의 최한기 역시 성인 패러다임으로부터의 탈피를 도모하였다. 그의 '성경(聖經)에서 천경(天經)으로의 전환'은[71] 전통적인 성학(聖學) 패러다임에서 기학(氣學) 패러다임으로의 전환을 고하는 것이었다. 그러나 동학이 최한기와 달랐던 점은, 지식인이 아닌 민중들을 대상으로 연대를 형성하였고, 그 민중들의 연대가 사회변혁의 '주체'로 등장하였다는 점이다. 그 주체가 '국가의 공공성'을 문제 삼고 나선 것이 바로 동학농민개벽이다.

3. 살림주체들의 공공세계

동학에서 자기 안의 하늘의 발견[侍天主]은 곧 자기 안의 타자의 발견을 의미한다(여기에서 '타자'란 생명을 지녔다는 점에서 '존엄한'[敬], 그래서 그 누구도 '해칠[傷] 수 없는'[72], 유교적인 오륜 관계에 의해 포섭되지 않는 '독립된' 존재라는 의미로 사용하였다). 즉 자기가 타자임을 발견한 것이다. 자기가 하늘처럼 존엄한 존재임을 자각한 것이다.

이것은 자기가 타자임을 발견하는 동시에 타인이 곧 자기임을 발견하는 것이기도 하다. 왜냐하면 모두가 나와 동일한 하늘(타자)이기 때문이다. 그래서 타인을 공경하는 것은 곧 자기를 공경하는 것이 된다. 이렇게 해서 나와 타인, 인간과 사물은 모두 '하늘'을 매개로 하나로 묶여진다. 그래서 동학에서 '공공한다'는 것은 '하늘사람'과 함께하는 것을 말하고[天人公共], 그것은 곧 타자(=하늘로서의 만물)를 공경하는 것에 다름 아니다. '공경함'이 곧 '공공함'인 것이다. 이것이 동학이 그린 공공세계의 원초적인 모습이다. 이 세계의 모습을 동학의 실천자들은 천국(天國), 즉 '하늘나라'라고 표현하였다.

첫째, 입도만 하면 '사인여천(事人如天)'이라는 주의하에서 상하귀천 남녀 존비 할 것 없이 꼭꼭 맞절을 하며, 경어를 쓰며, 서로 존중하는 데서 모두 다 심열성복(心悅性服)이 되었고, 둘째, 죽이고 밥이고 아침이고 저녁이고 도인 이면 서로 도와주고 서로 나눠 먹으라는 데서 모두 다 집안 식구같이 일심단 결이 되었습니다. 그때야말로 천국천민(天國天民)들이었지요.[73]

여기에서 두 번째의 '서로 도와주고 서로 나눠 먹는'은 동학공동체의 경제 이념인 '유무상자(有無相資)'[74]의 사상을 말하는데, 이것은 이들이 단순히 서로를 공경하는 차원을 넘어서 적극적으로 서로를 '살리는' 타자 구제의 단계로까지 나아가고 있음을 의미한다. 즉 하늘(=우주 생명)을 공공하는 동학의 이념이 타자를 공경하고 살리는 실천으로 드러나는 것이다.

이러한 '살림'의 사상은 동학농민군의 다음과 같은 행동 강령에서도 잘 드러난다: '불살생(不殺生)'(『四大名義』) 또는 "어쩔 수 없이 싸우더라도 사람의 목숨을 다치지 않는 것으로 귀함을 삼는다." "항복한 자는 사랑으로 대한다." "곤궁한 자는 구제한다." "굶주린 자는 먹여 준다." "아픈 자에게는 약을 준다." "가난한 자는 진휼한다."(이상, 『동학농민군 12개 규율』)[75] 이 규율들은 하나같이 생명 존중과 타자 구제를 기본으로 하는데, 그런 점에서 박맹수는 동학농민군을 '살림의 군대'라고 표현하였다.[76]

한편 "모두가 하늘이다."라는 동학의 메시지는 그동안 정치적 질서에서 소외되어 왔던 민(民)들을 '공공하는 주체'로 거듭나게 하였다. 성리학적 세계관에서 계몽의 대상에 불과했던 민(民)들이 자기 안의 하늘을 발견함에 따라 사회변혁의 주체로 '개벽된(=다시 태어난)' 것이다. '보국안민(輔國安民)'

은 민(民)들이 통치의 객체에서 정치적 주체로 전환되었음을 상징하는 슬로건이다. 그들은 자신이 하늘임을 자각하고 "만인을 하늘처럼 대하라[事人如天]"는 하늘님의 가르침을 구현하고자 사회적으로 일어난 것이다. 이러한 새로운 주체들은 생명의 자각을 바탕으로 살림의 이념을 지향한다는 점에서, 유교적인 도덕 주체나 서구적인 이성 주체와는 다른 '생명 주체'[77] 또는 '살림 주체'[78]라고 할 수 있을 것이다.

V. 맺음말

표영삼에 의하면, 조선 말기에 동학을 신봉하는 이들은 "동학을 믿는다"고 하지 않고 "동학을 한다."고 했다고 한다.[79] 이 '한다'는 말이 품은 사상적 함축을 가장 잘 나타내는 한자어는 아마도 '공공(公共)'일 것이다. 왜냐하면 "동학을 한다."는 것은 결국 "하늘님과 함께하는 것"을 의미하기 때문이다. 그래서 "동학을 한다."를 공공철학적으로 표현하면 "하늘을 공공한다."로 바꿔 쓸 수 있다. 바로 여기에 동학과 공공철학의 접점이 있다.

동학에서 '하늘'은 온 우주에 편재해 있는, 즉 모든 존재가 공공하는 근원적 생명력으로 해석된다. 그리고 이 근원적 생명력은 동시에 '하늘님'이라는 인격적 존재로 인식된다. 모든 존재는 이 근원적 생명력으로서의 하늘님을 자기 안에 '모시고' 있기 때문에 하늘님처럼 존귀하다. 바로 여기에 민중들이 개벽의 주체로 거듭날 수 있는 계기가 있다. 즉 자기 안에 깃들어 있는 하늘님의 존재를 자각하는 순간 신분제의 차등을 뛰어넘을 수 있는 사상적 근거가 마련되는 셈이다.

개벽이란 이렇게 평등한 주체들이 함께 만들어 가는 새로운 '문명'을 의미한다. 주어진 질서 속에서 수동적으로 사는 것이 아니라, 스스로 새로운 질서를 개척해 나가는 것이 개벽인 것이다. 그런 의미에서 개벽은, 공자가 말한 '술(述)'과 '작(作)'의 대비로 말하면[80], '작(作)'에 해당한다. 그것도 세종과 같은 임금이 하는 '작'이 아니라[81] 민중들 스스로가 하는 '작'인 것이다.

동학은 중국이나 서양의 힘을 빌리지 않고 주체적으로 새로운 공공세계를 발견했다는 점에서 한국적 '근대'의 시작이라고 할 수 있다. 그런 점에서 동학이 추구한 개벽은 개화파가 추구한 서구적 근대와 대비된다. 이것을 우리는 '자생적 근대' 또는 '토착적 근대'라고 표현할 수 있을 것이다.[82]

증산사상과 공공성

허남진 / 원광대학교 원불교사상연구원 연구교수

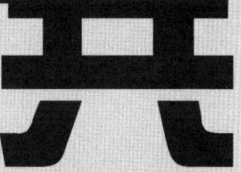

Ⅰ. 머리말

지금 한국 사회에는 양극화 때문에 공동체적 삶이 해체되고, 무자비한 개발로 생태계가 파괴되어 공공적 규범이 해체되는 등 위기 징후들이 광범위한 사회현상으로 나타난다. 이와 같은 위기 현상은 오늘날 한국 사회가 공공성 위기에 직면해 있음을 반증해 주는 것으로 해석된다.[1] 한국 사회에서도 신자유주의 이념과 정책이 확산된 이후, 그에 대한 논란과 함께 '공공성'이 신자유주의에 대항할 수 있는 담론으로 부각되면서 모든 학문 분야에서 중요한 쟁점으로 인식되었다.

이러한 학문적 분위기 속에서 종교의 공공성에 관한 관심 역시 증대되었다. 현대 한국 종교의 공공성이나 종교와 공공성의 관계를 학문적으로 접근하기 위해서는 공공성의 관점에서 종교의 사회적 존재 방식을 설명하는 작업이 반드시 필요하다. 하지만 세속화론의 입장에서 종교는 사적영역에서 개인 삶에 의미를 제공하는 역할을 담당하는 것이며, 공공성은 공적 영역에 속한 문제이기 때문에 종교와 공공성의 문제를 연결하는 연구는 종교학에서 매우 소홀하게 다루어졌다. 한국에서 종교와 공공성의 연구는 세속화론의 흐름에서 종교의 공적 역할 연구,[2] 원불교의 초기 역사와 삼동윤리를 사회적 공공성과 연결한 연구,[3] 박은식의 대동교에 담긴 주체적 자아, 강자와 약자 인식 등에서 세계 시민 정신과 보편적 가치를 찾는 연구,[4] 개벽사상에 나타난 공공성을 자아에 대한 주체의식과 타자 인식, 민족 주체성과 세계 인식, 개벽사상과 사회 혁신, 상생의 철학과 실천윤리 등 인류 사회가 추구하는 사회적 정의와 상생의 평화를 구축하는 세계 보편적 가치와 깊은 연관성을 밝힌 연구,[5] 종교가 사적 종교에서 벗어나 생태공공성 형성에 기여할 수 있는 가능성을 분석한 연구[6] 등이 이루어졌다.

그러나 서구 열강에 의한 강제적인 개항과 타율적인 근대화를 경험한 한국의 맥락에서, 공사의 이분법과 종교를 사적 영역에 할당하는 모델이 종교와 공공성을 설명하는 적절한 이론적 도구가 될 수 있는지에 관해서는 아직 제대로 논의되지 못했다. 전통적인 용어법에서 공(公)과 사(私)의 범주는 근대 계몽주의의 산물이라 할 수 있는 공적인(public) 영역과 사적인(private) 영역의 구획과는 질적으로 다른 속성을 지닌 것이었다. 그렇기 때문에 종교와 공적 영역의 분리를 원칙으로 하고 내적 신앙을 강조하는 근대 문명 종교에서의 공사이분법과 정교합치나 공동체적 과제의 해결이라는 시대적 배경 속에서 탄생된 공동체적 종교의 특징을 가진 근대 한국 종교에서의 공사론은 근대 민중의 공공성과 현대 시민의 공공성의 연결점을 찾아야 한다는 선결 과제가 남아 있지만 현대 종교의 공공성을 구상하는 데 상당한 시사점을 줄 수 있을 것이라 판단된다.

이 글의 문제의식 역시 여기서 출발하며 고찰의 대상으로 삼은 사상은 증산사상이다. 증산사상 즉 근대 한국 종교를 연구 대상으로 선택한 이유는 개항기에 발생한 근대 한국 종교가 이념과 현실의 통합 즉 사회적 이해와 종교적 이해가 동시에 반영된 사상적 특성이 있어서다. 증산종교운동이 발생한 19세기 초반은 정치적인 부패와 경제적인 어려움, 이와 함께 서양의 침략이 가시화되었으므로, 증폭되는 위기의식과 함께 지극히 혼란된 모습을 보이던 시대였다. 이러한 시대 상황에서 근대 한국 종교는 당대를 위기 상황으로 규정하고 이를 지양한 이상을 제시하였다. 그래서 한말 개항기에 등장한 근대 한국 종교들은 새로운 시대를 대망하는 개벽사상을 기본틀로 삼았다. 이 개벽사상을 통해 근대 한국 종교들은 민중과 사회에 대한 구원의 논리를 전개하여 민중에게 희망의 청사진을 제시하였다. 특히 근대 한국 종교는 당시 한국인의 역사적 경험이 반영되고 민중이 적극적으로 참여했다는 점이 특징이다. 이러한 시대적 상황에서 시작된 증산종교운동 역시 민중의 구원과 당시의 당면한 문제를 해결하기 위한 극복 방안을 내포할 수밖에 없었다.

근대 한국 종교는 개화기 전통사회가 해체되면서 반봉건 운동이 심화되는 시기에 출현하였으며 서세동점에 의한 타율적 개항과 근대성의 충격이 상당한 영향을 미쳤다. 대표적으로 동학은 민중의 당면 과제를 해결하고자 사회변혁에 치중하였고, 정역은 선천과 후천의 교역과 새로운 이상세계 도래의 역리적 근거를 제시하였으며, 증산종교운동은 동학혁명의 실패로 실망한 민중에게 희망을 부여하는 예언성과 강력한 종교성을 가진 민중종교의 역할을 하였다. 따라서 근대 한국 종교가 민중에 널리 확산될 수 있었던 것은 근대라는 외적 충격을 인식하고 그 해결 방안을 제시했기 때문이다.

이와 같이 근대 한국 종교는 시대적 요청을 수용하며 사회 청사진을 제시하고 그것을 실현하기 위해 노력하였다. 서구 근대성은 정치와 경제 같은 사회 공적인 영역이 아닌 사적 영역에 종교를 위치시켰다. 하지만 근대 한국 종교는 서구 근대성과는 전혀 다른 성속융합(聖俗融合), 영육쌍전(靈肉雙全), 교정일치(敎政一致), 정신과 물질의 조화, 종교와 경제의 결합, 모든 종교와 사상의 통합 등 통합과 조화를 지향하는 성향이 있다. 동학에서는 '교정쌍수'(敎政雙修)의 논리에 입각하여 근대적인 의미에서의 종교운동과 사회운동이 엄밀하게 구분되지 않았다. 즉 사회 개혁, 개인 구제와 사회 구원이 함께 전개되는 총체적인 개벽의 논리였다.[7] 강증산이 민중을 구원하기 위해 간절히 원하였던 지상천국은 천지공사와 해원상생을 근본으로 하여 모든 사람이 평등하게 존중되는 근대적 평등 사회 즉 상생의 사회였다. 즉 사농공상의 계급 구별, 여성 차별 등 기존 사회구조 등 당 시대의 현실을 비판하며 새로운 사상을 주장하였다.

근대 한국 종교의 공공성을 밝히기 위해 근대 한국 종교의 교리적·사상적 맥락, 민족적·문화적 측면에서 펼쳤던 사회참여 활동 등을 통해 접근할 수 있다. 필자는 증산교의 사회참여 활동을 통한 공공성의 이해는 차후 과제로 설정하고, 이 글에서는 기존 증산사상의 근대 문명 인식과 대응 방식에 관한 연구 성과[8]에 기반하여 증산사상에 내재하는 공공성을 추출하고자 한다.

강증산은 공공(公共)이라는 주제를 단독으로 언급한 적은 없다. 즉 공공성의 문제와 연결해 어떤 의미 있는 언급이나 구체적 논의를 하고 있지는 않다. 결국 증산사상의 공공성이라는 주제는 공공성을 의식하지 않았던 강증산의 언행과 사상을 오늘의 공공성이라는 개념의 그물망을 통해서 이해할 수밖에 없다. 비록 증산사상에 명확한 공공성 개념이 없다 해도, 그것을 추론할 수 있는 단서를 증산사상에서 찾을 수 있다.

따라서 이 지면을 통해 종교와 공공성에서 제기되는 문제는 무엇이며, 특히 종교와 공공성의 논의에서 증산사상이 어떤 의미 있는 단서를 제공해 줄 수 있는지에 관해 살펴 볼 것이다. 이를 위해 종교와 공공성을 간략하게 살펴보고, 강증산의 시대 인식과 시대적 과제에 대한 처방을 통해 증산사상이 어떤 공공성을 내포하는지를 고찰해 보겠다.

그렇다면 근대 한국 종교는 어떠한 공공성을 지니고 있었을까? 본격적인 논의에 앞서, 이 글에서 다룰 '종교와 공공성'의 의미를 살펴보자.

II. 종교와 공공성

"공적 영역과 사적 영역의 구분이 가지는 의미는 무엇인가?"

"과연 종교가 공공성의 실현 주체가 될 수 있을까?"

이러한 물음은 종교가 근대 이후 사적 영역으로 인식되는 경향에서 찾을 수 있다. 주지하다시피 공적인 것과 사적인 것의 구분은 근대적인 사회질서에 관한 모든 개념에서 핵심적인 지위를 차지한다. 그래서 종교 자체도 근대 역사 속에서 공적인 영역과 사적인 영역의 분화 과정과 긴밀하게 연결된다. 서양 근대의 공공성은 공과 사, 곧 공적 영역과 사적 영역을 구분하는데서 출발하기 때문이다.[9] 즉, 종교가 사적영역이라고 말할 때, 여기에는 서구 근대성을 구성하는 핵심적인 논리가 내장되어 있다. 의식의 자유라는 의미에서 종교 자유는 근대적 자유의 선결 요건이 되는 일차적인 자유로 간주된다. 그래서 종교의 사사화는 근대성의 핵심적인 사안으로 평가받았고, 근대 세계에서 공적 영역과 사적 영역이 형성되면서 종교 역시 제도적 분화의 과정에 따라 사적인 영역으로 간주된다.

종교와 공공성 다시 말해 종교의 공공성은 종교가 사적 영역에 갇히지 않고 사회적 공공의 영역으로 확장하는 것을 의미하며 종교와 공공성의 문제는 종교가 사적 영역에 속한다는 인식이 무너지면서 등장한 것이다. 오늘날 공공성은 '모두의 문제'[公]에 '공개적으로 함께'[共] 논의하자는 시민사회의 요청과 밀접히 연관되는 것[10]으로 종교와 공공성의 문제는 종교가 해야 할 일을 논의하는 과정에서 제기된다. 따라서 종교의 공공성은 종교적 실천과 관련되는 것으로 이념(이상)과 현실(공공성)의 통합으로 산출되는 개념으로 이해될 수 있다.[11]

'종교와 공공성'은 '종교'와 '공공성'이라는 두 단어로 구성된다. 따라서 종교와 공공성을 논의하기 위해서는 '공공성' 이해가 우선되어야 한다. 일반적으로 사용되는 '공공성'이라는 용어는 전통적으로 우리가 사용해 왔던 개념이라기보다는 외국어를 번역하는 과정에서 생성된 개념으로, 공공성(公共性, res publica)이란 개인이나 특정 집단의 사적 이해를 넘어 형성되는 국가나 사회 공유의 특성을 의미한다.[12] 이 '공공성'의 일반적인 개념을 살펴보면, 국가에 관련된 공적인 것(official), 일반 사람들과 관련된 공통적인 것(common), 누구에게나 열려 있다(open)는 의미로 해석된다.[13]

현대 사회 이론에서는 공공 영역은 공론장을 의미하고, 행정학 등에서는 공공 영역을 정부조직이나 공공부분과 동일시하는 등 공공성의 의미는 관점과 영역에 따라 다르게 이해된다. 조한상은 사회학적 관점에서 공공성의 세 요소를 인민, 공공복리, 공개성으로 제시하고, 공공성은 자유롭고 평등한 인민이 공개적인 의사소통 절차를 통하여 공공복리를 추구하는 속성이라고 정의한다.[14]

'공공성'이 '공공 영역(public sphere)'의 속성을 드러내기 때문에, 공공 영역의 탐구는 공공성 탐구와 다르지 않다. 일반적으로 서양사상을 중심으로 공공성을 논의할 때, 거론되는 학자는 한나 아렌트(Hannah Arendt)와 위르겐 하버마스(Jürgen Habermas)이다. 한나 아렌트는 『인간의 조건』에서 '공적'이라는 것이 어떠한 것인지를 설명하면서 공공성이 갖는 두 층위를 설명한다.

'공적'이라는 용어는 서로 밀접하게 관련되어 있으나 완전히 일치하지 않는 두 현상을 의미한다. 이 용어는 첫째, 공중 앞에 나타나는 모든 것은 누구나 볼 수 있고 들을 수 있으며 그러므로 가능한 가장 폭넓은 공공성을 가진다는 것을 의미한다. 우리에게 현상─우리 앞에 나타나고 있으며 그것이 나뿐만 아니라 다른 사람들에 의해서 하나의 현상으로 지각되는 것─이 실재한

다.[15]

두 번째로 '공적'이라는 용어는 세계가 우리 모두에게 공동의 것이고, 우리의 사적인 소유지와 구별되는 세계 그 자체를 의미한다. [...] 세계에서 함께 산다는 것은 본질적으로 탁자가 그 둘레에 앉은 사람들 사이에 자리 잡고 있듯이 사물의 세계도 공동으로 그것을 취하는 사람들 사이에 존재한다는 것을 의미한다. 모든 사이가 그러하듯이 세계는 사람들을 맺어 주기도 하고 동시에 분리시키기도 한다.[16]

아렌트에 따르면, 공공 영역은 누구나 볼 수 있고 들을 수 있는 공개성을 특징으로 하며, 공동의 세계를 공유하는 다양한 관점이 존재하는 영역 즉 일원적이고 절대적인 진리로 포섭될 수 없는 타자를 인정하는 영역이다. 한편 하버마스의 공공성 논의는 근대 사회에서 공적인 것과 사적인 것이 엄격하게 분리되었다는 사실에서 시작된다. 하버마스가 사용하는 공론장(öffentlichkeit)은 영어권에서는 공적 영역(public sphere)의 의미로 사용되기도 한다. 하지만 하버마스의 공론장은 사적 영역에 속하지만 국가와 사적인 영역을 매개하는 공공 영역이라는 의미와 함께 사적인 개인들이 여러 관심사를 공개적으로 함께 논의하여 여론을 형성하는 장이라는 의미를 지닌다. 사이토 준이치(齋藤純一)는 하버마스의 공론장을 공공성(publicness)으로 번역한다.

공론장의 의미로 공공성은 사회 구성원들이 자신들과 연관된 공적 사안을 토론하고 논의하는 과정에서 공통의 의견을 결집하는 영역이다.[17] 이상에서 볼 때 공공성의 실천은 능동적인 시민과 사회 공동선 실천, 시민의 의견을 수렴하는 공론의 장이 필요한데, 이 모두 시민 영역에 속한 종교와 밀접하게 관련된 것들이다.

사이토 준이치(齊藤純一)는 공공성의 특징을 다음과 같이 정리한다. 첫째, 공동체는 닫힌 영역을 형성하는 데 반해서, 공공성은 누구나 접근할 수 있는 공간 즉 개방적 공간이다. 둘째, 공공 영역은 다양한 가치와 의견 사이에서 형성되는 공간이다. 셋째, 공공 영역 안에서 통합의 매체가 되는 것은 사람들 사이에서 생기는 사건에 대한 관심이다. 즉, 공동의 관심사를 둘러싸고 이루어진다는 것이다. 마지막으로 공공성을 특징으로 하는 공공 영역은 공통의 세계에서 각자의 방식으로 관심을 가지는 사람들의 담론 공간이라는 것이다.[18] 결국 공공성의 주요 특성은 공동성과 모두에게 열려 있다는 공개성으로 수렴된다. 다시 말해, 모두와 관련된 사안을 모두의 참여를 통해 해결의 길을 찾는, 그러한 것을 공공성으로 지칭할 수 있다. 그러므로 공공성이란 사회 구성원이면 누구나 공개적으로 참여할 수 있는 사회생활의 영역이며 이러한 공공성을 수용하는 사회가 시민사회가 된다. 그래서 하버마스는 국가와 시민사회의 매개영역으로서 공론장을 개념화하였다.

하지만 동아시아에서 공공성의 개념을 도출해 내는 방식은 서구와 다른 방식으로 나타난다. 서양에서는 영역의 구분에 따라 공적인 영역과 사적인 영역을 구분하는 방식을 사용하여 공공성의 개념을 드러내고 있지만, 동양에서는 사회적 행위 주체의 최소 단위인 개인의 행위에서부터 공(公)과 사(私)를 구분한다. 김태창은 '공공철학'을 주장하면서 공공성을 서양의 철학사상에 의존하지 않고 그 나름으로 동아시아적 문맥 특히 한국적 문맥에 접근하여 한국적 공공성 탐색을 시도하였다. 그렇기 때문에 그의 공공철학은 동양적 공공성의 의미를 파악하는 데 주요한 채널이 될 수 있다. 김태창은 공공철학에 기반하여 종교의 공공성을 '공공하는 종교'로 설명한다. 그는 "공공(公共)하는 종교란 기존의 체제를 강화하는 체제종교(體制宗敎)나 교권종교(敎權宗敎)도 아니다. 또한 개인의 실존적, 내면적 체험을 말하는 종교(宗敎)도 아니다. 그렇다기보다 국가, 시장, 시민사회 또는 종교 간에서 증오(憎惡), 반목(反目), 분쟁(紛爭)이 일어나고 있는 가운데서도 그것을 통해서, 그것과 맞서 끈질기게 타자와 대화(對話)하고 함께 일하고(共働) 새로운 차원을 열어 가는(開新) 종교가 바로 '공공하는 종교'"라고 주장한다.[19] 결국 김태창이 말하는 공공하는 종교는 대화와 공동을 중심으로 설명된다. 이러한 김태창의 공공하는 종교를 이해하기 위해서는 그가 주장하는 공공철학을 이해해야 한다. 김태창이 제시하는 공공철학은 '공공(하는) 철학'이다. 이는 '공공'을 명사가 아니라 동사로 이해하면서 공사이원론을 넘어서서 '공(公)·사(私)·공공(公共)'의 상극/상화/상생적 삼원 사고를 축으로 하여 자기와 타자와 세계를 상호 연동적으로 이해하는 철학이다.[20]

김태창은 '공공(公共)'이 원래 동아시아 한자 문화권에서 동사로 쓰였다는 점에 착안하여 '공공철학'을 '공공성'을 탐구하는 철학이 아닌 '공공하는 철학'으로 규정하고, '공공한다'는 것을 공과 사를 매개하는 활동이나 기능으로 해석한다. 김태창의 공공하는 철학은 이 '공공'이라는 동사적 의미를 견지하면서, '대화'나 '연대' 같은 실천적 해석을 결부해 공공의 문제를 개신하고자 하는 실천적 의미를 담고 있다. 그래서 공공철학의 세 가지 실천 강령이 제시되는데 그것은 대화·공동·개신이다. 즉 대화하고, 연대하여 공공세계를 새롭게 열어가기가 바로 그것이다.

그렇다면, 이상에서 살펴본 공공성이란 과연 무엇일까? 앞에서 살펴본 바와 같이, 공공성은 다양한 관점에서 정의될 수 있지만, 오늘날 등장하는 공공성 담론은 '모두의 문제'[公]를 '공개적으로 함께'[共] 논의하자는 시민사회의 요청과 밀접히 연관되어 있기 때문에 종교가 단순히 사적 영역에 갇히지 않고 공공으로 나아가기 위해서는 근대적 공공성이나 공공 영역에 기계적으로 꿰맞추려는 시도보다는 새로운 공공 영역이 모색되어야 하며 공공성에 새로운 해석을 시도할 필요가 있다. 결국 종교의 공공성은 종교적 실천과 관련되며, 종교와 공공성의 논의는 종교가 사적 영역에 남아야 한다는 논의의 한계에서 제기된다.[21] 그러므로 종교의 공공성은 종교가 사회문제를 비판만 할 수 없다는 점을 견지하는 것이다.

이상에서 종교와 공공성의 이해를 통해, 이 글에서 사용하는 종교의 공공성은 '사회를 위해 절박한 문제를 해결하기 위한 적극적 가치'라 할 수 있다. 폴커 게르하르트(Volker Gerhardt)의 관점을 빌리면, 공공성은 절박한 문제를 부차적 문제와 구별하기 위해, 공동체에 닥친 위험을 인식하고 공동의 노력으로 그 위험을 극복하기 위해 공통의 관심사에 대해 소통하는 것이다.[22] 이런 관점으로 증산사상의 공공성을 살펴보겠다.

III. 종교의 공공성 구현을 위한 증산사상

근대 한국 종교는 조선 후기부터 심화되던 한국 사회의 내재적 모순과 함께 '근대'의 충격에 대응하면서 전개되었다.[23] 당시 증산(甑山) 강일순(姜一淳, 1871-1909, 이후 강증산)의 가르침은 낡은 질서의 청산과 새로운 질서의 도래를 약속하는 '후천개벽사상(後天開闢思想)'과 이를 바탕으로 제시하는 새로운 사회윤리로서 '해원상생', '제생의세' 사상으로 집약될 수 있다. 개벽을 통해 이루어지는 사회는 자유, 평등 그리고 평화를 구현시킬 수 있는 새로운 공공세계의 원리로 운행되는 사회이다.

강증산은 1901년 음력 7월 5일 금산사 대원암에서 종교적 깨달음을 얻은 이후 금산사 아래의 김제시 원평읍 동곡마을에 '동곡약방'의 간판을 걸고 그가 세상을 떠난 1909년까지 이른바 '천지공사(天地公事)'라는 종교적 활동을 하면서 후천개벽의 새로운 세상의 도래를 예언하고, 해원상생(解冤相生)의 실천으로 후천선경(後天仙境)을 건설하라는 메시지를 민중에게 전파한 인물이다. 이 글에서는 강증산의 공공성을 파악하는 핵심 개념으로 '천지공사', '해원상생' 그리고 '제생의세'를 주목하고자 한다. 이 세 용어는 증산사상의 핵심적 사상이며, 당시 사회적 상황 인식과 서구 문명 비판과 대응에 대한 그의 관점이 담겼다고 판단되기 때문이다. 증산종교운동은 조선 말 봉건 사회 체제의 해체와 제국주의 침략 때문에 계급모순과 민족모순이 심화되던 상황에 발생한 종교운동이다. 그렇기 때문에 증산사상에는 사회 상황에 대한 증산 나름의 원인과 극복 방안이 포함되며, 따라서 증산사상은 그 나름의 사회 인식을 토대로 형성되었다.

먼저 강증산의 당시의 시대 인식을 통해 모두의 문제가 무엇이었는지 살펴보겠다.

1. 강증산이 인식한 공동의 문제

강증산이 성도한 이후 화천할 때까지의 기간은 외부에서 가해진 근대의 충격으로 조선왕조는 급속히 해체되기 시작하였고, 청, 러시아, 일본의 세력이 조선을 중심으로 각축전을 벌이던 시기였다. 이 당시 근대의 충격은 자본주의 충격과 제국주의 충격으로, 서로 밀접하게 연관되어 민중의 삶과 공동체를 위협했다.[24] 그래서 『대순전경(大巡典經)』에도 강증산의 서구 근대 문명 인식이 표명되어 있다.[25]

서양사람 이마두가 동양에 와서 천국(天國)을 건설하려고 여러 가지 계획을 내었으나 쉽게 모든 적폐(積弊)를 고치고 이상(理想)을 실현하기 어려우므로 마침내 뜻을 이루지 못하고 다만 하늘과 땅의 경계(境界)를 틔워 예로부터 각기 지경(地境)을 지켜 서로 넘나들지 못하던 신명들로 하여금 서로 거침없이 넘나들게 하고 그 죽은 뒤에 동양의 문명신(文明神)을 거느리고 서양으로 돌아가서 다시 천국을 건설하려 하였으니 이로부터 지하신(地下神)이 천상에 올라가 모든 기묘한 법을 받아내려 사람에게 알음 귀(耳)를 열어주어 세상의 모든 학술과 정묘한 기계를 발명케하여 천국의 모형(模型)을 본 떴으니 이것이 현대의 문명이라 그러나 이 문명은 다만 물질과 사리(事理)에 정통(精通)하였을 뿐이요 도리어 인류의 교만과 잔포(殘暴)를 길러내어 천지를 흔들며 자연을 정복하려는 기세로써 모든 죄악을 꺼림없이 범행하니 신도의 권위가 떨어지고 삼계가 혼란하여 천도(天道)와 인사(人事)가 도수를 어기는 지라.[26]

강증산은 서구 문명을 물질과 사리에만 정통하였고 자연을 정복하기 위해 모든 죄악을 범했다고 평가한다. 이러한 인식은 현대사회에서 인류가 직면한 환경 위기, 생태계 위기 등은 모두 이러한 서구 문명의 파괴성에서 비롯된 것으로 이해할 수 있다.

혁명난 후로 국정(國政)은 더욱 부패(腐敗)하여 세속(世俗)은 날로 악화(惡化)하고 관헌(官憲)은 오직 포악(暴惡)과 토색(討索)을 일삼고 선비는 허례(虛禮)만 숭상(崇尙)하며 불교는 무민혹세(誣民惑世)만 힘쓰고 동학은 혁명실패 후에 기세(氣勢)를 펴지 못하여 거의 자취를 거두게 되고 서교(西敎(예수 신.구교)는 세력(勢力)을 신장(伸長)하기에 진력(盡力)하니 민중은 고궁(苦窮)에 빠져서 안도(安堵)할 길을 얻지 못하고 사위(四圍)의 현혹(眩惑)에 싸여 의지할 바를 알지 못하여 위구(危懼)와 불안(不安)이 온 사회(社會)를 엄습하거늘 천사 개연(慨然)히 광구(匡救)할 뜻을 품으사 유불선(儒佛仙) 음양참위(陰陽讖緯)의 모든 글을 읽으시고 다시 세태(世態)와 인정(人情)을 체험하기 위하여 정유(丁酉)로부터 유력(遊歷)의 길을 떠나시니라.[27]

증산사상 역시 당시 사회적 혼란과 위기의 원인을 분석하는 데서 출발한다. 강증산은 동학혁명의 실패와 외세 열강의 한반도 내에서의 각축, 자본주의의 급속한 도래에 따른 사회적 위기를 사회의 구조적 원인에서 찾았다.

> 선천에는 상극지리(相克之理)가 인간사물(人間事物)을 맡았으므로 모든 인사가 도의에 어그러져서 원한이 맺히고 쌓여 삼계(三界)에 넘침에 마침내 살기(殺氣)가 터져나와 세상에 모든 참혹한 재앙을 일으키나니 그러므로 이제 천지도수를 뜯어고치며 신도를 바로잡아 만고의 원을 풀고 상생의 도로써 선경을 열고 조화정부를 세워 하염없는 다스림과 말없는 가르침으로 백성을 화(化)하며 세상을 고치리라.[28]

강증산은 서구 문명의 비판을 통해 당시의 시대를 병든 시대, 위기의 시대로 규정하였지만, 그는 자신의 종교운동을 동학혁명에서와 같은 세속적 차원보다는 순수 종교적인 차원으로 이끌어가고자 하였다. 그렇기 때문에 그는 현실 참여 같은 세속적 측면을 배제하고 순수한 종교운동으로 회귀할 것을 요구했다. 이는 주어진 사회적 모순과의 대결이나 투쟁은 또 다른 갈등과 한을 창출할 뿐 사회적 모순의 해결에는 도움이 되지 않는다는 판단 때문이었다.[29]

종합하면, 강증산은 '상극지리'를 급박한 시대적 과제로 인식하였고, 이를 해결하여 상생 즉 공공의 세계를 건설할 것을 주장하였다. 그렇다면 강증산은 이러한 시대적 과제를 해결하기 위해 제시한 방안은 무엇인가? 강증산이 제시한 방안을 통해 증산사상에 담긴 공공성을 찾아보도록 하겠다.

2. 증산사상의 공공성

1) 천지공사

『대순전경』에서 가장 많이 사용되는 용어가 천지공사(天地公事)로 강증산
의 종교적 행위와 관련된 일에 붙여지는 용어가 '공사(公事)'이다. 천지공사
는 구천상제가 선천의 잘못된 이념, 이법 질서를 직접 뜯어 고쳐 새 세상을
만드는 천지조판하는 종교적 활동을 의미한다. 강증산은 천지공사를 통해
혼란과 모순에 빠진 현 세상을 구원하고 이 세상에 새로운 후천선경을 건설
하려 했다. 이 천지공사는 그가 삼계를 개벽하는 공사로 하늘의 운도를 바
꾸는 운도공사, 각 지역의 문명권을 통합하고 그 진액을 모으는 문명개조공
사, 신명에 대해 인간의 존엄성을 높이고자 하는 인개조공사가 대표적이다.
그렇기 때문에 천지공사는 증산교에서 독특한 개념이며 증산교 구원론의
핵심을 이룬다.

천지공사는 증산의 사상을 총체적으로 이해할 수 있는 개념적 용어이다.
천지공사에서 공사(公事)는 사사(私事)와 대비되는 것으로 공적인 일을 의미
한다. 그러므로 강증산의 공사는 세계 구원과 우주 질서의 변혁에 이르는
종교적 의미를 내포한다.

이튿날 아침에 용머리 고개에 가셨더니 병욱이 와서 두골 찾은 일을 아뢰
거늘 가라사대 묘적은 어떻게 하였느뇨 대하여 가로대 경무청으로 보냈나이
다 가라사대 잘 설유(說諭)하여 돌려보냄이 가하거늘 어찌 그리하였느냐 하
시고 검은 옷 한벌을 지어오라 하사 불사르시며 가라사대 징역에나 처하게

하리라 하시더니 과연 그 사람이 징역에 처하니라 종도들이 반드시 처서날에 찾게 된 까닭을 물으니 가라사대 매양 사사(私事)일이라도 천지공사의 도수 도수(度數)에 붙여 두기만 하면 그 도수에 이르러 공사(公事)와 사사(私事)가 다 함께 끌리나니라 하시니라.[30]

'공사'는 어떤 공적 문제를 처리하려고 관련자들이 모여 의견을 교환하고 어떤 결론을 도출하는 과정으로 공론장의 의미가 강하다. 강증산의 천지공사는 단순히 어떤 집단, 사회 또는 국가의 문제가 아니라 천지를 대상으로 한다는 점이 특징이다. 즉 강증산의 공사는 세계 구원과 우주 질서의 변혁에 이르는 광범위한 종교적 내용이 담겼다.[31] 다시 말해 삼계에서 발생한 문제를 청산하고 새로운 우주에 걸맞은 새 질서를 예정하는 것으로, 상극의 운에 갇혔던 생명의 원과 한을 풀고 온 인류를 생명 사람의 길로 인도하기 위해 새로이 판짜기 한 강증산의 종교적 행위이다. 결국 강증산의 천지공사의 '공(公)'은 사적인 것에 한정하지 않는 우주 전체의 범위를 가리킨다.[32]

공사라는 개념은 조화정부(造化政府)와 도수라는 용어로 설명된다. 강증산이 제시한 조화정부 역시 공론장의 의미가 드러나 있다. 여기서 조화정부는 강증산이 모든 천지신명에게 새로운 위계질서와 맡은 바 부서를 정하여 각기 일을 주장하게 한 뒤에, 신명들과 온 인류의 뜻을 상징적으로 대변하는 종도들을 합석시켜서, 선천의 그릇된 세상을 바로잡아 후천의 선경세계를 건설할 모든 일을 상의, 결정하고 그 결정된 바를 집행하는 우주적 통치기관을 의미하기 때문이다.[33] 천지공사와 조화정부는 인격-비인격, 생명-무생명을 모두 다 거룩한 우주 공동 주체로 드높이는 공공세계의 창조로 평가할 수 있다. 그러므로 강증산의 천지공사는 근대적 인간중심주의와 자연생태계 파괴의 문제를 극복하는 데 공헌할 수 있는 가치를 지니고 있다.

그렇다면 증산사상은 현실 참여 없는 종교의 공공성을 지향한 것인지, 그러한 종교의 공공성은 단순히 종교적 상상에 불과한 것은 아닌지 하는 의문이 들 수 있다. 증산사상은 공공 영역을 세계나 국가가 아닌 천지 즉 우주의 차원으로 본다는 점이 특징이다. 하지만 뜯어 고치고, 바로잡고, 풀고, 교화하는 구체적인 일을 행하는 것이 강증산의 공사이다. 즉 그 나름으로 현실을 진단하고 이를 해결할 수 있는 방안을 제시하면서 이를 실현하는 실제적인 일을 행하였다. 또한 강증산은 "공사를 친히 보지 아니하시고 혹 종도로 하여금 대신 행하게 하실 때도 있어나니"[34]처럼 제자들에게 공사를 대신하도록 맡기기도 했으며, 개벽은 저절로 오는 것이 아니라 스스로 만들어 가는 일이라고 해석한 바와 같이, 참여와 실천을 강조했다.[35]

강증산은 민중의 세상, 민중이 바라는 새로운 세상을 만들기 위해 천지공사를 행하였다는 점에서 증산사상의 공공성은 민중적 공공성으로 지칭될 수 있다. 김태창은 강증산을 인간, 공동체 그리고 세계를 서로 화합하게 하고 더불어 화해하고 그래서 모두 함께 화락(和樂)할 수 있도록 변화시키는 활화개벽(活和開闢)의 공공 인간으로 평가하면서, 강증산은 내향적 공격성으로서의 한(恨)과 외향적 공격성으로서의 원(怨) 그리고 구체적 혹은 집단적 공격성으로서의 원(寃)을 해소하는 프로그램으로서 '천지공사'를 제창했다고 설명한다.[36] 한편 김용환은 "사(私)의 한(恨)과 공(公)의 원(怨), 공공의 원(寃)을 함께 해소하기 위해 강증산이 제시한 실천방안이 삼계의 천지공사라고 설명한다. 그는 천운(天運)과 연관되어 신명세계(神明世界)의 원(寃)을 풀어 주는 일, 지운(地運)과 연관되어 공(公)의 원(怨)을 풀고자 사회정의를 세우는 세운공사(世運公事) 그리고 인간 개개인의 사사(私事)의 한(恨)을 풀어 심성을 아름답게 변화시키는 것이 도운공사(道運公事)라는 것이다. 그러므로 강증산의 해원상생은 공공의 원을 풀어 주어 서로 간에 조화를 회복하는 것으로 해원상화(解冤相和)를 위한 공공 실천에 기반을 두고 있다."고 설명한다.[37] 따라서 천지공사는 사람들 상호 간의 조화와 화합을 회복하고 상극의 리(理)에 의해 생겨난 갈등을 풀어내는 작업이라는 것이다.

2) 강증산의 공동체 원리: 해원상생

개항기 당시는 평등 대신 차별과 외세의 침투가 일반 민중의 삶을 궁핍과 좌절로 몰아갔다. 강증산은 이러한 시대적 과제를 해결하기 위해 인간의 평등성과 상생의 시대를 회복하고자 하였다. 동학(東學)을 창도한 최제우는 기존 사대부와 향반의 전유물이었던 천을 인민의 소유로 만들고, 시천주로 대표되는 하늘과 사람의 평등주의를 발전시켰으며, 사람과 사람의 평등주의를 생활양식과 사회운동으로 확장시켰다. 동학은 자율적 인간관을 확보하여 정치적 객체에 머물렀던 일반 민(民)을 능동적인 적극적 주체로 변모시켰다는 평가를 받는다.[38]

당시는 빈부의 격차를 어떠한 이념으로 해결할 것인가, 개인주의와 이기주의를 극복하고 인간 관계를 어떻게 바꿀 것인가 등의 많은 시대적 과제를 떠안고 있었다. 강증산 역시 근대 과학기술의 물질주의의 폐단과 계급 관계의 폐습을 비판하고 윤리 도덕과 공동체 우선주의로 치유하고자 했다. 강증산의 이러한 인식은 동양의 도덕으로 서양 문명을 치유하자는 의미로 해석할 수 있다.

강증산은 기존의 사회질서를 청산하고 새로운 사회질서를 이루기 위한 조건으로 인간의 존엄성과 평등성을 강조하는 인존사상(人尊思想)을 주장했다. 이를 위해 그동안 봉건적 사회체제 속에서 억눌렸던 민중의 처지에 주목하면서 기존의 계급 관계 철폐, 그리고 계급 질서에서조차 소외되었던 여성 등 피지배계급의 존엄성이 구현되는 상생의 시대를 강조하였다.[39]

천사 비록 미천한 사람을 대할지라도 반드시 존경하시더니 형렬의 종 지남식에게도 매양 존경하시거늘 형렬이 여쭈어 가로대 이 사람은 나의 종이오니 존경치 말으소서 천사 가라사대 이 사람이 그대의 종이니 내게는 아무 관계도 없나니라 하시며 또 일러 가라사대 이 마을에서는 어려서부터 숙습(熟習)이 되어 창졸간(倉卒間)에 말을 고치기 어려울지나 다른 곳에 가면 어떤 사람을 대하든지 다 존경하라 이 뒤로는 적서(嫡庶)의 명분(名分)과 반상(班常)의 구별(區別)이 없느니라.[40]

사람을 쓸 때에는 남녀의 구별이 없나니 진평은 야출동문(夜出東門) 여자이천인(女子二千人)하였나니라.[41]

위의 인용문에서도 확인할 수 있듯이, 강증산은 사람들 상호 간의 조화와 화합을 회복하고 상극지리(相克之理)로 발생된 갈등을 풀어내는 해원상생을 주장하였다. 그는 이러한 천지공사를 통해 이 땅에 새로운 세상의 도래를 약속하고 새로운 실천윤리로서 해원상생을 제시하여 모순, 대립, 투쟁이 난무하는 선천의 상극을 음양합덕(陰陽合德)을 이루는 조화로운 후천의 해원 상생의 세상으로 바꾸고자 하였다.

근대 자본주의 사회는 주-종의 수직 관계라는 봉건적인 인간관계와 사회관계를 자본의 힘과 근대적 자유, 평등이라는 윤리로 해체하였지만 빈익빈부익부의 원리가 작용하여, 자신과 타자가 경쟁하는 시대가 되었다.[42] 자본주의적 생산관계에서 자본-노동관계는 자본주의 안에서의 계급관계와 대체로 일치한다. 증산사상에는 이러한 문제의 구체적인 진술을 찾을 수는 없지만, 그 사상에 근거하여 해석할 수는 있을 것이다. 증산사상의 핵심 개념인 해원은 상극지리를 상생의 도로 전환시키기 위한 전제이기 때문이다.

강증산에 따르면 선천에는 상극의 이치가 인간의 모든 사물을 지배하기 때문에 천지만물과 인간 사회의 모든 것이 대립 관계로 유지되어 불평등 관계가 발생되었다는 것이다. 해원이란 인간은 물론 모든 신명들의 쌓이고 쌓인 원한을 풀어 준다는 의미이다. 인간이 인간을 규제하고 통제하기 위해 사회규범과 법리가 만들어졌으며, 선천에서 극심했던 반상의 신분차별, 남녀의 차등, 상하의 차별 등 무수한 사회적 조건은 사람들에게 원을 낳게 하고, 그 원은 척과 한이 되었다는 것이다.[43] 따라서 이러한 원한을 제거해야만 상생의 길로 나아갈 수 있다고 주장한다. 여기서 중요한 개념으로서 '상생'(相生)의 이념이 있다. 김태창은 "상생은 대립과 투쟁을 그치게 하고, 희생, 봉공, 이타로 상호 공존, 상호 공영을 지향하는 논리이다. 이 단어는 상호 관계에서 철저하게 유기체적인 연관을 전제하며 또한 서로에게 무한한 혜택만을 베풀어 주는 상호 관계로서 규정될 수 있다. 상생은 단순히 인간 관계 내에서만 규정되지 않고 우주 내의 모든 사물의 관계를 아우르는 단어이기 때문이다. 후천의 새로운 이상 사회의 지배 이념이 상생이라는 점에서 인간과 자연, 나아가 천지신명에 이르기까지 하나의 일관된 원리로서 작용하는 것"이라고 설명한다. 그렇기 때문에, 증산사상에서의 상생 이념은 이와 같은 우주적인 배경하에서 인간 사회를 복되게 하고 행복을 가져다 줄 수 있는 후천시대의 원리이며 공공의 일을 의미한다.[44]

이와 같이 강증산의 해원사상은 인존사상과 깊게 연결되어 상생이라는 공동체적이고 상호 평등적 공존의 목표가 포함되어 있다. 즉 사회적 혼란과 불안의 원인을 원한에서 찾고 그것을 사전에 방지하기 위해 인존의 윤리를 제시하였다. 상극지리가 대립과 갈등을 의미하지만, 상생지도는 공존과 화합, 평등과 정의를 특징으로 한다고 할 수 있다. 여기서 바로 증산사상의 공공성 구현의 의미를 찾을 수 있다.

증산의 개벽 과정에서 인간이 주체적 역할을 할 가능성은 열려 있다.

> 선천에는 모사(某事)는 재인(在人)하고 성사(成事)는 재천(在天)이라 하였으나 이제는 모사는 재천하고 성사는 재인이니라.[45]

강증산의 성사재인(成事在人), 즉 이제는 하늘이 무엇을 이루고자 하여 계획을 세우고 그것이 이루어지는지 여부는 인간에게 달렸다는 것이다. 즉 인간의 주체적 의지가 강조되었다고 할 수 있다. 결국 인간이 주체적으로 자각하여 통한 참여와 실천을 통해 공공성을 구현해야 함을 강조하는 것이다.

3) 강증산의 생명살림: 재생의세

강증산의 삶은 생명을 구원하고 세상을 고치고자 했던 제생의세(濟生醫世)로 요약될 수 있다. 그는 세상의 모든 병을 치유한다는 목표 아래 종교적 행위를 했던 인물이기 때문이다.

> 천사 일러 가라사대 개벽이란 것은 이렇게 쉬운 것이라 천하를 물로 덮어 모든 것을 멸망케 하고 우리만 살아있으면 무슨 복이 되리오 대저 제생의세(濟生醫世)는 성인의 도요 재민혁세(災民革世)는 웅패(雄覇)의 술(術)이라 이제 천하가 웅패에게 괴롭힌지 오랜지라 내가 상생의 도로써 만민을 교화하며 세상을 평한케 하려 하노니 새 세상을 보기가 어려운 것이 아니요 마음을 고치기가 어려운 것이라 이제부터 마음을 잘 고치라 대인(大人)을 공부하는 자는 항상 남 살리기를 생각하여야 하나니 어찌 억조를 멸망케하고 홀로 잘되기를 도모함이 옳으리오 하시니 원일이 이로부터 두려워하여 무례한 말로 천사께 괴롭게 한 일을 뉘우치고 원일의 아우는 그 형이 천사께 추종하면서

집을 돌보지 아니함을 미워하여 항상 천사를 욕하더니 형으로부터 이 이야기를 듣고는 천사께 욕한 죄로 집이 무너짐이나 아닌가 하여 이로부터 마음을 고치니라.[46]

경석의 이번 전주 길은 세무관과 송사(訟事)할 일이 있어서 그 문권(文券)을 가지고 가는 길인데 문권을 내어 뵈이며 가로대 삼인회석(三人會席)에 관장(官長)의 공사(公事)를 처결한다 하오니 청컨대 이 일이 어떻게 될지 판단하여 주사이다 천사 그 문권을 낭독하신 뒤에 가라사대 이 송사는 그대에게 유리하리라 그러나 이 송사로 인하여 피고의 열한 식구는 살길을 잃으리니 대인으로서는 차마 할 일이 아니니라 남아(男兒)가 반드시 활인지기(活人之氣)를 띨 것이오 살기를 띰이 불가하니라 경석이 크게 감복하여 가로대 선생의 말씀이 지당하오니 이 길을 작파(作罷)하나이다 하고 즉시 그 문권을 불사르니라.[47]

또 가라사대 너의 형제들이 그 모해자에게 큰 원한을 품어 복수하기를 도모하느냐 대하여 가로대 자식의 도리에 어찌 복수할 마음을 갖지 아니 하오리까 가라사대 너희들이 복수할 마음을 품고 있음을 너의 부친이 크게 걱정하여 이제 나에게 고하니 너희들은 마음을 돌리라 이제는 악을 선으로 갚아야 할 때라 만일 악을 악으로 갚으면 되풀이 되풀이로 후천(後天)에 악의 씨를 뿌리는 것이 되나니 너희들이 나를 따르려면 그 마음을 먼저 버려야 할지니.[48]

재생의세(濟生醫世)는 재민혁세(災民革世)와 대비되는 개념이다. 재생은 남을 살리는 것이다. 여기서 남은 인간을 포함한 모든 생명체를 의미하는 것으로 상생의 의미를 내포한다.[49] 즉 상대방을 물리치고 이기려는 상극의 원리가 아니라 함께 살려는 원리가 바로 상생의 원리이기 때문이다. 제생과 활인(活人)은 '생명을 살린다.'라는 의미가 있다. 하지만 재생의세는 단순히 인간에 한정되지 않고 인간 이외의 생명체도 포함된다. 김탁은 "재생의세의 삶은 먼저 개개인이 자신의 마음을 고치는 일에서 출발하고 새 세상의 새로운 생활법을 받아들여 마음을 고치는 일이 바로 생명 파괴적 세계관을 벗어나 모든 생명의 온전한 발현이 이루어지는 새 세상의 개벽"이라고 설명한다.[50] 김지하 역시 한국 신종교의 후천개벽 사상의 특징을 치유(治癒)와 민중적 삶의 회복의 형태로 본다. 또한, "사람의 병을 고치는 의술, 인술로 세상을 구하고 사람을 살리고, 생명을 회복시키는 것"이라고 보았으며, 천지공사는 선천시대의 병든 삼계육도와 온갖 상극을 치료하는 "우주적 의통(醫統), 우주적 대수술"이라고 평가하기도 했다.[51]

강증산의 생명살림은 단순히 육체적이고 현실적인 병에 한정되지 않는다. 강증산은 천하지병(天下之病)이라 하여 천하가 병에 걸렸다고 당시의 시대를 진단했다. 그렇다면 천하지병을 치료할 수 있는 약은 무엇인가? 강증산은 "크게 어질고 크게 의로우면, 병이 없는 상태이다(大仁大義 無病)."[52]라고 처방했다. 이는 공공세계는 인의(仁義)를 매개로 이루어질 수 있음을 분명히 밝힌 것이다.

IV. 맺음말

지금까지 살펴본 바와 같이, 강증산은 시대적 과제를 외면하지 않고 그 시대에 대처하는 방법을 끊임없이 모색했다. 그러므로 시대의 과제를 담아 실천하는 것이 공공성의 구현이라고 한다면, 증산사상의 천지공사, 해원상생, 제생의세의 사상은 종교의 공공성을 구현했다고 평가할 수 있으며, 현대사회의 공공적 가치로서 충분히 의미가 있다.

지금은 종교의 공공성이 필요한 시대이다. 종교가 공동의 문제에 관심을 갖고, 그 문제의 해결을 도모하는 공공 영역이나 공론장으로 진입하기 위해서는 시민사회가 요구하는 소통의 문법을 학습해야 한다. 다시 말하면, 종교가 공공 영역과 소통할 수 있는 종교적 실천 이념이 내재하는지를 다시 검토하는 것이 필요하다. 하버마스는 종교가 공적 영역에 들어오기 위해서는 종교 언어가 세속 언어로 번역되어야 한다는 것을 그 조건으로 제시했다. 대화할 수 있는, 종교의 이성적이고 공적인 차원이 필요한 것이다. 이성이 공적으로 사용될 수 있으려면 종교 공동체의 언어(진리)가 시민의 언어, 즉 일반적인 언어로 번역될 수 있어야 한다는 주장이다.[53] 종교는 자신이 지향하는 가치를 사회 속에 구현하려는 창조적 긴장 상태를 유지해야 한다. 결국 오늘날 한국 사회가 안고 있는 시대적 과제가 무엇인지 파악하고 자신의 교리로 재해석하고, 이를 실천에 옮길 수 있어야 한다. 이러한 교리의 재해석과 사회와의 창조적 긴장 상태 유지는 현대 후기세속사회에서 종교의 사회적 존재 방식이나 종교의 공공성의 구현이라 볼 수 있다.

사실 증산사상에 나타난 공공성의 사상적 기초 즉 실천윤리 혹은 공공윤리의 재해석만으로는 시민사회의 공공성을 명확하게 드러낼 수 없다. 근대 한국 종교의 민중적 이해를 현대 시민적 이해로 전화해야만 가능하기 때문이다. 하지만 근대 한국 종교는 당대의 근대 문명을 비판하고 그 해결 방안을 제시했다는 점, 즉 서구 근대성의 한계를 벗어나고자 했다는 점에서 어느 정도 탈근대적 가치를 지녔다고 볼 수 있다.[54]

현재의 민족 간의 상극이나 계급 간의 갈등, 빈부의 격차 같은 상극의 문제는 정치적 문제를 통해서 직접적이고 효과적으로 해결될 수 있다. 하지만 종교는 모든 상극의 현상을 상생으로 이끌어 내는 근본적인 원리를 제시한다. 호베르뚜 웅거(Roberto M. Unger)는 미래의 새로운 문명은 종교가 이룩할 수 있다고 주장한다. 웅거의 미래의 종교에 관한 논의는 종교의 공공성을 탐구하는 데 도움이 될 수 있을 것이다. 특히 그는 미래의 종교는 '세상과의 투쟁'임을 강조한다. 즉 미래의 종교는 세상을 등지고 초월하거나 세계의 부분적 개선에 만족하지 않고 인간에 걸맞은 역사를 만들기 위해 끊임없이 싸우는 종교라는 것이다.[55] 결국 종교의 공공성 구현은 급박한 시대적 과제를 인지하고 모든 구성원과 함께 소통하고 해결해 나가는 것이다. 종교가 계속 사적인 신앙만 고집한다면 종교는 시민의 삶과는 더욱 멀어질 것이고, 그러면 종교가 시민사회의 구성원으로서도 인정받지 못할 것이다. 종교가 사적 영역에서 공적 영역으로 나아가 새로운 공적 영역을 모색해야 한다는 인식보다는, 양자의 공존 상황을 전제하고 그 위에서 각자의 역할 즉 근대 한국 종교가 공적 영역에서 담당할 역할과 공적 영역과의 공존을 어떻게 하면 모색할 수 있는지를 논의할 필요가 있다. 또한 사상적 차원을 비롯한 '실천적 차원'에서의 종교의 공공성 구현의 논의가 더 활성화되고, 종교가 우리 사회 공공성을 살릴 수 있는 역할을 기대하면서 유기쁨의 닫힌 종교에 대한 평가의 글로 마무리 하고자 한다.

종교가 성과 속 사이의 창조적 긴장, 두 영역 사이의 현실적 상호 침투성을 외면한 채, 세상 속에 있으면서도 마치 세상을 '잊고', '성스러운 영역; 속에서 초월적으로 존재할 수 있는 듯이 공사이원론, 성속분리를 견고한 원칙으로 받아들일 때, 기만적이고 폐쇄적인 사적(私的) 종교의 환상 및 그 부작용이 나타나게 된다.[56]

원불교의 종교성과 공공성

원영상 / 원광대학교 정역원 연구교수

I. 머리말

근대 한국의 종교[1]는 역사적 전환기에 민중을 구제하겠다는 각자의 사명으로 탄생했다. 그리고 자신의 교의에 따라 그 역사적인 역할을 수행하고자 몸부림쳤던 사실을 확인할 수 있다. 그럼에도 이에 관한 역사적 평가나 의의가 완전히 정리되었다고 볼 수는 없다. 그 이유는 근대 유산이 여전히 현대 한국 사회에 남아 있으며, 그 위에서 현대 한국 종교도 활동하기 때문이다. 한편 공공철학(公共哲學)적 측면에서 이처럼 시대적 사명을 다하고자 했던 근대 한국 종교에 대한 논의[2]가 다시 불붙기 시작했다.

종교학에서 종교의 공공성은 종교사회학의 논의의 대상이 된다. 이는 사회문제에 종교의 사회적 대응과 역할이 요구되기 때문이다. 또한 종교가 속한 국가의 역할에 한계가 있기 때문이다.[3] 예를 들어, 최근 자본주의를 근간으로 하는 신자유주의 확산의 여파로 파생된 여러 문제에 대처할 때 대중은 국가를 위시한 공동체의 기능에 의문을 품는다. 공공성은 종교를 포함한 국가 · 기업 · 학계 등을 총망라한 시각에서, 점점 제어 불가능해지는 한국 사회는 물론 지구 전체의 문제를 해결하기 위한 인식의 전환을 촉구하는 지적 활동이라고 할 수 있다.

사실 종교의 공공성은 유럽에서 발현된 것이다. 사회와 정치적 영역에서의 시민성 및 공공성의 내적 연관성에 관한 개념은 대표적으로 루소[4], 뒤르켐[5], 그리고 로버트 벨라[6]의 시민 종교 개념을 중심으로 현재까지 끊이지 않고 논의되었다. 반면에 한국 전통종교와 외국에서 유입된 종교를 포함한 자생 종교의 사상과 시민성 및 공공성과의 내적 연관성을 이해하려는 학문적 시도는 이제 시작에 불과하다.

지금까지 시민적 공공성은 앞에서 언급한 공공철학에 기반을 둔 것이다.[7] 동아시아에서 공공철학을 본격적으로 학문화한 사람은 김태창이다.[8] 그는 공공철학을 세 가지 차원의 상호 운동이라고 보고, 다음과 같이 언급한다. 첫째, 우선 시민의 입장에서 생각하고, 판단하며, 행동하고 책임지는 철학이다. 둘째, 전문가의 철학으로 공공성의 개념 형성, 역사 발전과 현상을 구체적으로 분석한다. 셋째, 공공(하는)철학으로 공(公), 사(私), 공공(公共)의 자기, 타인, 세계를 상호 운동하는 관계로 파악한다[9]라고 한다. 그리고 그는 공과 사의 관계를 활사개공(活私開公)과 공사공매(公私共媒)로 정의 내린다.[10]

다소 사회철학적 요소가 개입되어 있지만, 역사적 현실을 통해 조명해 보면, 이 철학이 주장하는 것은 자명하다. 한마디로 역사 속에서 개별화되거나 분리되었던 공과 사가 조화를 이루며, 이를 통해 시민사회의 발전을 추동하자는 것이다.

이러한 공공성은 시민과 공공성의 측면에서는 일찍이 연구가 진행되었다. 그런데 이러한 논의들은 근대화 과정에서 유입된 서구의 사상 체계에 근원한다는 점에 한계가 있다. 따라서 한국 종교를 기반으로 연구한다는 것은 비록 그 공공성의 연원이 서구에 있다고는 하지만, 이를 어떻게 동양적인 혹은 한국적인 공공성이나 공공철학으로 전환할 수 있을 것인지 대안을 모색하는 것이라고 할 수 있다. 특히 근대를 넘어서고자 하는 문제로 공공성이 대두된다는 점에서는 근대 한국 종교야말로 적합한 영역이라고 하지 않을 수 없다.

이러한 측면에서 조성환은 동양적 세계관의 바탕에서 공공성 개념의 기원을 찾는다. 그는 '공공성이란 무엇인가?'라는 물음을 이해하기 위한 일환으로 먼저 '공공이란 무엇인가?'라는 물음을 던진다. 그는 김태창의 연구에 기반하여, 한자어 '공공(公共)'은, 지금으로부터 약 2천 년 전에 사마천이 쓴 『사기(史記)』[11]에 처음 등장한다고 본다. 구체적으로는 『사기』에 수록된 「장석지(張釋之) 열전」[12]에 처음 나온다고 한다. 여기서 "제아무리 천자라 할지라도 법은 보통 사람들과 마찬가지로 공평하게 지켜야 한다."는 점에 주목한다. 결국 '공공'은 '모두와 함께 한다.'거나 '공평하게 함께 한다.'는 의미가 된다. 주목할 점은 김태창이 앞에서 언급한 것처럼, '공공'이 명사가 아니라 동사로 쓰인다는 점이라고 한다.[13] 공공이 관념적인 철학에만 머물지 않는다는 것으로 볼 수 있다. 특히 그는 『사기』의 '공공지리(公共之理)'를 통해 공공철학은 공리로서 모든 사회적 존재에게 적용되는 원리가, 주자가 말하는 '우주가 만물을 생성하는 마음'이라는 우주론적인 원리로까지 확장된 것이라고 한다. 이것이 근대에 와서는 멸사봉공의 정신으로 국가에 예속됨으로써 세속화되었다고 본다.[14] 그는 이처럼 공공철학을 보편성의 원리에서 우주론적인 차원으로까지 승화시키고자 한다. 여기에서 비로소 존재의 본질과 가치를 중시하는 종교와도 깊이 연관됨을 즉각적으로 알 수 있다.

근대 한국 종교는 사회 및 우주적 공리로서의 유교, 도교, 불교 등 전통 종교를 개혁한 면모를 보인다. 오리엔탈리즘적인 민족주의, 자본주의, 제국주의 등 서구의 근대 사상에 대한 물리적 충돌과 예속을 겪은 당시의 민중은 이러한 모순 해결을 위해 자발적인 종교운동을 일으킨 것이다. 일제의 강권 또한 서구를 모방한 네오 오리엔탈리즘(Neo-Orientalism)적 사상을 기반으로 했다. 근대 한국 종교는 이러한 서구와 일본의 사상의 응전으로써 한국의 시민적 공공성 의식을 드러내고 있다고 할 수 있다.

그렇다면 근대 한국 종교의 공공성은 어떻게 표출될 수 있을까. 그 일련의 현상을 근현대를 통해 정착한 원불교를 통해 살펴보고자 한다. 원불교의 공공성을 본격적으로 연구하기에 앞서, 근대 한국 종교에 나타난 공공성 연구의 범주를 살펴봄으로써 탐구 기반을 조성하고자 한다.

II. 근대 한국 종교의 공공성 연구 범주

근대 한국 종교의 활동 영역은 정치, 경제, 문화, 예술, 시민운동 등 다양한 영역에 걸쳐 있다. 특히 국권을 상실한 식민지 시기에는 이러한 종교운동이 일본 제국주의의 탄압에도 더욱 다양하게 전개되었다. 독립운동을 필두로 조합운동을 통한 새로운 경제 · 신앙 공동체 운동, 민족 정체성 수호운동, 물산장려운동, 종교자유운동, 실력양성운동과 문화운동, 사회구제운동, 종교연합운동 등 그 활동은 근대 일반 역사를 관통하고 있다.

이러한 활동은 민족주의, 반자본주의, 계몽운동, 공동체, 이념의 공존, 시민적 자유 의식, 사회참여, 사회적 다양성의 조화를 핵심 과제로 삼았다. 즉, 차별, 억압, 타자화 및 배제, 종속, 분열, 지배와 구속 등의 질곡을 극복하기 위한 역동적 운동으로 점철된 것이다.

근대 종교운동의 이러한 사상적 기반은 예를 들어, 수운 최제우의 수심정기(修心正氣)와 인내천(人乃天), 증산 강일순의 상제신앙과 해원상생, 홍암 나철의 삼신일체와 홍익인간, 소태산 박중빈(朴重彬, 1891-1943, 이하 소태산)의 일원주의(一圓主義)와 정신개벽(精神開闢)에 공통적으로 나타난다. 즉, 종교적 깨달음을 바탕으로 사회적 차별화에 저항하는 동시에 평등주의와 사회정의를 구현하고자 한다.[15]

그러나 만물일체나 동귀일체와 같은 근대 한국 종교의 사회정치적 평등주의에도 불구하고, 폐쇄적인 개인의 수련이나 수양에 집중되는 종교의 특수성에 가려져 사회적 측면에서 시민성이나 공공성의 의미에 대한 연구가 현재까지 활발히 일어나지는 않았다고 할 수 있다.

근대 한국 종교가 벌였던 다양한 종교운동은 당시 처한 국내외적 근대 문명과 국내외 정치·경제 환경 속에서 발생된 산물이었다. 그럼에도 단순한 이념적 주장에 머물지 않고, 이념의 사회화라는 측면에서 전통적 세계관의 창조적 계승, 서구와 일본 제국주의에 대한 항거, 새로운 사회와 국가 질서의 추구를 통해 근대와 대면했다.

이와 같이 종교는 지배 이념에 저항하는 시민운동이나 환경과 여성운동 등 시민의 삶과 관련된 제반 사회문화운동에 참여하여 사회적 공신력을 획득하는 데 일조한다. 특히 이러한 종교의 사회문화운동은 교의적 정당성을 동원하여 참여한다. 이처럼 그 운동의 배경과 성격은 해당 종교와 사회관계 속에서 종교가 지닌 공공성의 보편적 실천윤리를 드러내고 있다.

여기서는 이러한 다양한 공공성의 측면을 압축하여 다음과 같은 네 가지 측면에서 공공성 연구의 가능성을 살펴보기로 한다.

첫째는 자본주의에 대한 반동이다. 아직 이 단계에 진입할 수 있는 상황을 맞이하지 못한 한국 사회에서는 서구에서의 물질문명 유입으로 나타난다. 즉, 이를 추동하는 시장자본주의가 일본을 통해 급속하게 유입된 것이다. 일본은 근대에 강력한 중앙집권 체제와 자본주의를 근간[16]으로 제국주의 노선을 걸었다.

한국의 근대는 서양 물질문명이 몰려와 전통적 가치관이 붕괴되던 시기이다. 이에 대한 응전으로 동양에서는 서양 문명과의 절충이 불가능한 관점에서 서구화론을 내세우기도 하고, 양자의 보완적 결합을 통해 해결이 가능하다는 동서문화조화론이 대두되기도 했다. 한국 종교의 경우, 식민시기에 들어서면서는 후자의 입장에 주로 서게 되었다. 그 가운데 19세기 말의 유학자들이 제창한 동도서기론(東道西器論)[17]은 조선의 전통 윤리와 도덕을 유지하면서 서양의 과학기술을 받아들여 부국강병을 이룩하자는 것이었다.

이에 대한 반동은 물산장려운동으로 나타난다. 일제의 식민지 수탈 정책은 1920년대 접어들면서 식민지적 사회경제 체제로 정착되었다. 토지조사사업과 산미증식계획으로 대변되는 식민지 경제정책은 조선 농민들을 파산으로 몰아갔다. 1920년대 초 대대적으로 진행된 물산장려운동의 논리 중하나는 자본주의 상품경제의 조선 침투를 경계하며 토산을 장려하려는 논리에 따른 것이다. 보천교의 일본물산 배척운동 등은 그 대표적인 것이다.

그리고 이와 함께 나타난 것으로는 조합운동과 종교 공동체 운동이다. 근대 종교계의 교의에는 이러한 자본주의 문명의 폐해를 극복하려는 의식이 반영되었다. 종교운동 또한 이 점을 잘 반영하였다. 발생의 상황은 각각 다르지만, 불법연구회의 저축조합운동, 해월의 용화동 신앙 공동체 건설, 보천교의 기산조합 등은 한국 종교의 신앙 및 경제 공동체로써 기능했다.[18] 이러한 조합운동은 경제적 자립과 노동자의 생존 보장 사업의 수행이라는 특징이 있다. 일찍부터 자본주의 경제 질서에 대한 대안 경제 공동체 운동의 관점이 투영된 것이다.

둘째는 공공적 시민의식 운동은 먼저 종교적 자유 획득을 위한 투쟁에서 나타난다. 국내 최초 종교 자유[19]의 주장은 1890년대 교조신원운동(敎祖伸寃運動)이 그 효시이다. 이를 계기로 반봉건과 반외세의 정치 운동, 그리고 농민운동으로까지 이어졌다. 이는 식민지 시기에 시민 불복종 운동으로 연동된다. 일제강점기에는 1910년대부터 관공립학교를 필두로 종교의 자유를 침해하는 신사참배를 강요하였다. 기독교계를 비롯한 언론의 강한 반발로 정책이 후퇴되었지만, 1930년대 중국 침략을 계기로 강요되기 시작했다. 재차 기독교계의 반발이 있었지만, 내부 의견의 분열로 일제의 황민화 정책 의도가 관철되었다. 그러나 절개를 지킨 종교인들이 신사참배 거부운동을 일으켰다. 이러한 일련의 근대적 사건은 시민적 자유, 즉 권리로서의 자유 (freedom)와 권위 및 지배에서의 자유(liberty)를 지키기 위한 시민 불복종 운동이라고 할 수 있다.

이는 종교 탄압을 거부하고 자유를 획득하려는 투쟁으로도 나타난다. 조선총독부의 포교규칙 제정과 적용, 신사참배 강요는 종교 자유의 문제와 밀접하게 연관되었다. 특히 정치운동, 사회운동 등에 적극적으로 참여했던 근대 한국 종교들은 식민 통치를 위협하는 대상으로 인식된다. 그 가운데 1937년 백백교 사건은 일제의 본격적인 근대 한국 종교 탄압의 정당성을 확보하는 계기로 작용되었다. 천도교 간부 전원 검거령의 발포(1919), 보천교 시국대동단사건(1924) 등에서 알 수 있듯이 한국 종교를 감시하고 처벌하여 교단 해체로 이어졌다.

셋째는 가장 큰 근대사회 모순인 식민 세력에 대응한 독립운동이다. 먼저 국권 회복을 위한 독립운동과 독립운동자금 모금운동이다. 이는 당시 근대 종교의 기본적인 활동이었다고 할 수 있다. 천도교의 경우 천도구국단과 조국광복회와 오심당, 보천교와 청림교의 비밀결사운동, 보천교와 미륵불교의 독립운동 자금모금운동이 대표적인 예이다. 특히 근대 한국 종교는 성미나 치성금의 명목으로 합법적으로 진행하였다. 이처럼 범종교계가 일치하여 국권 회복과 민족 해방을 위한 다양한 운동을 진행하였다.

이는 민족적 정체성 확립을 주도하는 사건들을 탄압하는 계기가 된다. 예를 들어, 일제가 대종교를 철저하게 억누른 것은 대동청년단, 조선국권회복단, 동원당(東園黨), 자유공단(自由公團), 귀일단(歸一黨), 조선어학회 등 지하조직이나 비밀결사에 대해서였다. 임오교변(壬午敎變)의 지도자 검거 사건과 함께 일어난 조선어학회 사건은 대종교의 언어민족주의에서 발현되었다. 주시경을 비롯한 핵심 제자들은 대종교의 신자들이었다. 민족 정체성과 사회문화적 정체성 확립을 위한 근대 종교의 역사적 참여가 주체적인 민족주의[20]를 지향했다는 점은 향후 공공성 연구의 중요한 시각을 제시한다.

그리고 이는 민족 정체성 수호운동으로 확산된다. 황국신민화 정책은 한국어 사용 금지, 한글 신문 폐간, 창씨개명 등을 포함한다. 일제는 내면적인 민족정신이나 민족 정체성의 말살을 선행한 후 민족의 외형적 실체까지 말살하고자 하는 정책을 진행하였다. 이에 대응하여 근대 한국 종교는 종교적 차원에서 민족정신을 지키려는 다양한 운동을 진행했다. 조선어학회 사건, 보천교 농악 등을 통해 종교적 차원에서 민족 정체성을 수호하고자 했던 것이다.

독립운동 과정은 한국 종교계에서도 다양한 논의와 활동이 있었다. 보천교는 만주에서의 무장독립항쟁에 물적, 인적, 정신적 지원을 하였다. 청산리대첩의 성공에는 만주 교포 상당수를 차지하는 대종교 신도들의 일치된 협력이 있었다는 점을 당시 전투에 참여했던 이범석 장군이 증언했다.[21] 이 외에도 독립운동에는 민족불교운동 등 종교계에서 다양한 방식으로 참여했다는 점은 역사가 증명한다. 무엇보다도 중요한 점은 이러한 과정에서 나타난 범종교계의 일치이다. 그 대표적 예는 주지하듯이, 3·1독립운동이라고 할 수 있다. 이처럼 종교가 독립을 위해 일치단결할 수 있었다는 점은 공공적 차원에서 종교 공동체의 이념 복원에 기초한 남북 협력에도 기여할 수 있다고 본다.

마지막으로는 근대 한국 종교는 동아시아 고유의 인간평등사상과 서양 민권운동 양자의 영향을 받아 계급차별 철폐운동과 일종의 계몽운동인 신문화운동을 주도한다. 동학혁명을 시작으로 남학당(또는 방성칠의 난), 보천교

형평사운동 등 한국 근대 종교는 계급적 차별에 대해 다양한 저항 정신을 보였다. 이를 기반으로 사회개혁운동에 적극적으로 참여하였다. 즉, 3·1운동 이후 민족운동은 실력양성운동을 계승하여 경제적, 문화적인 실력양성운동과 민족 개조를 통한 신문화 건설을 목표로 하는 문화운동을 전개한다.

특히 근대 문명의 충돌과 관련된 노동문제, 여성문제, 인종문제, 사회문제를 근본적으로 해결하고 개조하고자 하였던 다양한 문화운동을 진행하였다. 3·1운동 전후로 나타난 신문화운동, 실력양성운동, 애국계몽운동의 역사적 배경과 전개를 통해 민중계몽운동은 종교의 자유를 문화운동과 연계시킨 것이다.

즉, 신문화운동은 종교의 공공적인 성격을 사회적으로 드러낸 것이다. 3·1운동 이후 일제의 문화정치에 대응하여 천도교의 신문화운동이 등장한다. 그 내용은 청년운동, 농민운동, 노동운동, 여성운동, 신교육운동, 언론·출판운동 등 다양한 계층과 문화에 대한 전면적인 계몽운동이었다. 이를 위해 『개벽』, 『신여성』, 『어린이』, 『학생』 등의 월간잡지들이 출판되었다.

이의 자극을 받은 불교계에서도 1900년대에 들어와 민족 자주와 불교계몽을 위한 문화운동을 전개했다. 이를 위해 『조선불교월보』, 『불교』, 『신불교』, 『유심』 등 20여 종의 불교 잡지가 출현한다.[22] 일제의 문화적 차별에 대응하는 운동은 이를 넘어 각 종교의 실력양성운동으로 확대된다. 앞에서 제시한 세 가지의 공공적 현상과도 깊이 연동되며, 위기의 시대 문화운동을 통한 종교의 다양한 공공적 성격을 드러내는 것으로 볼 수 있다.

III. 원불교 공공성의 역사

여기서는 원불교의 대표적인 공공성의 역사를 살펴보고자 한다. 원불교의 역사는 1916년 소태산의 깨달음으로 시작된 불법연구회와, 1948년 원불교 교명의 선포로 전환된 현재의 교단에 이르기까지의 두 역사가 연속적으로 이루어진다. 그 연속성에서 불교의 개혁 정신은 여전히 변함없이 계승된다고 할 수 있다. 그렇다면 앞에서 살펴본 것처럼, 근대 한국 종교사적 입장에서 원불교의 공공성은 무엇으로 살펴볼 수 있을까.

종합해서 본다면 개혁불교와 민중 구제로 볼 수 있다. 개혁불교는 공공종교로서의 구체적인 자기규정을 해 가는 것이다. 종교적 교의는 실천을 위한 전제가 되기 때문이다. 민중 구제는 일제강점기나 현재의 시대적 질곡 속에서 어떻게 실천의 맹아를 찾아낼 수 있는지에 대한 답이라고 할 수 있다.

개혁불교에서 보면 백지혈인(白指血印)의 법인(法認), 박중빈의 『조선불교혁신론(朝鮮佛敎革新論)』과 『불교정전(佛敎正典)』 편찬이라고 할 수 있다. 여기에서는 원불교 공공성의 정신이 어떻게 체계를 갖추고 있는가 하는 점을 엿볼 수 있다. 이러한 정신은 정신개벽, 개교의 동기, 이사병행, 처처불상 사사불공론, 불교의 사회참여 등 공공적인 교의로 전개된다.

민중 구제에서 보면 저축조합운동과 영산방언역사, 전재동포 구호사업, 항일운동, 송규의 「건국론(建國論)」 발표라고 할 수 있다. 저축조합운동은 상호부조의 전통과 조합운동을 통한 근대적 경제정의 운동이라고 할 수 있다. 근대 종교의 공공적 가치를 수용한 실천적 사례라고 할 수 있다. 이러한 활동에는 저항적 민족주의, 수신으로 평천하에 이르는 유교적 가치, 보살의 구제 활동, 대동세계의 구현, 정교동심(政敎同心)의 철학이 담겼다.[23]

먼저 개혁불교에서 백지혈인(白指血印)의 법인(法認)[24]은 원불교의 공공성을 단순하지만, 명백히 밝히는 사건으로 규정지을 수 있다. 소태산은 1919년 9인의 제자들과 함께 중생을 위해 신명을 다 바칠 각오로 기도를 올렸다. 종교를 확립하는 데 하늘의 뜻을 묻는 것이었다. 그는 옛 말에 살신성인이란 말도 있고, 또는 그를 실행하여 이적을 나툰 사람도 있었으니, 그대들이 만일 남음 없는 마음으로 대중을 위한다면 천지신명이 어찌 그 정성에 감동치 아니하리요. 멀지 않은 장래에 대도정법이 다시 세상에 출현되고 혼란한 인심이 점차 정돈되어 창생의 행복이 한없을 지니, 그리 된다면, 그대들은 곧 세상의 구주요, 그 음덕은 만세를 통하여 멸하지 아니할 것이다.[25]

라 하고, 7월 26일을 최후 희생일로 정하고, 기도 장소에 가서 일제히 자결하기로 약속하였다. 그날 밤 기도를 나가기 직전, 청수와 함께 각자 가지고 온 단도를 청수상 위에 나열케 한 후, 사무여한의 증서를 써서 각각 백지장(白指章)을 찍었다. 소태산은 백지장들이 곧 혈인(血印)으로 변함을 보고, 이에 천지신명이 감응하였으며, 음부공사가 판결났다고 하였다. 그리고

그대들의 몸은 곧 시방 세계에 바친 몸이니, 앞으로 모든 일을 진행할 때에 비록 천신만고와 함지사지를 당할지라도 오직 오늘의 이 마음을 변하지 말고, 또는 가정 애착과 오욕의 경계를 당할 때에도 오직 오늘 일만 생각한다면 거기에 끌리지 아니할 것인즉, 그 끌림 없는 순일한 생각으로 공부와 사업에 오로지 힘쓰라.

고 유시했다.[26] 그리고 제자들에게 법명을 주었다. 이에 대해 원불교는 대신성·대단결·대봉공 정신의 의미를 부여한다. 이는 초기 교단의 대승보살도를 전통적 방식으로 구현한 것이다. 이러한 사무여한의 정신은 후에 실천적 종교 정신을 형성하는 초석이 되었다.

박중빈은 불법의 민중화를 목표로 불법연구회를 창립하였다. 그는 깨달

음을 얻고 나서 『금강경(金剛經)』을 보고, "석가모니 불(釋迦车尼佛)은 진실로 성인들 중의 성인이라." 하고, "내가 스승의 지도 없이 도를 얻었으나 발심한 동기로부터 도 얻은 경로를 돌아본다면 과거 부처님의 행적과 말씀에 부합되는 바 많으므로 나의 연원(淵源)을 부처님에게 정하노라."[27]라고 하였다. 그리고 불교의 역사적 현실의 비판과 그 대안을 제시함으로써 불교의 현대화를 구체화하였다.[28] 그것이 『조선불교혁신론』이며, 이를 더 구체화한 것이 『불교정전』이다. 소태산의 사상과 불법연구회의 이념이 고스란히 담겼으며, 불교의 전통을 계승하면서도 불법 개혁 사상이 그대로 반영되었다. 1960년대 현 『원불교교전』을 발행하기 이전까지 원불교의 소의경전이었다.

『불교정전』은 전 3권으로 구성되었다. 제1권은 개선론·교의편·수행편으로, 제2권은 「금강경」을 비롯한 불교의 경전이 실렸다. 제3권 또한 「수심결」을 비롯한 논이 실렸다. 제1권은 현재의 『정전』, 제2, 3권은 현재의 『불조요경』으로 재편찬 되었다.

다음의 사회 민중 구제운동은 저축조합운동과 영산방언역사에서 잘 나타난다. 저축조합운동은 초기 교단의 경제자립운동이며, 종교운동의 독특한 예이다. 소태산은 대각을 이룬 다음 해인 1917년 제자들과 함께 저축조합을 설치하고 허례 폐지·미신 타파·금주 단연·근검 저축·공동 출역 등의 새생활 운동을 시작하였다. 저축조합운동은 잘살기운동·경제자립운동·국권회복(독립)운동·농촌계몽운동·인간개혁운동이었다고 할 수 있다.[29]

소태산이 살던 영산의 방언공사는 농촌혁명이자 현대적 종교의 면모를 보여준다. 이는 약 1년 걸려 1919년에 끝났다. 전체 면적이 4만 1천여 평이었고, 이 중에서 농토가 약 2만 6천여 평이 되었다. 소태산은 중국 당태종의 연호인 정관(貞觀)에서 연원하여 정관평(貞觀坪)이라고 이름 지었다.[30] 정관

평이란 말은 평화 안락한 낙원세계 건설의 의지를 보여준다.

　이 과정에서 이웃 부호 한 사람이 이를 가로채려는 생각으로 분쟁을 일으켰으나 제자들에게 이를 원망하지 말라고 했다. 소태산은 사필귀정이라고 보고, 이 방언이 누구의 손에 들어가더라도 대중의 이익에는 변함이 없다고 하였다.[31] 이러한 역사는 해방 후에 전재동포 구호사업에 교단 전체가 투신하는 전통이 되었다. 종교계 또한 당시의 고통을 분담하기 위해 전재동포 구호사업을 펼쳤다. 그 가운데 불법연구회의 구호사업은 모든 역량을 쏟아부은 사회사업이다. 건국사업에 협력하는 길은 귀환한 동포의 구호라고 생각한 불법연구회는 이리, 서울 등지에 귀환전재동포구호소를 설치하고 구호를 시작하였다. 식사, 의복의 공급부터 응급 치료와 분만 보조 그리고 상장례 등의 활동을 포함하여 80여만 명을 구호하였다.

　이후 고도경제성장기 한국 사회의 종교 역할 중에는 이처럼 시급히 구제되어야 할 민중을 향한 종교의 역할이 강조되었다. 이러한 민중종교론은 민중신학, 민중불교 등 사회참여 의식으로 표출되었다. 복지 전문가인 오세영은 전재동포 구호사업을 원불교 사회복지의 효시로 본다.[32] 이는 원불교의 시민 종교의 공공적 역할을 확립하는 중요한 계기가 된다. 또한 이러한 정신은 일제의 수난을 극복한 것에서 기반한다.[33]

　해방 후에 그 수난을 극복, 치유하기 위한 송규의 「건국론」은 원불교 지도자의 유일한 정치사상서이다. 그러나 단순한 정치사상서로만 이해하기에는 부족함이 있다. 정치를 포용하되 정치를 넘어서 국가의 정체성 확립과 구성원의 대동 화합은 물론 세계와의 조화를 역설한 저술이라고 할 수 있다.

　먼저 건국의 요지를 송규는 "정신으로써 근본을 삼고, 정치와 교육으로써 줄기를 삼고, 국방과 경제로써 가지와 잎을 삼고, 진화의 도로써 그 결과를 얻어서 영원한 세상에 뿌리깊은 국력을 잘 배양하자는 것"[34]이라 밝혔다. 건국의 정신으로 ① 마음단결, ② 자력확립, ③ 충의봉공, ④ 통제명정, ⑤ 대국관찰의 다섯 가지를 제시한다. 그리고 건국 방법으로 정치, 종교, 교육 각각의 입장에서 국법 중시와 국가의 정론(正論) 확립, 국민 지도에 적당한 종교 장려, 의무교육의 실시 등 다양한 정책의 필요성을 강조했다.

그 결론으로는 ① 어떠한 계급이든 평등하게 보호하고, 각자의 자유와 생활의 안정을 얻게 하며, ② 외부 혁명을 하기 전에 먼저 마음의 혁명을 하고, ③ 유산자의 희사로 생활 평등을 가져오며, ④ 관민 차별 없이 건국사업에 일심합력하며, ⑤ 건국 공로자의 대우를 분명히 하여 공사(公私) 간에 진화의 도를 얻게 하는 것[35]이라고 밝혔다.

여전히 분단된 입장에 처한 오늘날 이러한 가치는 더욱 새롭게 드러난다. 그 근본적 이유로는 종교 정신에 기반한 송규의 사회철학과 사회통합적 세계관이 기저를 이루고 있기 때문이라고 할 수 있다.[36] 이처럼 원불교의 공공성은 경제, 정치, 사회운동 등 다양한 측면에서 드러나고 있음을 알 수 있다.

IV. 원불교의 종교적 공공성의 성격

1. 대승정신의 계승

앞에서 살펴보았듯이, 원불교의 공공성은 무엇보다도 대승정신에서 발현되었다. 원불교가 계승한 대승정신은 제생의세론과 회통사상이며 각각, 개벽사상과 보편윤리와 연동된다고 할 수 있다.

먼저 원불교의 정체성 논의부터 시작할 필요가 있다. 결론부터 이야기하자면, 원불교는 근현대의 개혁불교이다.[37] 이미 소태산은 자신이 깨닫고 나서 "불법으로 완전무결한 회상을 건설하겠다."[38]고 천명했다. 그리고 원불교의 종교적 목표를 성불제중(成佛濟衆)과 제생의세(濟生醫世)로 삼았다. 성불제중은 기본적으로는 깨달음과 자비의 구현이라고 할 수 있다. 대승불교의 보살 정신에 바탕한 자각각타(自覺覺他)의 기본 정신을 이 세계에 확산하는 것이다. 그런데 이 의미와 같은 연장선에서 제생의세를 또한 내세운다. 이 의미에는 원불교가 세상을 병든 것으로 보고 있음을 전제로 한다.[39] 불타의 교설인 고집멸도 4성제에서 고의 원인이 집착에 있다고 보는 것과 같이 이 세계가 병들었다고 본다. 육체적인 병에 비유하여 마음의 병이야말로 종교가 구제해야 할 세계라고 보는 것이다.

이 제생의세는 자신 스스로를 먼저 제도하고, 병든 세상을 구제한다는 뜻이다. 성불제중과는 같은 뜻이지만, 더 적극적인 교화(敎化)[40]와 사회참여의 의지가 강하게 내포된 말이다. 불교의 기본적인 출가 시스템은 발심→구도→수행→깨달음→구제 활동으로 표현할 수 있다. 대승불교는 마지막 단계인 구제활동을 중심으로 불법의 의의를 제시한다. 그리고 그 구제행의 최종 목표 또한 깨달음으로 인도하는 것이다. 그것을 대승행(大乘行)이라고 한다. 대승불교의 정신은 이처럼 중생의 구제가 앞서 있으며, 원불교 또한 이를 현대 세계에 발신하는 것이다.

대승정신의 이면에는 구도자 자신의 구제도 또한 함께 이루어져야 함을 내포한다. 세상의 중생을 구제할 수 있는 힘은 먼저 스스로가 불보살의 인격과 능력을 갖추어야 가능하다. 즉 스스로를 먼저 제도해야 하는 것이다. 제생이라고 하는 의미는 바로 이러한 병든 자신을 의술로써 고친다는 것이다. 소태산이 언급한 선병자의(先病者醫)[41]는 이러한 의미다.

성불제중이라는 말이 전통적으로 쓰여 왔음에도 제생의세란 말을 사용한 것은 이처럼 현대사회의 병맥을 진단하고, 적극 참여하여 개선하고자 하는 강한 의지를 나타낸다. 병든 사회가 된 원인이 여러 가지 있겠으나, 특히 물질개벽을 주체적으로 활용하지 못하고 노예가 된 정신력의 쇠퇴를 중요한 원인으로 본다. 따라서 뒤에서 언급할 정신개벽을 강조하게 되었고, 정신개벽을 통한 병든 사회의 구제를 내건 것이다.

현대사회에서 정신적 타락은 종교라 해서 예외가 아니다. 그래서 종교의 기능 상실, 종교인의 도덕적 타락이 중요한 문제로 대두된다.[42] 따라서 종교인이 먼저 참된 종교적 세계관을 갖춰야 한다는 것이다. 종교인이 자기 자신을 먼저 제도하려는 냉혹한 반성과 철저한 노력이 없으면, 역사에서 보듯 종교의 존재 또한 사회적 폐해를 가져온다. 병든 사회를 제도하는 것이 아니라 병든 사회를 재촉하게 되는 것이다. 이러한 근본 개념에 의거해 사회 전체의 구제론으로 확장한 것이 개벽사상이다.

소태산이 개교의 슬로건으로 내건 정신개벽은 근대 개벽사상을 계승한 것이다. 윤승용은 근대 종교의 개벽사상에 대해 현세적 지상천국, 종교적 구원은 물론 물질과 세속을 포함한 총체적 구원, 천존(天尊)보다는 인존(人尊)을 높이는 사상, 정신적 도덕적 지도국은 한국이라는 점, 모든 이념과 종교의 조화와 통합 지향, 원시반본(原始返本)의 원리를 강조하는 것 6가지[43]를 제시하였다. 이러한 내용은 거의 원불교에 수용되었다.

이러한 정신개벽을 내건 제생의세의 기반은 이 세계를 은혜의 결합체로 보는 것에 있다. 이는 원불교가 불교의 사상을 계승하는 입장에서 연기(緣起)의 사상을 사회적 차원에 적용한 것이다. 이처럼 사회적 연기는 세계를 하나의 공동체적 관점, 상생(相生)과 상화(相和)의 세계관, 증여(贈與)의 관점[44]에서 보는 것을 말한다.

세계는 한 몸으로써 어느 것 하나 떼어서 볼 수 없다. 그리고 그 관계는 이 하나의 세계인 일원상(一圓相)의 진리에서 전개된 천지, 부모, 동포, 법률의 사은으로 나타낼 수 있다.[45] 불교의 사은 또한 일찍이 초기 불교 때부터 불타의 가르침에 나타난다. 이를 계승하여 더욱 확장한 원불교의 사은이 사회적 연기에 기반한 이상 하나의 사회윤리적인 기초가 된다.[46] 이를 원불교학에서는 사은윤리라고 한다.

원불교의 공공성은 제생의세론과 개벽사상의 연장선에서 회통사상과 보편윤리로 전개되었다. 한국 불교에 회통이라는 말은 최남선이 사용하였다.[47] 교법의 총설에서는 모든 과목을 수용, 통일, 다른 종교의 교지도 통합 활용하라고 한다.[48] 이러한 회통성이야말로 원불교가 대승정신을 계승하며, 종교다원주의와도 관련되어 있음을 보여준다. 이러한 점은 최근 대두되는 보편윤리[49]로도 확장 가능하다.

그런데 이러한 보편윤리를 구축하기 위해서는 문화적 다양성을 인정, 포용하고 존중하면서 모두에게 통용될 수 있는 보편성을 내세워야 한다. 특히 다양한 문화, 국가, 민족, 종교의 특수한 가치를 넘어서 이들 가치가 조화롭게 공존할 수 있는 방안을 찾아내는 것이 중요하다. 그리고 이러한 보편윤리는 전체의 공동선을 향한 목표와 이러한 목표가 개인선에도 부합하는 경우에 그 당위성이 성립한다.

이러한 윤리를 확립하기 위해서는 무엇보다도 종교적 세계에 기반한, 인간 모두를 넘어선 초월적인 가치의 규범을 확보하는 것이 필요하다. 원불교의 동포은의 이념체인 자리이타같이 모두에게 통용될 수 있는 정신은 세계 보편윤리의 하나의 덕목이 될 수 있다. 원불교의 핵심 진리인 일원상의 진리와 이를 구체화한 삼동윤리(三同倫理)는 이러한 보편윤리와도 밀접한 관계가 있다. 이에 대해서는 그 가능성을 열어 놓고, 향후 원불교 공공성을 심화시키는 연구의 과제로 남기고자 한다.

2. 참여불교의 성격

원불교의 현대 불교적 성격은 삼보의 해체와 재구성이다.[50] 이를 논의하기에 앞서 삼보의 의미를 먼저 제시하고자 한다. 종교적인 측면에서의 구성 요소는 교주·교리·교도를 말한다. 불교에서도 불법승 삼보, 즉, 불보·법보·승보는 불교의 정체성을 형성하는 기본이 된다. 삼보는 이념적 실체로써 불교계 교단의 연대의 기반인 셈이다. 남방과 북방불교는 각각 다른 언어로 삼보의 귀의를 설명하고, 의례의 맨 앞에 놓고 삼귀의가(三歸依歌)를 부른다.[51] 불보는 종교적 근원과 원천적 세계를 지향하며, 법보는 진리적 언설로써 가르침의 기반이 되며, 승보는 공동체의 윤리와 계승의 체계를 담보한다.

동아시아의 근대 개혁불교의 개혁 내용은 이 삼보의 개혁이라고도 할 수 있다. 다양한 불상을 석가불 하나로 통합하고자 했던 일제강점기 한용운이나 백용성, 1930년대 신흥불교청년동맹을 이끌었던 일본의 세노 기로(妹尾義郎)는 자귀의불(自歸依佛)·자귀의법(自歸依法)·자귀의승(自歸依僧)의 정신을 내걸고, 사회개조와 개혁을 이끌었다. 이를 한국에서도 계승한 것은 여익구의 민중불교론이었다. 중국 또한 1930년대의 인간불교도 불법승 삼보의 개혁을 기반으로 전개했다.

이는 동아시아만이 아니라 남방불교의 근현대 불교 개혁에서도 찾아볼 수 있다. 크리스토퍼 퀸과 샐리 킹의『평화와 행복을 위한 불교지성들의 위대한 도전: 아시아의 참여불교』[52]에서는 남방불교와 일본의 개혁불교가 행한 삼보를 기반으로 한 개혁의 내적 성격을 들여다볼 수 있다. 이처럼 근현대 모든 불교의 개혁은 삼보의 개혁을 의미한다. 심지어는 구미의 불교 전파도 삼보의 다양한 해석 기반 위에 이루어지고 있다. 이는 불법승 삼보의 개혁을 통해 진화한 대승불교의 역사에서 전승된 개혁의 이념인 것이다.

이 논의는 다음의 기회로 미루기로 하고, 원불교에 한정해서 먼저 참여불교(Engaged Buddhism)적 성격을 전개하기로 한다. 이 참여불교의 형태야말로 근대 한국불교의 공공성의 핵심 표현이라고 할 수 있다.

앞의 크리스토퍼 퀸도 언급한 참여불교는 사실 원불교의 경우에 그대로 적용된다. 필자의 견해로는 원불교야말로 참여불교의 전형이라고 판단된다. 틱낫한 스님이 처음 주장한 참여불교는 현재에는 다양한 사회참여형 불교를 의미한다. 원불교는 이러한 참여불교의 형태를 이미 지향하고 있었다. 초기 교단의 다양한 경제활동에서 현대의 복지와 교육의 커뮤니티 형태까지 이미 참여불교로서의 맹아는 물론 그 발전 형태를 볼 수 있다. 이 참여불교의 속성은 바로 삼보의 해석에 기반한다. 불교 교단이 처한 시대, 지역, 환경, 대중 등 다양한 조건에 맞게 참여불교가 형성된 것이다. 원불교가 초기에 내건 불법의 생활화, 대중화, 시대화는 이러한 조건을 충족한다.

먼저 불보(佛寶)를 해체했다고 하는 것은, 소태산의 불교 개혁론에서 보듯 돌과 쇠와 진흙으로 된 부처님을 모시지 않게 되었다는 것이다. 그리고 진리적 상징인 일원상으로 표현했다는 뜻이다.[53] 일원상을 제불제성의 심인이라고 한 것은 깨달음을 얻은 모든 불보살과 성현의 마음과 하나라고 하는 것을 의미한다. 역으로 그 모든 진리의 근원과 그 진리를 깨친 불보살과 성현의 마음을 일원상으로 상징한 것이다. 비록 불상을 해체했지만 시대에 맞게 새롭게 일원상의 진리를 제시한 것이다. 소태산이 언급한 것처럼, 일원상은 부처님의 심체(心體)[54]이므로 근원적으로는 변함이 없다.

법보(法寶)를 해체했다고 하는 것은 기존의 한문이나 어려운 숙어 등 당시에는 이해가 되었던 것이 후대에 통용되지 않으므로 이를 현대인이 이해하기 쉽게 현실적으로 다시 살린 것이다. 대승의 반야사상에 근거하여 누구나 깨달으면 그 언설이 곧 법이요 법보가 되는 것이다. 숱한 저자 부재의 대승

경전에서도 드러나듯이 대승의 개혁 정신을 그대로 계승했다.

『정전』 솔성요론 제1, 2조에 "사람만 믿지 말고 그 법을 믿을 것이요", "열 사람의 법을 응하여 제일 좋은 법으로 믿을 것이요"라고 한 것은 진리를 깨 달은 불보살의 가르침을 믿으며, 여러 사람이 만든 법이나 제도가 있으면 그 가운데 제일 좋은 법이나 제도를 취할 수 있다는 가르침이다. 진리에 의 거하되, 현실에서는 최선의 가르침을 얻으라고 하는 것이다. 불타의 무유정 법(無有定法)의 의미와 상통한다.

승보(僧寶)의 개혁은 출재가의 차별을 하지 않음은 물론, 불문의 구성원 누구나 자신의 능력을 발휘하여 이 사회를 불국정토나 낙원세계로 만들어 가자는 것이다. 수행의 위계 또한 출재가의 차별이 없다. 수행 장소가 따 로 없는 현대사회에서는 어느 분야든 불법의 가르침을 따라 정직하게 열심 히 사는 것이 곧 불법의 공능(功能)이며, 그것을 인정하는 열린사회를 지향 한다. 현재의 출재가 화합 교단[55]을 넘어, 이 사회 전체가 승가 집단 될 수 있도록 문호를 개방한 것이다.

그런데 참여불교의 성격에는 정의, 자유, 평등, 인권, 평화, 생명 등의 보 편적 가치가 내재되어 있다. 원불교의 교의 가운데에는 이러한 참여불교로 서의 보편적 가치가 드러난다. 예를 들어 정의의 문제는 삼학의 하나인 작 업취사는 정의와 불의를 용맹 하게 취사하는 것이 핵심이다. 또한 일상의 수행인 무시선법(無時禪法)에서는, 경계를 당해서는 불의를 제거하고 정의 를 양성하라고 가르친다. 금하는 계문도 있지만, 적극적 실천을 요하는 솔 성요론(率性要論)에는, 정의를 죽기로써 실천하고, 불의는 죽기로써 물리치 라는 가르침이 있다.

물론 여기에서 말하는 정의와 불의가 구체적으로 무엇을 의미하는가 하 는 점은 좀더 깊은 논의가 필요하다. 그러나 현대사회에서 의미하는 보편적인 정의와도 깊은 연관성이 있음을 알 수 있다. 예를 들어 사은의 법률은에서 개인, 가정, 사회, 국가, 세계를 다스리는 법률을 배워 행할 것을 가르친다. 여기서 말하는 법률은 "인도 정의의 공정한 법칙"[56]을 말한다. 이미 인류가 획득해 온 공정한 법률의 가치를 역설했다고 할 수 있다. 참여불교로서 현실 문제를 더 합리적이고 보편적 가치에 입각해서 해결하고자 하는 교의임을 명백히 알 수 있다. 여기서 논하는 공공성은 이러한 보편적 가치와도 깊이 연동된 만큼 향후 원불교의 현실 참여는 더욱 확대될 것으로 보인다.

V. 맺음말

이외에도 원불교의 공공성을 담보한 종교운동과 연동해 부기해 둘 것이 있다. 해방 이후, 근대 한국 종교는 종교연합운동을 진행하였다. 일제강점기 유사종교 해체령으로 피폐해진 근대 한국 종교는 통합을 통한 교단의 재건운동에 집중하였다. 1926년 무극대도와 보천교의 대립을 극복하기 위한 8파 연합회, 증산교단 통정원, 증산대도회, 민족신앙총연맹 등은 종교통일을 통한 내부 결속력 강화와 넓게는 종교문화의 확장에 목적을 두었다. 비록 타종교와의 연대 운동인 원불교의 종교연합운동(UR, United Religions)과는 방향이 다르지만, 이미 한국 종교의 내적 통합을 보여준다는 점에서는 UR운동의 전제가 된다고 할 수 있다. UR운동은 종교 간 연대를 통한 사회적 다양성의 공존과 조화, 종교의 사회참여를 의미한다.

이 종교 간 연대는 해방 후 1965년에 6개 종단(개신교, 불교, 원불교, 유교, 천도교, 천주교) 지도자들이 모이기 시작한 것에서 유래되어 한국 종교인협회(이하 종협)가 탄생되었다. 이후 1986년 아시아종교인평화회의(ACRP) 개최에 힘입어 정식으로 한국 종교인평화회의(KCRP)[57]가 탄생되었다. 이는 한국 사회의 종교 간 연대의 주축이 되었다.

한국 사회는 대표적인 다종교 사회이다. 전통 종교와 자생적인 민족종교, 서구의 종교와 동양의 종교, 계시종교와 개오종교 등 다양한 종교적 스펙트럼을 형성한다. 그럼에도 KCRP의 활동에서 보듯이 갈등보다는 화합이 이루어진다. 다종교적 지형을 가능하게 한 한국 사상의 원형 위에 형성된 사회적 다양성의 공존과 조화의 실제라고 할 수 있다.

앞의 종협 활동에서 원불교는 월간지 〈종교계〉를 창간했다. 이 잡지는 실질적으로 종협 활동의 중심이 되었으나, 자금난 등의 사정으로 통권 7호로 휴간되었다. 이후에도 종협의 연대 활동은 지속되었으며, 원불교는 세계 불교도 대회, 세계 종교자 평화회의에 참여하여 국제적인 연대 활동으로 폭을 넓혔다. 현재에도 공공적 측면에서 KCRP를 비롯한 종교 간 다양한 연대 활동에 적극적으로 참여한다.

원불교의 공공성을 드러내는 측면은 이러한 연대 정신이 기반이 된, 1971년 원불교 개교 반백년 기념대회의 4개항의 결의문을 들 수 있을 것이다. ①일체 종교와 세계 인류를 하나로 보아 세계 평화에 앞장서는 주인 될 것, ②빈부의 격차, 종족의 차별 없는 평등으로 세계의 질서를 정립할 것, ③유구한 민족의 전통적 슬기에 바탕하여 세계적 정신 운동을 이 땅에서 달성할 것, ④국제적 종교 연합 기구를 통하여 모든 종교의 융통을 토의하고, 진리적 종교의 신앙, 사실적 도덕의 훈련으로 종교를 생활화 할 것의 4개항이다.[58] 결국, 이 조항들은 앞에서 살펴본 종교와 사회, 종교와 국가, 종교와 국제사회와의 관계를 통해 종교적 공공성의 영역을 어떻게 확장해 갈 것인지를 원불교 교단 스스로 되새기고 실천해 가는 지침이 될 것이다.

대종교의 종교성과 공공성

- 오대종지(五大宗旨)와 『삼일신화(三一神誥)』를 중심으로

김봉곤 / 원광대학교 원불교사상연구원 연구교수

Ⅰ. 머리말

근대 한국 종교는 내적인 봉건사회의 모순과 외적인 제국주의 침략이라는 이중 모순에 직면하면서 발전했다. 그중에서도 제국주의 침략에 맞서 민족의 주체성을 보존하는 한편, 전통적인 사상의 기반 위에 새로운 종교를 모색했던 종교가 대종교(大倧敎)라 할 수 있다.[1] 대종교는 전래된 단군신앙을 토대로 근대적인 교의와 신앙 체계를 마련하였으며, 홍익인간(弘益人間)의 이념을 토대로 상호복리(相互福利)와 영성(靈性)에 기초한 공공(公共)의 문명 세계를 형성하려고 하였다.

이러한 대종교의 교리는 1909년 1월 15일 대종교 교단 창립 시 반포된 『단군교포명서(檀君敎佈明書)』와 그해 12월 공포된 『단군교오대종지포명서(檀君敎五大宗旨佈明書)』를 거쳐 1912년 4월 간행된 『삼일신고(三一神誥)』를 통해 그 근간이 마련되었다. 이때문에 『단군교포명서』에 관해서는 단군신앙이나 체계, 항일민족운동의 차원에서 논문이 발표되었고,[2] 『삼일신고』에 관해서는 대종교의 핵심 경전으로서 교리와 수행 체계를 연구한 많은 논문이 발표되었다.[3]

이에 비해 『단군교포명서』 이후 공포되었던 『단군교오대종지포명서』는 2001년 삿사 미츠아키(佐佐充昭) 교수가 소개한 이후 조준희가 알렸고,[4] 다시 조준희가 1914년 서일의 『오대종지강연』을 소개한 이후,[5] 김동환이 홍익인간 사상과 관련지은 연구를 수행하였다.[6] 최근에는 조준희가 1911년 충청남도 장관 박중양(朴重陽, 1872-1959)이 『단군교오대종지포명서』를 압수하여 총독부에 보고한 『사사종교(社寺宗敎)』의 문서철을 소개하기도 하였다.[7]

『단군교오대종지포명서』는 오대종지로 대종교 초기의 종교성과 공공성의 측면을 잘 드러내는 자료이며, 여기에서 표명된 오대종지는 다시 『삼일신고』에서 대체적으로 완성되었다고 할 수 있다. 그런데 아직까지 이들 자료 간의 상관관계가 충분히 분석되지 못함으로써 대종교 교리의 형성 과정이나 이들 자료에서 두드러지게 나타나는 종교성과 공공성의 측면이 크게 부각되지 못하였다.

일반적으로 종교의 공공성은 종교의 사회참여와 타자와의 연대를 의미한다.[8] 즉 종교는 사회참여를 통해 사회적 공공 영역으로 확대되는 것이다. 이때 종교의 공공성은 시대의 절박한 과제를 해결하기 위한 적극적 가치로 표현되며, 이를 하버마스(Jurgen Habermas)는 종교언어가 세속언어로 번역되어야 하는 것을 그 조건으로 제시하였다.[9] 이러한 관점에서 대종교는 일제 식민지 지배하에 개인적인 종교적 영성 확대를 추구하면서 자신을 넘어서서 이웃과 민족, 세계로 자아를 확대하여 홍익인간의 이념을 완성한다는 적극적인 공공성의 가치를 추구하였다고 할 수 있다. 바로 이러한 대종교의 공공성을 구체적으로 잘 서술한 것이 대종교의 오대종지이고, 이것을 종교적 교리로 체계화한 것이 『삼일신고』라고 할 수 있다.

따라서 이 글에서는 대종교의 오대종지와 대종교의 종교적 교리를 체계화한 『삼일신고』를 통해 대종교의 교리 형성 과정과 대종교의 종교성 및 공공성이 어떻게 드러나는지를 살펴보고자 한다. 즉 대종교의 오대종지는 『단군교포명서』 이후 『단군교오대종지포명서』와 《황성신문》1910년 5월 25일 자에 게재된 『단군교설필기(檀君敎說筆記)』에 제시되었으나, 다시 1912년

9월 대종교본사에서 간행한 『대종교시교문』과 1914년 서일(白圃徐一, 1881-1921)의 『오대종지강연』에서 오대종지의 내용에 변모가 일어난다. 이에 이러한 오대종지의 변모 과정과 『삼일신고』가 어떻게 내용적으로 연결되어 교리의 체계화가 이루어졌는지, 그리고 오대종지에 나타난 대종교의 공공성을 어떻게 이해해야 하는지를 이야기해 보자.

II. 대종교의 교리 형성 과정

대종교(당시 단군교)는 1909년 1월 15일(음) 한말 국권 상실 위기 속에서 나철(弘巖羅喆, 1863~1916) 등이 창립하였다. 나철은 동지들과 함께 단군대황조신위(檀君大皇祖神位)를 모시고 제천의식을 거행하면서 이른바 『단군교포명서(檀君敎佈明書)』를 발표하였다. 이때 나철은 대종교를 개창한다고 하지 않고, '중광(重光)'한다고 하였다. 새로 종교를 만든 것이 아니라 이미 존재하던 종교를 다시 일으킨다는 의미인 것이다. 이에 대종교는 단군을 숭배한 유구한 역사성 속에 종교가 다시 만들어진 것이라고 할 수 있다. 이후 대종교는 1909년 12월 『단군교오대종지포명서』에서 종교성이 보강되며 몇 가지 우여 곡절을 거쳐 1912년 『삼일신고』를 통해 교리의 기틀이 마련되었다. 이 과정을 좀 더 자세히 살펴보기로 하자.

『단군교포명서』에서는 주로 대종교가 단군 대황조(大皇祖)부터 지금에 이르는 역사적 과정을 설명한다. 즉 대황조가 하늘의 명을 받아 단목영궁(檀木靈宮)에 내려와서 천하를 다스리다가 은나라 기자(箕子)에게 넘겨주었고, 기씨 조선은 기준(箕準)에 이르러서 금마(金馬) 땅에 쫓겨났다는 것, 이후 고구려 동명왕이 다시 단군교를 계승하고 고구려가 망한 뒤에는 대조영(大祚榮)이 단군교의 경전을 갖고 말갈로 도피하여 단군교를 계승하였다는 것, 고려 왕건도 단군교를 계승하고 묘향산에 영단을 세우고 강동(江東)의 대박산 (大朴山)에 묘를 수축하였으며, 조선을 건국한 이성계도 대황조의 제사를 지냈으며, 세조 때에도 강화 마니산(摩尼山)에서 하늘에 제사하여 보본(報本)의 정성을 표하였다는 것 등을 차례로 설명한 뒤 유학자들이 공맹(孔孟)·정주 (程朱)의 경서에 빠져 점차 대황조의 성교를 숭봉하지 않아서 나라의 재앙이 심해졌는데, 다행히 백봉신형(白峯神兄)이 백두산에서 기도하여 경전과 서적을 얻게 되었다는 것 등을 서술한다.[10] 여기에서 언급된 백봉을 황현(梅泉 黃玹, 1855-1910)은 "단군교 교인들이 백두산 석실에서 단군 사적을 발견했다고 일컫고 고경각(古經閣)을 신축하고 백봉이란 사람을 대종사로 추대했으며, 무릇 입회하는 자는 반드시 백봉의 인장을 날인하여 신표(信標)로 삼았는데, 대개 동학과 비슷하였다"[11]고 평하였다. 바로 이 백봉을 따르는 인물들이 나철과 접촉하여 대종교 창립에 공헌하였음을 알 수 있다.

이후 나철은 1909년 12월 1일 단군교 오대종지를 공지하고 12월 30일 세모의 소감을 통해 단군교 오대종지를 공포하였다. 이때 공포된 『단군교오대종지포명서』 역시 백봉이 1909년 10월 3일 교열하였다고 적혀 있다.[12] 즉 『단군교오대종지포명서』는 대종교에서 대종사로 받들던 백봉이 짓고 도사교(都司敎) 나철에게 전해져 공포된 것임을 알 수 있다.

『단군교오대종지포명서』[13]에서는 먼저 『단군교포명서』에서 차례로 공개하겠다고 약속한 『천신경(天神經)』, 『인신론(人神論)』, 『영험편(靈驗篇)』의 내용을 소개하고 신이 인간에게 오대종지를 실현할 수 있는 마음을 부여하였다고 한다. 즉 ①근본을 돌아보고 근원에 귀의하는 마음을 주었고, ②정성으로 영성을 닦을 수 있는 성품을 주었으며, ③무리가 서로 화합할 수 있는 본성을 주었다. ④구역을 나누어서 단부의 범위를 정하여 주었고, ⑤입고 먹는 바탕을 만들어 주고 사물의 함께 씀과 그것을 공대(拱戴)하게 하였다고 함으로써, 대종교의 오대종지로 제시된 경봉조신(敬奉祖神)·감통·영성(感通靈誠)·애합족우(愛合族友)·안고기토(安固基土)·근무산업(勤務産業)의 내용이 신이 마련한 것이라는 점을 강조하였고, 이어 인간의 선악에 따라 신이 화복을 결정한다는 법전을 마련하였다고 함으로써 대종교의 종교적 교리의 기본이 제시되었던 것이다.[14]

이어 『단군교오대종지포명서』에서는 오대종지가 꾸준히 실현되었다는 유구한 역사성을 강조하였다. 즉 기원전 1594년에 수사로(秀斯老)가 흘나사한의 기록을 바탕으로 염조신(念祖神)·연명성(演明性)·합동류(合同類)·수단부(守團部)·근의식(勤衣食) 등 오대종지를 마련하였고, 다시 고구려를 건립한 동명왕이 천조를 공경한다(敬天祖)·영성에 감통한다(感靈誠)·족우(族友)를 사랑한다[愛族友]·터전을 보전한다[完基土]·산업을 일으킨다[興産業]"의 다섯 조목으로 오대종지를 마련하였고, 고구려가 망한 이후에는 대조영이 발해에 전했다는 것이다.

이러한 오대종지는 역사적으로 7회 비운을 통해 단군교가 성쇠를 거듭하였다고 한다. 첫째, 비운은 기원전 1209년 평양 천도 문제로 삼천단부(三千團部)의 분열이 일어나서 악화된 것이며, 둘째, 비운은 기자가 동래하여 팔조교(八條教)를 허용한 이후 기원전 1,042년에 이르면 단군에게 알현하는 사람이 없게 된 것, 셋째, 비운은 기원전 232년 서북의 단부가 무너져 동남의 각 단부와 언어 풍속이 달라진 것, 넷째, 비운은 위만 조선이 한 무제의 침략을 받아 나라를 잃었던 것, 다섯째, 비운은 668년 고구려가 망한 뒤 단군교인이 사방으로 흩어지게 된 것, 여섯째, 비운은 고려 말 원에 의해 단군교가 거의 끊어져 버린 것, 일곱째, 비운은 청나라 건국 이후 단군교의 제사가 끊기게 된 것이라고 한다. 결론적으로 『단군교오대종지포명서』는 우리 종족이 단군교를 믿지 않게 되면서 쇠망하였으니 이제부터 오대종지를 다시 믿어 대황조께서 내려 주는 복리를 누리자고 주장하였던 것이다.

이러한 대종교의 오대종지는 이후《대한매일신보》1910년 4월 27일 기사와《황성신문》5월 25일 기사에도 소개되어 널리 전파되었다.《대한매일신보》기사를 살펴보자.

> 단군교에는 5종지(宗旨)와 5임원(五任員)이 있는데, 5종지는 경봉조신(敬奉祖神), 감통영성(感通靈誠), 애합족우(愛合族友), 안고기토(安固基土), 근무산업(勤務産業)이요, 5임원은 사교(司敎), 참교(參敎), 찬교(贊敎), 시교사(施敎師), 순교원(巡敎員)이라더라.

단군교 즉 대종교는 다섯 종지와 다섯 임원이 있는데, 경봉조신(敬奉祖神)·감통영성(感通靈誠)·애합족우(愛合族友)·안고기토(安固基土)·근무산업(勤務産業) 등 오대종지가 있다는 것이다. 이 오대종지는 다시《황성신문》5월 25일 자에 대종교를 안내하기 위해 소개한『단군교설필기(檀君敎說筆記)』에서 자세하게 소개하였다. 그런데 이때 주목할 만한 사실로『단군교설필기』에서 정치와 종교를 분리했다는 점이다. 즉 정치와 법률은 상벌을 통해 일체 행동을 제한하는 것이지만, 종교는 인류의 사욕과 경쟁에는 관여하지 않고 오로지 하늘이 부여한 영각성(靈覺性)을 닦는다는 점을 부각하여 정치와 종교를 분리하고, 종교를 선을 짓고 악을 피하여 하늘에서의 복리를 함께 누린다고 하여 가치적으로 정치보다는 종교를 더 상위로 규정하였던 것이다.[15]

이『단군교오대종지포명서』는 1910년 국권의 상실과 함께 몇 가지 우여곡절을 거치면서 내용상 변화를 겪게 되었다. 나철은 나라가 망하자 그해 1910년 8월 1일(양 9.4) 교명을 대종교로 개칭하였으며, 이어 8월 10일(양

9.13) 사신(四愼) 즉 네 가지 삼가야 할 일을 공포하였다.

> 네 가지 삼가 행할 일
> 첫째, 대종교는 시국에 무관하니 마음을 안정하고 천명을 따른다.
> 둘째, 신법에 주의하여 죄를 범하는 일이 없게 한다.
> 셋째, 재산보관은 소유권과 법률을 신뢰한다.
> 넷째, 혹 원통스런 일을 당하면 성심으로 해결해준다.[16]

첫째 조목에서 대종교가 시국과 무관하다고 표명함으로서 정교분리의 원칙을 표명하였고, 둘째 조목에서 신법, 즉 일본의 한국 강제 병합 이후 실시된 새로운 법을 준수하도록 당부함으로써, 일제가 나라를 강제 병합하자 대종교에서는 종교적 탄압을 피하기 위해 정교분리를 선언하고 새로운 법을 준수한다고 약속하였던 것이다.

그런데 대종교에서는 이것은 선언이었을 뿐 실제로는 『단군교오대종지포명서』를 비밀리에 유포해 애국심을 고취시켰다. 이러한 사실은 1911년 1월 말 충청남도 장관인 박중양이 공주 시교당(施教堂)이었던 사립명화학교의 단군교 초기 문건을 압수하여 조선총독부에 사건의 전말을 보고하고 학교의 폐교 조치를 건의함으로써 전면에 드러나게 되었다.[17]

박중양은 특히 셋째 '애합족우'와 넷째 '안고기토'의 주석은 이미 쓰러진 국가의 회복을 선동하며 교묘히 민족 단결 정신을 타일러 깨우치고, 배외사상을 고취시켜서 일본인과 조선인 상호의 융화를 훼손할 우려가 있다고 보았다. 즉 '애합족우'의 주석에서 "형제자매는 진심으로 서로를 사랑하고, 의지하고 도와주어 마치 같은 기(氣)를 받은 한 몸의 손발과 같이하여, 생사고락을 함께 하도록 한다."[18]라고 하여 민족의 단결을 촉구하였고, 넷째 '안고기토' 주에서 "대황조께서 물려주신 근본 땅을 시대가 거듭 변천해 나감에 따라 잘 다스려, 범위를 수정 정리하고 원래의 근본을 심어 주고 영원히 변하지 않은 것으로 한다."[19]라고 하여 국토를 존중해야 함을 설명함으로써 이미 쓰러진 국가의 회복을 선동한다는 것이다.

또한 박중양은 『단군교오대종지포명서』에서 당나라가 고구려를 멸망시켰으나 단군교에 감화된 인심이 흩어지지 않아서 당에게 항거하였다고 하였고, 김유신이 고구려의 '완기토(完基土)' 종지를 흠모하여 당을 농락하고 백제를 선동하여 당을 물리쳐서 천하를 통일하였다고 하여 민족 단결 정신을 깨우치고, 배외사상을 고취시킨다고 보았다. 박중양은 그 밖에도 『단군교포명서』나 『단군교오대종지포명서』가 도처에서 단결의 필요를 논하고, 시사(時事)를 개탄하며 국가의 만회(挽回)를 고취하지 않는 것이 없고, 내지인(內地人)과 조선인 상호의 융화를 크게 훼손할 우려가 있다고 주장하고서, 총독부 내무부 장관에게 『단군교포명서』와 『단군교오대종지포명서』를 송부하는 한편, 학교의 폐교 조치를 건의하였다. 이러한 박중양의 보고에 조선총독부에서는 단군교를 일찍이 종교로 인정한 적이 없다고 답변을 보냈다.[20]

이처럼 사태가 심각해지자 대종교단에서는 2월 27일에 오기호(吳基鎬)를 공주시 교당 사무시찰로 파송하여 대책 마련에 부심하였다.[21] 이때 대종교에서 더 큰 문제로 부각된 것은 조선총독부가 대종교를 한국 정부에서 종교로서 인정을 한 사실이 없다는 점을 들어 종교로 인정해주지 않았다는 점이다. 이렇게 되면 대종교는 일제가 지배하는 국내에서의 사실적인 종교 활동이 불가능해지므로, 대종교본사에서는 어떻게든 대종교가 교리를 갖춘 종교라는 점을 부각시킬 필요가 있었다. 이 때문에 대종교의 종교관을 집약적으로 드러내는 『삼일신고』가 1912년 4월 5일 간행되었다고 봐야 할 것이다.[22] 『삼일신고』는 본문이 366자의 짧은 내용이지만, 천관과 신관, 인간관, 수행관 등을 체계적으로 갖춘 새로운 종교로서의 모습을 드러낸 것이다.

이 무렵 오대종지도 그 내용상 변화가 일어났다. 이 사실은 1912년 9월 간행된 대종교본사에서 간행한 『대종교시교문(大倧教施教文)』을 통해 확인할 수 있다.[23] 『대종교시교문』은 단군대황조가 태백산 단목 아래로 강림하여 세상을 교화하다가 임금인 단군이 되어 배달 나라를 열고 백성을 통치하였으며, 다시 하늘에 올라 상제가 되었다는 것 등은 앞서 언급한 『단군교포명서』의 내용과 유사하다. 반면에 『대종교시교문』에서는 부여의 대천교(代天教)와 신라의 숭천교(崇天教)와 고구려의 경천교(敬天教), 고려의 왕검교(王儉教)와 만주의 주신교(主神教) 등 종교의 명칭을 구체적으로 거론하고 단군교가 그 전통을 이었다는 점을 강조함으로써 대종교의 종교로서의 역사성을 부각하였다. 이어 제시된 오대종지도 "경봉천신(敬奉天神)·성수영성(誠修靈性)·애합종족(愛合宗族)·정구이복(靜求利福)·근무산업(勤務産業)"으로 바뀌었다.[24] 즉 신앙의 대상이 조상신에서 보편적인 신인 천신으로 바뀌고, 영성에 느끼고 통하는 '감통영성'에서 정성껏 영성을 닦는다는 종교적 수행을 강조한 '성수영성'으로 바뀌었고, 정치적 구호의 성격이 강한 '안고기토'에서 신앙을 통해 복리를 추구하는 '정구이복'으로 바뀌게 된 것이다.

<표1> 오대종지의 변화

이때 바뀌어진 오대종지는 1914년 7월 서일이『오대종지강연』에서 재천명하고,[25] 서일은 오대종지 강연을 통해 삼일신고의 종교성과 공공성을 더욱 보강하였다. 이후 서일은 1916년 총본사의 전강(典講)으로 전임한 뒤,[26] 대종교의 교리를 체계화하기 위하여 1년에 걸쳐『삼일신고』를 깊이 연구하고 나철의 조언을 받아『도해삼일신고강의(圖解三一神誥講義)』를 완성하였다.[27] 뿐만 아니라, 나철이 저술한『삼일신고』의「신훈」을 풀이한『신리대전(神理大全)』주석 작업을 완료하였으며,[28]『삼일신고』의「진리훈」을 풀이한『회삼경(會三經)』을 저술하였다.[29] 그리고 동지였던 계화(白淵桂和, 1884-1928)가 환인, 환웅, 환검 삼신에 관한 기록을 주석한『신사기(神事記)』를 완료함에 따라, 이들 네 책을 1917년 12월 블라디보스토크에서 간행함으로써[30] 대종교의 초기 교리를 완성했다.

이처럼 대종교의 교리는『단군교포명서』와『단군교오대종지포명서』에서 볼 수 있듯이 대종교의 유구한 역사성에서 점차 종교성이 강화되기 시작하였으며, 일제의 탄압이 가속화되면서 정교분리의 방향으로 나아가게 되었다. 특히 1912년 공주 시교당 사건을 계기로 종교로서 인정받지 못한 대종교는『삼일신고』간행을 통해 신관과 수행관을 두루 갖춘 보편적 세계종교로서의 교리를 갖추게 되었다. 이후 서일이『삼일신고』의 종교성과 공공성을 강화하는 측면에서 오대종지 강연을 했고, 이후 서일이『삼일신고』를 주석하거나 풀이한『도해삼일신고강의』,『신리대전』,『회삼경』, 계화가 주석한『신사기』등이 1917년 블라디보스토크에서『사책합부(四冊合附)』로서 간행됨으로써 종교의 초기 교리가 완성되었다고 할 수 있다.

III. 대종교의 교리와 종교적 포용성

대종교는 『삼일신고』에서 제시한 종교적 교리를 바탕으로 한다. 『삼일신고』에서는 삼신일체(三神一體)로 신관을 정의하고 인간은 삼진귀일(三眞歸一)을 통해 신에 이르는 수행 체계를 제시한다. 삼신일체는 환인·환웅·환검의 삼신이 일체라는 것이며, 삼진귀일은 진성(眞性)·진명(眞命)·진정(眞精)의 본성을 회복하여 일신(一神)으로 돌아간다는 의미이다. 또한 『삼일신고』에서는 삼진귀일은 성통공완(性通功完)의 과정을 통해서 이루어진다고 한다. 성통은 내 본연의 참된 마음을 아는 것이고, 공완은 내가 당연히 해야할 일을 행해야 한다는 것으로서[31], 성통공완의 의미는 자신의 종교적 수행과 함께 공공성의 사회적 실천 원리를 내포하는 말이다. 이 장에서는 『삼일신고』의 교리 내용을 살펴보고, 이러한 교리가 유·불·선과 기독교와도 회통하여 세계 보편 종교를 지향하였음을 밝혀 보겠다.

『삼일신고』는 천과 신, 천궁, 세계, 진리에 대한 가르침을 통해 대종교의 천관과 신관, 인간관, 수행관 등을 체계적으로 밝힌다. 「천훈(天訓)」은 36글자이며 천체가 지극히 크고 밝으며 무궁함을 밝히고 있다. 「신훈(神訓)」은 51글자로 신(神)이 대덕(大德)·대혜(大慧)·대력(大力)을 갖추고 우주 만물을 창조하고 다스리며, 인간이 진성(眞性)으로 구하면 머릿속에 항상 내려와 자리한다고 가르친다. 「천궁훈(天宮訓)」은 40글자로, 수행을 통해 성통하고 366가지 공덕을 쌓아 완성하면 천궁에 가게 되며 영원한 쾌락을 누린다고 가르치며, 「세계훈(世界訓)」은 72자로 우주와 지구의 탄생, 동식물의 번식을 말한다. 마지막 「진리훈(眞理訓)」은 167자로 『삼일신고』의 내용 중 가장 많은 분량이며, 대종교의 인간관과 수행관을 잘 보여준다. 서일 역시 「진리훈」을 중시하여 앞의 네 훈이 모두 인사(人事)와 관련된다고 이해하였다. 즉 앞의 네 훈에서 천은 성(性), 신은 영(靈), 천궁은 뇌(腦), 세계는 신(身)과 관련되어서 자연히 인간의 수행 체계를 말하는 「진리훈」으로 귀결된다는 것이다.[32]

그런데 『삼일신고』의 내용은 기존의 유・불・선 삼교나 기독교와 회통될 수 있는 측면이 강하다. 예컨대 「천훈」에서 리(理)가 일무(一無)에서 나온다고 한 것은[33] 노자의 『도덕경』에서 '유생어무(有生於無)'라고 하였던 것과 회통한다. 또한 서일이 「천훈」의 주석에서 만수(萬殊)가 모두 천에서 나온 것으로 이해한 것은 하나의 달빛이 서로 다른 일천 개의 강에 비춘다는 '월인천강(月印千江)'의 불교적 교리나 천지의 대덕에서 만 가지 다른 것이 비롯된다는 『중용(中庸)』의 세계관과 상통한다.[34]

또한 「신훈」의 주석에서 서일이 "신이 더없는 으뜸 자리에 계시다는 것은 신의 유일무이한 것을 말한 것으로 본체(本體)이며, 신이 사람의 머릿속에 내려와 계시다는 것은 신이 만 가지로 변화하여 없는 곳이 없다는 것으로 쓰임[用]을 이른다."[35]고 하였다. 본체인 신이 용(用)으로서 인간의 머릿속에 내려왔다는 것은 신과 인간의 합일 가능성을 제시하는 것으로서, 누구든지 품부(稟賦)된 자기 본성을 통하여 정성껏 찾으면 신이 제 머릿속에 내려와 계심을 깨닫게 되는 것이다. 이처럼 인간이 참된 본성을 정성껏 구하면 신이 머릿속에 항상 자리함을 알게 된다는 것은 유교나 불교, 선교에서 말하는 본연지성(本然之性)과 불성(佛性), 진원(眞元)을 되찾으려는 노력과 상통한다.

또한 「신훈」의 설명에서 신은 대덕(大德)으로 만유를 창조하고, 대혜(大慧)로 천리를 밝히고 대력(大力)으로 무수한 세계를 주관하시는 권능이 있다고 하였는데, 『회삼경』에서는 『중용』 20장의 지・인・용(智仁勇) 삼달덕(三達德)에 대응시킨다.[36] 또한 「진리훈」에서 철인을 상철(上哲)・중철(中哲)・

하철(下哲)로 구분하여 진성(眞性)을 갖춘 자는 상철, 진명(眞命)을 갖춘 자는 중철, 진정(眞精)을 갖춘 자는 하철이라고 하여 상철은 통하고, 중철은 알며, 하철은 보전한다고 하였는데,『중용』에서 현인을 세 가지로 구분하여 천성적으로 편안히 여겨 행하는 사람, 배워서 이롭게 여겨 행하는 사람, 애써서 노력하여 행하는 사람으로 구분한 것과 상통한다. 그리고 가지고 있는 진을 돌이키면 일신이 될 수 있다는 것도『중용』에서 공을 이룸에 미쳐서는 똑같다는 부분과 상통하는 것이다.[37]

또한 「세계훈」에서는 신이 모든 만물을 창조하였다고 보았는데, 이는 천지창조를 주장하는 기독교와 회통할 수 있다.『중용』을 비롯한 동양 사상에서는 천지가 생성된 것이 기가 쌓여서 이루어진 것으로 이해하기 때문에,[38] 이 부분은 기독교에서 말하는 주장과 더 흡사한 것이다.

마지막으로『삼일신고』「진리훈」에서는 성통공완의 길을 제시하면서, 삼망(三妄)인 심(心)·기(氣)·신(身)에서 벗어나 삼진(三眞)인 성(性), 명(命), 정(精)으로 돌아가는 방법을 제시한다. 즉 감각의 차단을 꾀하는 지감(止感), 호흡을 조절하는 조식(調息), 외부의 사특한 것을 금하는 금촉(禁觸)함이 바로 그것이다. 서일은 이를 "적멸을 구하는 이는 마음을 밝히는 것을 오로지 하고[專乎明心], 날아오름을 구하는 이는 기를 기르는 것을 오로지 하며[專乎養氣], 대동(大同)을 구하는 이는 몸을 닦는 것을 오로지 한다[專乎修身]"라고 하였고,[39] 대종교의 3대 도사교 윤세복(檀崖 尹世復, 1881-1960)은 불교의 명심(明心)은 대종교의 지감법(止感法)이고, 선교의 양기(養氣)는 대종교의 조식법(調息法)이며, 유교의 수신(修身)은 대종교의 금촉법(禁觸法)에 해당한다고 설명했다.[40]

이처럼 대종교는 다른 종교에 포용성을 발휘하였다. 대종교는 다른 종교를 믿어도 입교가 가능하다.[41] 대종교의 삼신관(三神觀)을 비롯해서 삼법수행과 성통공완, 홍익인간의 이념에 동조하면 교인이 될 수 있는 것이다. 이에 따라 기독교 신자이던 주시경(周時經, 1876-1914) 선생이 제자들과 함께 대종교에 입교하기도 하였다.[42] 이러한 사실은 대종교의 교리를 체계화한 서일이 『삼문일답(三問一答)』을 짓고 다음과 같이 종교 간의 회통을 주장한 것에서도 잘 드러난다.

> 공자, 노자, 석가, 예수, 마호메트가 다 별 사람이 아니라 오직 그 마음을 수고롭게 하여 자기의 본 성품을 닦아서 우리 먼저 깨달았을 뿐이나 우리도 마음만 두고 보면 반드시 공자, 노자, 석가, 예수, 마호메트가 될 것이로되 우리가 먼저 구하지 못하였으며, 또 뒷세상에 나고 알음이 넓지 못한 까닭에 옛날 성철(聖哲)을 스승할 따름이다. 그러면 나의 아는 바가 공자, 노자, 석가, 예수, 마호메트 들만 못한 까닭에 그들의 도덕, 지식을 본받아서 스승으로 섬기려니와 만일 그네들과 비슷하다면 그 도덕 지식을 비교하여 벗을 함도 옳고 또 그이들에게 지낸다면 그 도덕 지식을 더욱 넓히어서 새로운 세상을 만들지니, 이것은 한울께서 밝게 정하신 진리(眞理)이오, 한울나라(天國)에서 길이 쓰이는 공법(公法)이라.[43]

즉 대종교는 다른 종교를 무조건 배척하는 것이 아니다. 공자, 노자, 석가, 예수, 마호메트 등은 자기 마음을 정성스럽게 해서 자기의 본 성품을 깨달은 성철(聖哲)이기 때문에 스승으로 삼는 것이다. 따라서 그들을 열심히 본받는 것이 옳으며, 혹시라도 그들보다 도덕 지식이 낮다면 그 도덕 지식을 더욱 넓혀서 새로운 세상을 만들어야 한다는 것이다. 이것이 한울께서 밝힌 진리(眞理)요, 한울나라(天國)에서 길이 쓰이는 공법(公法)이라는 것이다. 결과적으로 이러한 관점에 따라 대종교에서는 다른 종교의 성인에게도 항상 나은 점을 본받으려고 하였고, 종교관의 회통을 통해 더 나은 세상을 이루기 위해 노력하였던 것이다.

실제 서일의 경우에도 성통공완을 통해 인간이 신과 만나는 길을 제시하였고, 다른 종교와의 회통을 중시하였다. 그리하여 그는 만주 지역에서 일제와 맞서 싸우면서 안으로는 참된 나를 찾기 위한 수행을 게을리 하지 않았고, 밖으로는 다른 종교와 연합하여 독립운동과 교육운동을 헌신적으로 전개해 나갔던 것이다.[44]

IV. 대종교의 공공성

대종교에서는 성통공완(性通功完)을 통해 성·명·정(性命精)의 본성을 회복하여 일신에 귀일되는 것을 이상으로 한다. 앞서 살펴본 것처럼 성통은 자신의 참된 마음을 아는 것이며, 공완은 당연히 해야 할 일을 남에게 실천하는 것이다. 이에 대종교는 성통공완을 통해 자신의 수행에 힘쓸 뿐만 아니라 다른 사람의 이익을 함께 추구하는 홍익인간의 이념을 추구하는데, 이러한 홍익인간의 이념을 잘 묘사하는 것이 바로 대종교의 오대종지라고 할 수 있다. 또한 홍익인간의 이념은 전술하였듯이 대종교의 공공성의 핵심을 이루는 것이다. 종교의 공공성은 종교의 사회참여와 타자와의 연대를 의미한다고 할 때, 대종교는 자신을 넘어서서 이웃과 민족, 세계로 자아를 확대하여 홍익인간의 이념을 완성한다는 적극적인 공공성의 가치를 추구하였기 때문이다.

『단군교오대종지』를 해설한 『단군교설필기』에는 사욕과 이해관계를 다투는 당시 제국주의에 반대하고 인류가 함께 공영하자는 다음과 같은 논설이 실려 있다.

今日은 我 天祖의 立道ᄒ신 四千二百四十三年日月이오 西歷紀元의 二十
世紀다ᄂᆞ 時代이라 浩漠흔 東西에 人與人이 生存을 是爭ᄒ고 國與國이 利害
를 是交ᄒ야 私欲의 奮鬪가 極点에 達ᄒ얏스니 若此而不已ᄒ면 人族의 慘禍
將至殄滅ᄒ겟기로 國家마다 宗敎說을 倡論ᄒ고 人人마다 宗敎門을 建立ᄒ
야 人事의 競爭熱을 佳心ᄒ고 天道의 普濟運을 歡祝ᄒᄂᆞ 此日에 我 天祖의셔
衆類를 博救ᄒ시기 爲ᄒ샤 我大宗師白峯神兄을 此世間을 命生ᄒ야 我敎의
眞心原理를 復明케ᄒ시니 我 天祖의 遺族으로 太白山南北部에 蕃衍흔 凡我
七千萬의 兄弟姊妹가 我 天祖의 牙極人道을 爭先感化ᄒ야 今日世界大陸에
私心이 劇烈흔 一切人類의게 次第普及ᄒ기를 希望ᄒᄂᆞ바오.[45]

즉 인간과 인간, 나라와 나라가 이해를 다투고 사욕이 극점에 도달하여
인류가 없어질 정도에 이르렀으므로, 오대종지를 펴서 사욕과 이해에 바탕
을 둔 자본주의와 제국주의의 폐해를 막아 낸다고 함으로써 대종교의 공공
성의 측면을 잘 드러냈던 것이다.

이 오대종지는 전술하였듯이 1912년 종교성을 강화하는 측면으로 변화
가 이루어지며, 다시 1914년 서일에 의해서 종지의 구체적인 내용이 마련되
었다.[46] 그중 경봉천신·성수영성·애합종족·정구이복·근무산업에서 성
수영성과 정구이복은 주로 대종교의 수행론과 화복설에 관한 것으로서 주
로 개인의 신앙 차원에서 언급된 것이라면, 경봉천신이나 애합종족, 근무산
업은 대종교 공공성의 특징을 잘 드러내는 것이다.

먼저 경봉천신 즉 공경함으로 천신을 받든다는 것은[47] 천신에 대한 보본
의식에서 비롯되는 것이며, 선의 실천으로 이어져서 공공성의 심리적·이
념적 기초를 마련하게 되는 것이다. 즉 천신은 대덕·대혜·대력을 갖춘 신
으로서 세계를 주재하고 만물을 만들었으며 빠짐없이 다스리는 분으로, 인

간의 경우로 따지면 인류의 시조이고 스승이며, 임금인 것이다. 바로 이 삼위일체의 신께서 사람으로 화하여 125년을 교화하고 다시 93년을 임금으로 다스리다가 구월산에서 하늘에 올라가셨기 때문에, 인간이 의식주나 남녀, 부자, 군신의 분수와 의리를 알게 되었다는 것이다. 공경함으로 천신을 받든다는 것은 바로 이 하늘나라에 계신 한배검 즉 천신을 공경하자는 것이다. 그래서 하늘을 연 10월 3일을 개천절, 하늘로 올라간 3월 15일은 어천절로 지정하여 기념하는 것이며, 고대로부터 우리 민족이 한배검을 숭상하여 왔다는 것이다.[48] 그러나 이러한 보본(報本) 의식은 중국의 유교와 인도의 불법이 들어와 한울을 공경하는 본성을 잊게 하고 오히려 그들을 숭배하니, 인간이 한울에 대한 군사부로서의 의리를 잃어 윤리의 손상이 이보다 더함이 없다는 것이다.

이에 서일은 한울과의 관계를 회복하는 방안으로 8관법을 제시하였다. 즉 "첫째는 산 것을 죽이지 말며, 둘째는 술을 마시지 말며, 셋째는 거짓말을 하지 말며, 넷째는 음란하지 말며, 다섯째는 도적질 말며, 여섯째는 꽃처럼 아름답고 빛난 옷을 입지 말며, 일곱째는 높고 큰 상에 앉아 거만치 말며, 여덟째는 보고 듣는 것을 혼자 즐기지 않는다."[49]라고 하여 불교의 팔관법을 도입하여 사람들과 한울과의 관계를 회복하고자 하였다.

이어 오대종지에서는 사랑으로 종족과 화합하는 것을 강조하였다.[50] 이는 『삼일신고』의 성통공완 중 공완의 측면을 실천적으로 보완한 것이라고 할 수 있다. 공완은 마땅히 해야 할 일을 행하는 것으로서 다른 사람을 배려하고 이익을 주는 홍익인간의 이념과도 연결된다. 즉 종족을 화합하게 하는 것은 개인적인 구제 차원만이 아닌 이웃과 민족, 더 나아가 인류애를 실현하는 공공성의 차원이었던 것이다.

서일은 우리 민족은 천신의 혈통 자손이며, 단군의 배달민족이며 4천2백년 신성한 나라로서 태백산 남북에 사는 7천만 명이 모두 형제자매라고 하였다. 이러한 동족 간의 사랑은 사랑하는 마음에서 나온 것이기 때문에, 사랑의 마음이야말로 천지의 화기이며, 어진 마을에 나타나는 모습이므로, 이 마음을 두어야 개인이나 집안이 풍요롭고, 마을이 예의가 있으며, 동족을 친히 해서 나라가 부강하며, 인류를 박애하여 온 세계가 한가지로 돌아오게 된다고 역설하였다.[51] 이때문에 서일의 사랑에 토대를 둔 공동체 의식의 확산은 단순한 민족주의나 제국주의와는 성격이 전혀 다른 것임을 알 수 있다.

또한 서일은 종족을 사랑하기 위한 몇 가지 단서를 두었다.[52] 즉 정성과 언행일치, 인내심, 관대한 도량을 갖고 한배검께 공경해야 한다는 것이다. 정성이 없거나 언행이 한결같지 않거나 인내심이 적고 성내는 마음이 많거나 이름만 탐내고 공을 타투는 이는 종족을 사랑하지 못한다는 것이다. 서일은 한배검께서는 자신이 낳고 교화한 동족에게 서로 사랑하는 자를 사랑하고 복을 주시므로, 동족을 선(善)으로 이끌어서 다 같이 형제자매로서 복락을 누리자고 하였다.[53]

대종교의 공공성은 부지런함으로 산업을 힘쓰자고 주장하여 공공성을 실현하기 위한 현실적인 토대를 마련하였다.[54] 산업은 우리 인류 생활에 가장 필요한 것이며, 우리의 몸과 숨을 보호하는 기관에 해당되는 것으로 대종교에서는 손과 발을 부지런히 놀려 공동의 이익이 되는 일에는 몸과 숨을 돌보지 않아야 한다고 주장한다. 이러한 대종교의 산업을 힘쓰자는 주장은 앞서 경봉천신에서 언급한 보본의식과 관련된다. 즉 한배검께서 인간의 366사를 다스리고, 농사나 길삼, 질그릇을 만들어 백성을 살리시고, 성을 축조하고 마니산에 천제를 마련하여 인문이 구비되고 사농공상(士農工商)이 일어났으니, 우리도 그 은혜에 감사하며, 부지런히 그 업에 종사해야 한다는 것이다. 부지런히 농사짓고 의복이나 식량을 넉넉히 하고 부지런히 통공

역사해서 물산을 유통시켜야 한다는 것이다. 부지런히 산업에 종사하면 한배검께서 사랑하여 보수를 넉넉히 주실 것이지만, 자신의 직업을 게을리 하면 한배검의 진노함을 받아 죄벌과 화앙(禍殃)을 받는다는 것이다.[55]

이처럼 대종교는 오대종지를 통해서 천신에 대한 보본의식과 은혜에 감사하는 마음으로 천신을 공경하고 인간을 사랑하며, 직업을 부지런히 하고 물자를 풍요롭게 하여 사람들의 생명에 이익을 주도록 하였다. 이러한 대종교의 오대종지는 전술하였듯이 공동체 간의 협력과 사랑을 바탕으로 하는 것으로서, 대종교도였던 박은식(朴殷植, 1859-1925) 역시 제국주의를 배격하고 민족 간의 공생과 세계 평화를 주장한 점이 주목된다. 예컨대 박은식은 1912년 만주에서 저술한 『몽배금태조(夢拜金太祖)』에서 다음과 같이 주장하였다.

> 동양의 학가(學家)는 하늘이 낳은 만물은 반드시 까닭이 있으니, 자라는 것은 배양하고 넘어지는 것은 뽑아 버리라고 했다. 서양의 학자는 물(物)이 경쟁을 하면 하늘이 택하여 적자를 생존케 한다고 했다. 대개 하늘의 도는 모든 중생을 아울러 낳고 길러 모든 것에 후하고 박하게 함의 구별이 없다. 도덕가는 이를 원본으로 삼아 만물일체의 인을 발휘하고 추진하여 천하의 경쟁을 그치게 함으로써 구세주의를 삼은 것이다. 그러나 하늘이 만물을 낳아 모두 함께 길러 서로 피해가 없게 한 것이지만, 그 물이 스스로 커나갈 힘이 있는 자는 생존을 얻을 것이요, 그렇지 못하면 생존을 얻지 못할 것이다.

동양과 서양은 모두 적자생존을 택하고 주장한다고 하면서도, 하늘의 도는 후박의 차이가 없기 때문에 도덕가는 만물일체의 인을 발휘하여 천하의 경쟁을 그치게 한다는 것이다. 여기에서 박은식이 적자생존을 인정하면서도 만물일체의 인을 발휘하여 천하의 경쟁을 그치게 할 도덕가인 구세주의 출현을 부르짖고 있는 것이다.

그는 역사에서 제국주의의 참화 뒤에는 평등주의가 등장할 것으로 예상했다.

> 다윈이 강권론을 제창함으로써 이후 소위 제국주의가 세계에서 둘도 없는 기치가 되어 남의 나라를 멸망시키고 그 종족을 멸하는 것을 당연한 공례로 삼았다. 이에 따라 세계가 전쟁의 도가니 속으로 빠져들면서 그 화로 말미암아 극도로 비참하게 되었으니, 진화라는 관점에서 추론해 보더라도 평등주의가 부활할 시기가 멀지 않았다. 그런즉 오늘날은 강권주의와 평등주의가 바뀌는 시기이다. 이때를 맞이하여 그것이 극도로 된 상황에서 극심한 압력을 받은 것이 우리 대동민족이며, 또 압력에 대한 감정이 가장 극렬한 것도 우리 대동민족이다. 그러한 이유로 장래에 평화주의의 기치를 높이 들고 세계를 호령할 자가 바로 우리 대동민족이 아니고 누구이겠는가.[56]

이처럼 당시 대종교의 역사관을 대표하였던 박은식의 경우 이제는 제국주의 시대가 가고, 평등주의가 부활할 것이며, 앞으로 이러한 기치에 가장 앞설 나라가 또한 우리나라라는 사실을 강조하였던 것이다.

V. 맺음말

이 글은 『단군교포명서』와 『단군교오대종지포명서』, 『삼일신고』를 중심으로 대종교 초기 교리 형성 과정과 이들 글에서 나타나는 대종교의 종교성과 공공성을 살펴본 것이다. 종교의 공공성은 종교의 사회참여와 타자와의 연대를 의미하는 것으로서, 종교는 사회참여를 통해 사적 영역이 아니라 사회적 공공 영역으로 확대되는데, 대종교는 일제 식민지 지배하에 개인적인 종교적 영성의 확대를 추구하면서 자신을 넘어서서 이웃과 민족, 세계로 자아를 확대하여 홍익인간의 이념을 완성한다는 적극적인 공공성의 가치를 추구하였다. 바로 이러한 대종교의 공공성을 구체적으로 잘 서술한 것이 대종교의 오대종지이고 이것을 종교적 교리로 체계화한 것이 『삼일신고』라고 할 수 있기 때문이다.

1909년 1월 대종교는 『단군교포명서』를 통해 종교를 개창한다고 하지 않고, 중광(重光)한다고 일컬었다. 이는 대종교가 새로운 종교가 아니라 기존에 우리 민족과 함께 존재한 유서 깊은 종교임을 부각시킨 것으로서, 단군이 유구한 역사성 속에 다시 탄생한 것을 선언한 것이다. 이후 대종교는 1909년 12월 『단군교오대종지포명서』에서 대종교의 초기 경전을 통해 신이 인간에게 오대종지를 실현할 수 있는 마음을 주었다는 신관과 함께 단군교의 흥망성쇠를 7회 비운을 통해 설명하였다.

이후 대종교의 오대종지는 1910년 5월 《황성신문》에서 『단군교설필기』를 통해 소개되었다. 그런데 이 글에서 이미 대종교는 종교를 정치와 분리하고 있음이 주목된다. 즉 정치와 법률은 상벌을 통해 행동을 제한하는 것이지만 종교는 하늘이 부여한 영각성(靈覺性)을 닦아서 선을 짓는 것이라고 하여 가치적으로 종교를 정치보다 우위에 두었던 것이다. 이후 나철은 1910년 국권의 상실과 함께 교명을 대종교로 개칭하면서 대종교가 정치에 관여하지 않을 것과 새로운 법을 준수할 것을 약속하였다. 그러나 이것은 대종교가 일제의 탄압을 받는 것을 피하고자 하는 조치에 불과했다. 대종교의 지방 교당에서는 '애합족우'와 '안고기토'에 바탕을 둔 『단군교오대종지포명서』가 유포되었고, 이를 빌미로 총독부에서는 대종교를 종교가 아니라고 배제하였다.

이에 대종교에서는 국내에서 활동 기반을 만들기 위해 더 종교적 교리에 충실한 『삼일신고』를 간행하여 대종교의 체계적인 신관과 수행관을 밝혔다. 그리고 『대종교시교문』에서도 대종교의 종교로서의 역사를 부각하고, 오대종지도 조상신이 아닌 천신, 겨레가 아닌 종족, 안고기토가 아닌 정구이복(靜求利福) 등으로 바꾸어 최대한 종교성을 부각시켰다. 이후 『삼일신고』에서 정립된 종교관은 1914년 7일 서일이 『오대종지강연』에서 그 종교성과 공공성의 내용이 보강하였다. 다시 서일이 『도해삼일신고강의(圖解三一神誥講義)』와 『회삼경(會三經)』을 저술하였으며, 『신리대전(神理大全)』을 주석하였다. 이어 서일은 계화가 주석한 『신사기(神事記)』를 포함하여 블라디보스토크에서 네 권의 책을 합부한 『사책합부(四冊合附)』를 1917년 12월 간행함으로써 대종교의 초기 교리가 완성되었다. 이러한 과정을 거쳐 정립된 대종교의 종교관은 전통적인 단군신앙의 바탕 위에 유·불·선의 장점을 수용하여 삼신일체의 신관과 삼진귀일의 인간관을 마련하였다. 그중 『삼일신고』는 천과 신, 천궁, 세계, 진리에 대한 가르침을 통해 대종교의 천관과 신관, 인간관, 수행론 등을 체계적으로 밝혔다. 특히 마지막 「진리훈」은 『삼일신고』의 내용 중 가장 많은 분량으로서 삼진삼망과 삼철의 인간관, 그리고 삼법 수행을 통해 성통공완할 수 있는 길을 제시하였다.

이러한 『삼일신고』의 내용은 기존의 유·불·선 삼교나 기독교와 회통될 수 있는 측면이 강하였다. 리가 무에서 나왔다는 것은 노자의 『도덕경』, 만수(萬殊)가 모두 천에서 나왔다는 것은 『중용』이나 불교의 세계관, 그리고 신이 사람의 머릿속에 내려와 계시다는 것은 유교나 불교, 선교에서 말하는 본연지성(本然之性)과 불성(佛性), 진원(眞元)의 개념과 회통한다.

또한 「신훈」 설명에서 서일은 『회삼경』에서 대덕(大德)·대혜(大慧)·대력

(大力)을 『중용』 20장의 지·인·용(智仁勇) 삼달덕(三達德)을 빌려 쓴다. 「진리훈」에서 감각의 차단을 꾀하는 지감(止感), 호흡을 조절하는 조식(調息), 외부의 사특한 것을 금하는 금촉(禁觸)은 불교의 명심견성(明心見性), 선도의 양기연성(養氣鍊性), 유교의 수신솔성(修身率性)과 회통할 수 있는 것이다. 또한 「세계훈」에서 신이 모든 만물을 창조하였다고 하는 것은 동양의 세계관과는 다른 천지창조를 주장한 기독교와 회통할 수 있는 측면이다. 이처럼 대종교는 교리상 다른 종교와 회통할 수 있는 영역이 크기 때문에 서일은 다른 종교의 성인을 존경하였고, 대종교에서도 부족한 부분은 다른 종교에서 배워야 한다고 하여 다른 종교를 이단으로 배척하지 않았다. 이에 서일은 안으로는 수행을 통해 진리를 찾아 나가면서 밖으로는 다른 종교와 연합하여 교육운동과 독립운동에 투신할 수 있는 길을 마련하였던 것이다.

또한 대종교에서는 성통공완(性通功完)을 통해 자신의 수행뿐만 아니라 동시에 홍익인간의 이념을 실천할 수 있는 길을 마련하였다. 『단군교오대종지포명서』에서는 사욕과 이해관계를 다투는 당시 제국주의에 반대하고 인류가 함께 공영하자는 논설을 폈다. 특히 오대종지 가운데 경봉천신·애합종족·근무산업은 대종교의 공공성의 특징을 잘 드러내는 것이다. 경봉천신은 천신에 대한 보본의식에서 비롯되는 것으로 결국 선의 실천을 동반함으로써 공공성의 심리적·이념적 기초가 된다.[57] 애합종족은 『삼일신고』의 내용 중 성통공완 중 공완을 어떻게 할 것인지를 실천적으로 보완한 것이라고 할 수 있다. 사랑으로 종족을 화합하게 하는 것으로서 대종교가 개인 차원만이 아니라 이웃과 민족, 더 나아가 인류애를 실현시키는 공공성의 종교라는 점을 잘 드러내는 실천적 이념인 것이다. 서일은 이에 대해 남북의 우리 민족 7천만 명을 모두 형제자매라고 하였고, 동족을 가까이 하여 나라를 부강하게 하고, 인류를 박애하여 온 세계가 한가지로 돌아오게 하자고 역설하였다. 즉 서일의 동족애는 개인에서 마을로 동족에서 인류 전체로 확대되는 사랑을 바탕으로 하므로 단순한 민족주의나 제국주의와는 성격이 전혀 다른 것이다.

또한 근무산업은 공공성의 현실적이고 물질적이며 정서적인 토대를 마련하는 것이다. 즉 산업은 인류 생활에 직결되는 것으로서 생명을 보호하는 기관이기 때문에, 손발을 부지런히 놀려서 자신의 삶뿐만 아니라 다른 사람에게도 공동으로 이익되는 일에 몸과 숨을 돌보지 않아야 한다는 것이다. 또한 이러한 산업에 부지런히 종사하는 것은 앞서 경봉천신에서 언급한 보본의식과 관련이 된다. 즉 한배검께서 인간의 366사를 다스리고, 농사나 길쌈, 질그릇을 만들어 백성을 살리고, 마니산에 천제를 마련하여 인문이 구비되고 사농공상이 일어났으니, 우리도 그 은혜에 감사하며, 부지런히 그 업에 종사해야 한다는 것이다. 사농공상의 유통에 힘쓰거나 산업에 성공하는 경우에도 모두 한배검에 대한 보본의 대가(代價)라는 점이 강조되었다.

이러한 대종교의 오대종지는 공동체 간의 협력과 사랑을 바탕으로 공공성의 실현을 꾀하였던 것으로 대종교도였던 박은식 역시 제국주의를 배격하고 민족 간의 공생과 세계 평화를 주장한 점이 주목된다. 박은식은 하늘의 도는 공평하기 때문에, 결국 세상은 천하의 경쟁이 그칠 것이고, 그때에는 제국주의 시대가 가고, 평등주의가 부활할 것이라고 하였다. 그리고 이러한 기치에 가장 앞설 나라는 또한 우리나라라는 사실을 강조하였다.

동학의 공공성 실천과
그 현대적 모색
- '한일 시민이 함께 가는, 동학농민군 전적지를 찾아가는
여행'을 중심으로

박맹수 / 원광대학교 원불교학과 교수

Ⅰ. 머리말

매년 10월경이 되면 한국에서는 한일(韓日) 양국의 양심적 시민들이 참가하는, '한일 시민이 함께 가는, 동학농민군 전적지를 찾아가는 여행'(이하, '한일 동학기행')이 시행된다. 2002년에 시험적으로 시행되고, 2006년부터 정례 답사 여행 프로그램으로 정착한 '한일 동학기행'은 최근(2017)에도 10월 21일부터 26일까지 서울을 비롯한 전국 일원에서 시행되었다.

'한일 동학기행'은 한국 근대사에서 최대 규모의 민중운동으로 꼽히는 '동학농민혁명' 관련 전적지를 한일 양국 참가자들이 4박 5일 동안 숙식을 함께 하면서 답사하는 프로그램이다. 수십 명의 해외 참가자들이, 그것도 매년 정례적으로 답사하는 한국 근대사 관련 프로그램으로는 그 유례를 찾아볼 수 없는 '한일 동학기행'은 2006년에 정례화된 이래 지난해까지 총11회 시행되었다. 이 여행은 특히 가해와 피해라는 '불행했던 과거'를 교훈삼아 화해와 상생이라는 '바람직한 미래'를 열기 위해 '풀뿌리' 시민 교류 차원에서 실시된다는 점에서, 또한 근대 한국의 동학(東學) 사상 및 동학농민혁명에서 표출된 이상(理想)을 재해석하여 미래지향적 방향으로 계승하고자 한다는 점에서 공공성(公共性)[1]을 띤 국제적 수준의 답사 여행 프로그램이라고 할 수 있다. '한일 동학기행'은 일본 나라여자대학(奈良女子大學) 명예교수로 '일본의 양심'으로 불리고 있는 나카츠카 아키라(中塚 明)[2] 교수의 오랜 염원이 있었기에 가능했다. 일찍이 근대 일본사 연구에서 '조선문제(朝鮮問題)'가 차지하는 중요성을 역설했던 야마베 겐타로(山邊健太郎, 1905-1977)[3]에게 학문적으로 커다란 영향을 받은 나카츠카 교수는 1960년대 초반부터 근대 한일관계사, 그중에서도 특히 청일전쟁 연구에 매진해 왔다. 그는 청일전쟁 연구 과정에서 당시 일본 정부와 군부(軍部)가 조선(朝鮮)에 무슨 짓을 자행했는지, 그 역사적 진실을 현장 답사를 통해 일본 시민들에게 알리고자 이 여행을 기획했다. 이 같은 나카츠카 교수의 뜻에 '녹색 투어리즘(Green Tourism)'을 지향하는 도쿄(東京)의 후지국제여행사(富士國際旅行社)가 전면적으로 공감하여 협력하게 되고, 한국 측에서도 서울의 '한살림 생활협동조합'을 비롯한 각 지역의 시민사회단체가 적극적으로 참여함으로써 실현되기에 이르렀다.[4]

이 글은 한국의 동학농민혁명 전적지 답사 여행을 핵심으로 하여 2006년부터 매년 정례적으로 시행되어 온 '한일 동학기행'의 탄생과 그 경과와 의의를 고찰하는 한편, 그 여행이 지향하는 내용에서 드러나는 공공적 성격을 해명하는 것을 목적으로 한다. 글의 구성은 다음과 같다. 먼저, '한일 동학기행' 탄생의 역사적 배경을 알아보고, 다음으로 '한일 동학기행'의 일본 측 제안자인 나카츠카 아키라 교수의 문제의식을 약간 고찰하고, 그 다음으로는 '한일 동학기행'의 성과와 그 의의에 살펴보고자 하며, 끝으로 '한일 동학기행'에 나타나는 공공적 성격을 해명해 보고자 한다.

II. '한일 동학기행' 탄생의 역사적 배경

1910년부터 1945년까지 36년간의 식민 지배를 둘러싸고 한국과 일본은 피해(被害)와 가해(加害)의 나라로 갈린다. 그 식민 지배는 이미 1945년에 끝났다. 그러나 가해와 피해의 양국 관계가 끝난 지 70년이 지났음에도 그로 인한 역사적 상처는 여전히 아물지 못하고 있다. 21세기에 이른 지금도 한일 양국 사이의 '불행했던' 과거사 문제는 여전히 해결되지 못한 채 뜨거운 쟁점이 된다. 그 대표적인 사례가 바로 '위안부' 문제이다. 이처럼 한일 양국의 과거사 문제가 여전히 뜨거운 쟁점으로 남은 작금의 현실 상황 속에서 '한일 동학기행'이라는, 이른바 가해와 피해 관계에 있는 두 나라 사이에서 과거사 답사 여행 프로그램이 어떻게 탄생했을까? 이 여행이 탄생한 역사적 배경은 과연 무엇이며, 그 여행이 10년 이상 지속적으로 시행될 수 있었던 요인은 또한 무엇일까? 이상과 같은 문제에 해답의 실마리를 찾기 위해서는 먼저 '한일 동학기행'의 일본 측 제안자인 나카츠카 아키라 교수와 필자 사이의 '역사적' 만남을 서술할 필요가 있다.

1995년 7월 26일, 일본 홋카이도대학(北海道大學) 문학부 후루카와강당(古河講堂) 인류학 교실 구(舊) 표본고에서 한국의 동학농민혁명 지도자 두개골(頭蓋骨)을 포함한 6구의 두개골이 방치된 상태로 발견되는 사건(이하, 동학유골 방치사건)이 일어났다.[5] 이 동학유골 방치사건은 종이 상자에 넣어진 채 방치된 상태로 있던 6구의 두개골을 최초로 발견한 아이누족 남성이 '피리카 모시리'라는 아이누족 인권운동 단체에 그 사실을 제보하고, 그 단체가 다시 일본 3대 일간지 가운데 하나인《마이니치신문(每日新聞)》에 제보함으로써 일약 국제적 사건으로 비화하였다.[6] 이 동학유골 방치사건은 일본 교도통신(共同通信)발 기사를 인용하여 보도한 한국 측 언론에 의해 즉각적으로 한국에도 알려졌다.[7] 한국 측에서는 이 사건이 보도된 직후 전북 전주에 있는 '사단법인 동학농민혁명 기념사업회'를 중심으로 홋카이도대학 측에 진상 규명과 유골의 국내 봉환을 요구하였으며, 1996년 2월에는 한승헌 동학농민혁명 기념사업회 이사장 등이 직접 홋카이도대학으로 건너가 현지

상황을 확인하는 한편, 유골의 국내 봉환과 진상 규명을 재차 요구하였다. 홋카이도대학 측은 사건 직후 자체적으로 진상규명위원회를 구성하여 조사에 착수하는 한편, 1996년 5월에는 한국 측의 요구에 따라 동학농민군지도자 유골을 한국으로 봉환하였다.

그러나 동학유골의 한국 봉환은 일단 성사되었지만 왜 1백여 년 전의 한국의 동학농민군 지도자 유골이 일본 최북단에 있는 홋카이도에서 발견되지 않으면 안 되었는지, 1백여 년 전 한국 남단의 섬 전라남도 진도(珍島)에서 희생당한 동학농민군 지도자 두개골이 어떻게 해서 1백여 년이 경과된 뒤에야 발견되었는지 등 그 역사적 진상은 명쾌하게 해명되지 못했다.

이에 필자는 동학농민혁명기념사업회 측의 협조를 받아 1997년 4월에 동학유골 방치사건의 진상 규명을 위해 자비(自費)를 들여 홋카이도대학으로 유학을 갔다. 필자의 유학에 따라 홋카이도대학 측에서는 자체 진상조사위원회 소속의 이노우에 카츠오(井上勝生) 교수를 대표로 삼아 한일 양국 공동의 진상조사 활동을 지원하기 시작했다. 그런데 이노우에 교수와 함께 공동으로 진상조사 활동에 착수한 지 얼마 지나지 않은 1997년 가을에 나카츠카 교수에게서 삿포로(札幌)에 갈 일이 있으니 한 번 만나자는 연락이 왔다. 그리하여 삿포로 시내의 모 야키니쿠점(불고기집)에서 처음으로 나카츠카 교수를 만났다. 이노우에 교수도 동석한 그 자리에서 나카츠카 교수는 동학유골 방치사건을 둘러싼 한일 두 나라 공동의 진상 조사 활동[8]이 지닌 의의에 깊은 공감을 표시하면서 대단히 높은 평가를 했다. 그뿐만 아니라, 나카츠카 교수는 1997년 7월말에 홋카이도대학 측이 공표한 동학유골 방치사건에 관한 「최종보고서」의 일부 내용을 곧 간행될 예정인 자신의 저서[9]에 인용·소개하고 싶다는 부탁을 하였다. 바로 이때가 나카츠카 교수, 필자, 이노우에 교수 3인 사이의 '역사적' 만남의 순간이다.

이 '역사적' 만남 이후, 필자는 2001년 4월 유학을 마치고 귀국했고, 귀국하자마자 같은 해 5월에 전라북도 전주시에서 열리는 동학농민혁명 국제학술대회에 나카츠카 교수를 초청했다. 그리고 국제학술대회가 개최되기 전날 택시를 전세 내어 전북 정읍시 고부면 신중리에 소재한 '무명 동학농민군 위령탑' 등 동학농민혁명 전적지를 안내하였다. 나카츠카 교수는 후일 '무명 동학농민군 위령탑'을 처음으로 찾았던 2001년 5월 31일의 답사에서 '커다란' 충격을 받았다고 회고한 바 있으며[10], 귀국하자마자 후지국제여행사에 의뢰하여 '한일 동학기행'의 전사(前史)라고 할 수 있는 나라현(奈良縣) 역사교육자협의회 회원과 나라현 퇴직교직원회 회원들이 중심이 된 답사여행을 2002년 8월에 시행하기에 이르렀다. 그리고 그로부터 몇 년 간에 걸친 준비 끝에 '한일 동학기행'은 2006년에 이르러 마침내 후지국제여행사의 공식 해외 답사 여행 프로그램으로 정착되어 2016년까지 11년간 중단 없이 계속되었다.

III. '한일 동학기행' 탄생의 주역, 나카츠카 교수

앞에서 설명했듯이, 1995년 7월 26일에 일본 홋카이도대학에서 일어난 동학유골 방치사건이 하나의 계기가 되어 1997년 가을에 일본 삿포로시에서 나카츠카 교수와의 '역사적' 만남 이후, 나카츠카 교수와 필자 사이의 교류는 20여 년 동안 중단되는 일 없이 현재까지도 지속된다. 그리고 동학유골 방치사건에 관한 한일 역사학자들의 공동 조사와 공동연구라는 이른바 학문적 차원에서 시작된 교류는 시간이 지남에 따라 점차 학자들 외에 일반 시민도 자유롭게 참여하는 '시민 참가형' 답사 여행 프로그램으로 발전되었다. 뿐만 아니라 당초에는 역사학자 몇 명의 개인적 교류에서 이윽고 한일 양국의 풀뿌리 시민(단체)들 간의 교류로 확대, 발전하기에 이르렀다. 즉 풀뿌리 시민 교류로 이어진다. 한일 두 나라 시민들의 풀뿌리 교류는 '한일 동학기행'의 정례화가 시작된 2006년을 정점으로 해를 거듭할수록 그 수준과 규모에서 깊이를 더했다.

풀뿌리 시민 교류는 중앙정부나 지방자치단체 등 이른바 관(官)의 입장에서 바라보면, 아주 조촐하고 소규모여서 주목할 만한 가치가 별로 없을지도 모른다. 그러나 '한일 동학기행'처럼 소규모 풀뿌리 시민 교류라 할지라도 10년 이상 지속하면 그 나름의 '영향력'이 생기기 마련이다. 2016년 현재, '한일 동학기행'에 참가한 일본인은 이미 3백여 명을 넘어 섰으며, 동학농민혁명을 중심으로 한 근대 한일관계사, 그중에서도 특히 근대 일본이 자행한 한국 침략의 역사적 진실을 일본 시민사회에 제대로 알리는 데 적지 않은 이바지를 하고 있다.[11]

'한일 동학기행'이 거둔 성과는 결코 참가 인원의 많고 적음으로만 평가할 수는 없다. 그보다는 오히려 '한일 동학기행'이야말로 양국 시민 사이에 말로는 이루 다 표현할 수 없는 감동과 공감을 통한 상호 신뢰 형성의 '마당'이 되었다는 점이 가장 중요하다. 요컨대, '한일 동학기행'은 한일 양국 참가자에게 평생 잊을 수 없는 '공통의 기억'을 마련하는 데 결정적으로 기여한 것이다.

사실, '한일 동학기행'은 매 순간순간 역사의 상흔이 얼마나 깊게 남았는지를 확인하지 않으면 안 되는 매우 '무거운' 답사 여행 프로그램이다. 여행에 참가한 양국 시민들은 아직도 치유되지 않은 채 여전히 깊은 상처로 남은 가해와 피해라는 고통스러운 사실 앞에 마주서지 않으면 안 되었으며, 그 결과 가슴 쓰라린 장면을 정면으로 마주해야만 하는 순간이 한 두 번이 아니었다. 예를 들면, 동학농민군 전담 진압 부대였던 일본군 후비보병(後備

步兵) 제19대 병사들이 동학농민군을 일방적으로 잔혹하게 학살했던 역사적 현장인 전북 완주군의 대둔산(大屯山) 전투지를 비롯하여 충남 공주의 우금티(牛禁峙) 전적지, 그리고 충북 보은의 북실(鍾谷) 전투지에 서서 학살(虐殺)의 참상을 확인해야 했던 순간이 바로 그런 전형적 사례였다.

그런데 참으로 고통스럽기 그지없는 학살 현장에 섰을 때 '한일 동학기행'에 참가한 일본 시민들은 한결같이 '가해자'의 입장에서 짊어져야 할 역사적 책임을 외면하지 않고 '진실'을 진지하면서도 겸허하게 받아들이고자 했다. 일본 시민들은 학살의 현장에서 고통스러워하는 한국 시민들의 '감정'을 있는 그대로 수용하여 함께 울었다. 그리하여 그 같은 일본 시민들의 모습은 함께하던 한국 시민들의 마음을 울리기에 충분했다. 그들 일본 시민들은 어떻게 한국 시민들의 마음에 진정으로 공감할 수 있었을까?

동학농민혁명(東學農民革命)[12]은 근대 일본의 한국침략과 깊게 관련된 역사적 사건 가운데 하나이다. 근대 일본의 어두운 측면, 즉 '부(負)의 유산'을 대표하는 역사 문제 가운데 하나가 바로 동학농민혁명 당시 일본군이 자행한 동학농민군 학살 문제인 것이다.[13] 대부분의 일본인들은 동학농민혁명 당시 일본군이 농민군을 대거 학살했던 사실에 무지하다. 무지할 뿐만 아니라 가르치려고도, 알려고도 하지 않는 것이 일반적 추세이다. 그런 일본 내부의 상황을 아는 필자로서는 평범한 일본인들에게 결코 가벼울 수 없는, 정말 무겁고도 고통스러운 역사를 정확하게 알린다는 것이 얼마나 힘든 과업인지 충분히 짐작하고 있었다. 따라서 필자는 가해자 측인 일본 시민들 앞에 서서 동학농민혁명의 역사를 설명해야 했을 때 피해자와 가해자가 역사의 진실(眞實)과 정면으로 마주할 수 있는 가장 바람직한 방법이 무엇일까, 또 가해자 측이 '역사의 진실'과 마주하여 피해자 측과 진정으로 화해하려면 어떻게 해야 할까 하는 문제 등으로 고민했다.

이상과 같은 필자의 고민에 중요한 시사점을 제시해 준 선학(先學)이 바로 나카츠카 교수이다. 나카츠카 교수는 젊은 시절부터 근대 일본(近代日本)에서 한국(또는 조선) 문제의 중요성을 남보다 먼저 인식하고, 1차 사료(원사료)에 근거한 실증을 담은 연구 성과를 계속해서 발표했다. 그중에서도 특히 청일전쟁에 관한 연구 분야에서는 타의 추종을 불허할 만큼 탁월한 성과를 거두었다. 예를 들면, 1998년에 출간된 『역사의 위조를 밝힌다』[14]가 바로 그 대표적인 업적의 하나이다. 1960년대부터 반세기 이상에 걸쳐 나카츠카 교수가 지향해 온 역사연구의 방향은 그 스스로 회고하듯이, 첫째, 1차 사료에 근거한 연구, 둘째, 역사의 현장(現場)에 직접 가 보는 것을 중시하는 연구, 셋째, 전체와 부분이라는 두 측면에서 사건이나 사물의 실체에 다가서는 연구 등으로 요약할 수 있을 것이다.[15] 이 같은 역사 연구는 달리 표현하자면 '역사의 진실'과 정면으로 마주하는 연구, 진정한 역사가라면 초지일관하여 추구해 가지 않으면 아니 될 역사 연구 방향을 추호도 흐트러뜨리는 일 없이 초지일관해 왔다고 할 수 있다. 요약하면, '역사의 진실'을 추구하기 위한 나카츠카 교수의 반세기 이상에 걸친 역사 연구가 있었기에 '한일 동학기행'이 탄생할 수 있었고, 한 걸음 더 나아가 10년 이상에 걸쳐 내실 있는 교류로 이어질 수 있었던 것이다. 한 양심적 학자가 평생토록 추구한 '역사의 진실' 탐구라는 문제의식이 바로 '한일 동학기행'이라는 공공성 높은 답사 여행 프로그램을 탄생시키고 지속시켰다는 사실을 동 여행 참가자들은 물론이려니와 한일 양국의 풀뿌리 시민들이 길이 기억해야 할 것으로 생각한다.

IV. '한일 동학기행'이 거둔 성과와 그 의의

이 장에서는 2006년 이래 정례 답사 여행 프로그램으로 정착된 '한일 동학기행'이 거둔 성과와 그 의의를 고찰해 보고자 한다. 먼저, '한일 동학기행'이 '무거운' 역사 여행 프로그램이었는데도 그 무거움을 극복하고 성공적인 프로그램, 공공적인 여행 프로그램으로 정착할 수 있었던 요인이 무엇이었는지 살펴보자.

첫째, '한일 동학기행'은 최초의 구상 단계부터 말 그대로 풀뿌리 시민 교류 프로그램으로 출발했다. 이 프로그램은 행정이든 재정이든 그 어떤 쪽에서도 전혀 외부의 지원을 받지 않았다. 그뿐만 아니라, 이른바 관(官)에 의존하는 일 없이 그야말로 시민 한 사람 한 사람의 힘을 모아 이루어 낸 프로그램이었다. 관제(官際)가 아닌 민제(民際) 프로그램이었다는 점이야말로 '한일 동학기행'이 성공할 수 있었던 가장 큰 힘이었던 것이다. 둘째, '한일 동학기행'은 철저하게 한일 양국 시민들의 열린 대화를 통해 상대방의 의견을 경청하면서 준비, 진행, 평가 등을 시행해 왔다. 대화는 많은 시간과 인내가 필요하다. 그럼에도 불구하고 '한일 동학기행'을 준비하고, 진행하고, 그 결과를 정리하고 평가하는 과정 전반에서 상호 대화와 소통을 중요시하였다. 한쪽의 일방적인 주도가 아닌, 양국 시민들의 자발적 참여와 협동, 상호 대화와 소통이 가능했기에 '한일 동학기행'이 성공적으로 지속될 수 있었다고 해도 과언이 아니다. 셋째, '한일 동학기행'은 일관되게 동학농민혁명 전적지 답사를 중심으로 한일 양국의 '불행했던 과거'에 관련된 '역사의 진실'을 정면으로 마주함으로써 화해와 상생의 '바람직한 미래'를 지향해 왔던 바, 이 같은 지향에 공감하는 풀뿌리 시민들이 해가 갈수록 늘어났고, 그것들은 다시 다양한 형태의 크고 작은 풀뿌리 교류를 만들어 내는 데 기여했다. 넷째, 일회성 행사에 그치지 않고 장장 11년에 걸쳐 일본 쪽에서는 11회나 한국을 방문하고, 한국 쪽에서도 5회나 일본을 방문함으로써 쌍방향의 '풀뿌리' 교류가 계속되었다. 다섯째, '역사의 진실' 앞에 진지하게 마주섬으로써 가해자와 피해자라는 대립적 입장을 뛰어넘어 역사 인식을 공유할 수 있다. 그뿐만 아니라, '불행했던 과거'를 교훈 삼아 화해와 상생의 '바람직한 미래'를 향해 열심히 노력하는 한일 양국 '동지'(同志)들이 서로 모여 국가와 민족의 울타리를 뛰어넘는 연대(連帶)를 체험할 수 있었다.

이처럼 '한일 동학기행'은 다대한 성과를 거두었다. 그런데 필자는 위에서 설명한 성과 외에 한 가지 더 중요한 성과에 주목해야 한다고 생각한다. 그것은 바로 '한일 동학기행' 덕분에 근대 일본의 침략 때문에 지금까지도 고통스러운 상처를 안고 살아가는 나라에서 태어나 자란 사람들, 즉 피해자 측에게 어느샌가 '미래에 대한 희망'이 싹 터 오르게 되었다고 하는 점이다.

나카츠카 교수가 일본어로 번역하여 소개한 바 있는 『'5월 광주'가 나에게 남긴 것』[16]에서 필자가 고백했듯이, 현대 한국에서는 1980년 5월의 '광주민중항쟁'[17] 이래 많은 시민과 지식인들이 자국의 군대가 자국민을 대량 학살한 광주의 비극[18]을 막아내지 못한 자신을 강하게 질책하면서 어떻게 하면 한국이라는 나라가 걸어온 '절망의 역사'를 '희망의 역사'로 바꿀 수 있을 것인가 하는 화두를 들고, 그 해결의 길을 찾기 위해 필사적으로 싸워 왔다.

주지하듯이, 한국 근현대사는 국민국가(國民國家) 건설의 결정적 분수령이었던 동학농민혁명 실패 이후, 1910년의 '국치(國恥)', 1948년의 남북 분단, 1950년부터 1953년까지 이어진 한국전쟁, 한국전쟁 이후 오랜 기간에 걸친 군사독재 등 실패에 실패를 거듭해 온 고통스러운 역사 그 자체였다. 한국 근현대사에서 반복되어 온 실패의 역사에서 필자도 예외는 아니었다. 역사의 실패는 개인의 실패에 그대로 반영될 수밖에 없다는 사실을 필자 역시 온몸으로 체험했다. 구체적으로 필자는 징병제에 따라 군 의무복무를 필(畢)하기 위해 1979년 2월에 육군 장교로 입대한 후, 전두환 등이 중심이 된 '정치군인'들이 주도한 1979년의 12.12 군사쿠데타와 1980년 5월의 '광주민중항쟁' 과정에서 본인의 의사에 관계없이 정치군인의 하수인 노릇을 하지 않을 수 없었다. 특히 자국 군대가 자국 국민을 학살하는 과정에서 아무런 대응도 하지 못한 채 '가해자'로 전락할 수밖에 없었던 필자의 처지는 한국 근현대사의 실패가 개인의 실패로 직결되는 가장 적나라한 사례가 아닐 수 없었다.

그러나 1980년 5월 광주민중항쟁 좌절을 계기로 극적인 전환을 맞이한 한국 시민사회의 변혁운동은 1987년의 '6월 항쟁'[19] 과정에서는 그 이전 시기에서는 예(例)를 찾아볼 수 없을 만큼 대규모로 조직화된 대학생들과 시민들이 참가하여 대통령 직선제(直選制)를 쟁취해 냈으며, 직선제 쟁취를 계기로 1988년에는 이른바 '노동자 대투쟁'이라는 공공기관과 전문연구기관을 중심으로 노동조합 설립운동이 대대적으로 전개되었다.

당시 필자는 한국정신문화연구원(현 한국학중앙연구원) 부설(附設) 한국학대학원에 재학 중으로 박사학위 논문 작성이라는 과제가 눈앞에 놓여 있었다. 그러나 광주의 비극을 체험한 필자는 한국 사회변혁을 위해서는 학위논문 작성보다도 사회변혁 운동에 참여하는 것이 더 중요하다고 판단하였다. 그리하여 대학원 학생회를 조직하여 어용교수(御用敎授) 퇴진을 요구하는 데모를 조직하는 한편, 노동조합을 결성하여 어용 원장 퇴진을 주장하는 스트라이크를 주도했다. 또 '북한 바로알기 운동'의 일환으로 북한에서 간행된 통사(通史)『조선전사』를 영인하여 연구자들에게 보급하는 운동을 벌였다. 이런 '불온한' 활동으로 필자는 결국 박사과정에 입학한 1986년부터 1995년까지 약 10년간 박사학위를 취득할 수 없었고, 국립 연구기관 채용시험에 합격했지만 노동운동을 했다는 이유로 면접에서 탈락함으로써 그 어느 곳에도 취업할 수 없는 실패의 시간이 이어졌다.[20]

그런데 그 고통스러운 실패의 시간 중에 그간의 삶, 그간의 가치관을 근본적으로 전환하는 일이 일어났다. 그 일은 바로 '한살림운동'[21] 제안자인 무위당 장일순(張壹淳, 1928-1994)[22] 선생과 만나게 된 것이다. 취직도 할 수 없고 박사학위논문을 제출할 수도 없고, 또한 일정한 일터도 없던 필자는 1987년경부터 한국 각지를 떠돌며 동학농민혁명 유적지 답사를 계속했다. 바로 그때 강원도 원주에서 처음으로 장일순 선생을 만났다. 장 선생은 필자에게 '내유천지 외무소구(內有天地 外無所求)' 라는 화제(畵題)가 쓰여진 난(蘭) 그림 1점을 선물로 주면서 "진정으로 사회변혁을 꿈꾸는 운동가에게 로망(희망)이 없으면 안 되는 법이다. 자신이 꿈꾼 일 가운데 99%가 모두 실패하고, 마지막 남은 1% 속에 희미한 가능성이 조금이라도 남아 있다면 바로 거기에서 로망(희망)을 발견하고 느끼는 사람이라야 진정한 운동가"라고 강조했다. 그 말씀은 당시 되는 일이라고는 하나도 없던 필자에게 장 선생의 무한한 사랑과 한없는 격려가 담긴 말씀이었다. 필자는 장일순 선생과의 만남을 계기로 힘들고 고통스러운 시기를 이겨낼 수 있는 용기를 다시 얻었다. 실패를 거듭하던 고난의 시기를 견뎌낼 수 있었던 힘은 바로 장 선생에게 받았던 '로망(희망)' 이라는 말씀 덕분이었다.

사람에게 가장 중요한 것이 무엇일까? 두 말할 것도 없이 그것은 바로 목숨, 달리 말하면 자기 자신의 '생명'이 아닐까 한다. 생명이 있기에 모든 것이 의미를 지닌다. 그렇다면 그 '생명'을 가장 밑바닥에서부터 지탱해주는 것은 과연 무엇일까. 그것은 바로 '희망', 곧 장일순 선생의 말씀을 빌리자면 '로망' 바로 그것이 아닐까 한다. '한일 동학기행'은 필자는 물론이고 지난 11년간 풀뿌리 교류를 지속한 한일 양국의 모든 참가자들의 가슴 속에서 '불행했던 과거'를 '바람직한 미래'로 승화시킬 수 있겠다는 '희망'의 씨앗이 싹트는 시간이었다.

V. '한일 동학기행'의 탈근대적 지향

 다음으로 '한일 동학기행'을 10년 이상 지속하면서 한일 두 나라 풀뿌리 시민들이 '불행했던 과거'의 현장에서 서로 확인한 것은 무엇이며, 상호 무엇을 배웠는가 하는 문제를 한 걸음 더 들어가 생각해 보고자 한다.

 '한일 동학기행' 참가자들은 동학농민혁명 당시 동학농민군과 일본군의 최후 격전지였던 공주 우금티 전적지를 비롯하여, 대둔산 최후 전투지, 보은 북실 최후전투지, 남원 교룡산성 전투지, 진도 최후 항쟁지 등 일본군에게 동학농민군들이 대량 학살을 당한 현장을 거의 빠짐없이 답사하였다. 여행 참가자 일행이 그곳을 찾았을 때 현지 향토사 연구자들의 설명 내용 속에는 가해자(加害者)로서 일본군이 저지른 야만적인 살육(殺戮) 행위와 함께, 피해자(被害者)로서 동학농민군이 비참하게 학살당할 수밖에 없었던 슬픔에 가득 찬 역사가 가득 펼쳐졌다. 그리하여 두 나라 시민 모두 함께 눈물바람을 한 적이 한두 번이 아니었다.

 그런데 '한일 동학기행' 초기 단계에서 필자를 포함한 한국 측 참가자들은 대부분 '가해자로서 일본'과 '피해자로서 한국'이라는 이항대립적(二項對立的) 관점에서 눈앞에 펼쳐지는 불행했던 역사의 현장을 바라보는 외에 다른 생각을 할 여유가 생기지 않았다. 그래서 일본 시민들 앞에서 참으로 열심히 일본군의 야만적 학살 행위를 설명하였다. 이 같은 한국 참가자들의 자세를 이제 와서 돌이켜보면, 아무리 자신들의 선대(先代)가 저지른 잘못을 참회하는 마음으로 용기를 내어 한국을 방문한 일본 시민들이었다 할지라도 선대가 저지른 야만적 행위를 확인하는 순간은 말할 수 없이 아픈 시간이었을 것으로 짐작이 간다. 그 때문에 한국 시민들의 태도가 때로는 본의 아니게 일본 시민들의 '순수한' 마음에 상처를 끼친 경우도 적지 않게 있었을 것이라고 생각한다. 바로 이 점에 필자는 한 걸음 더 들어가 보기로 한다.

필자가 '한일 동학기행' 시행 초기 단계에 지녔던 태도를 성찰하여 분석하지 않을 수 없는 핵심적 이유는 "왜 나는 참회의 마음으로 용서를 구하기 위하여 참가한 일본 시민들 앞에 섰을 때, 동학농민혁명을 설명하면서 그저 가해와 피해라는 이항대립적 관점으로밖에 설명하지 못했을까. 왜 나는 가해와 피해라는 현상적 관계를 뛰어넘어 그 근원에 자리한 문명사적인 문제를 직시하지 못했을까"에 있다. 왜냐하면, 동학농민혁명 당시 일본군이 자행한 동학농민군 학살은 단지 가해와 피해의 문제에 그치는 것이 아니라, 그 근저에는 19세기 후반 전 세계적으로 펼쳐지고 있던 '근대(近代)'를 일방적으로 강요하는 데서 초래된 문명사적 문제가 자리하기 때문이다. 필자는 '한일 동학기행' 초기 단계에서는 '근대'가 지닌 문제점을 문명사적 차원에서 성찰할 수 있는 안목이 결여되어 있었음을 고백하지 않을 수 없다.

그래서 동학(東學) 이야기로 돌아가 '한일 동학기행'의 탈근대적 지향에 대해 논하고자 한다. '한일 동학기행'은 1894년에 조선 전역을 무대로 일어난 동학농민혁명 관련 전적지 답사가 핵심 내용인바, 그 동학농민혁명을 사상적·조직적으로 뒷받침한 것이 바로 1860년 4월에 경상북도 경주에서 수운 최제우(水雲 崔濟愚, 1824-1864, 이하 수운)가 창시한 동학이다.[23]

수운은 어려서 퇴계학(退溪學)을 계승한 부친인 근암공 최옥(近庵公 崔鋈, 1762-1840)에게 유교적 교양을 익혔으며, 젊어서는 원효와 의상으로 대표되는 통일신라 대승불교 사상에서 시작하여 『정감록』을 비롯한 민중신앙은 물론이거니와 19세기 후반 경상도 지역까지 전파되었던 서학(西學; 천주교) 등을 두루 섭렵하였다. 수운은 이를 사상적 자원으로 삼아, 서세동점(西勢東漸)과 삼정문란(三政紊亂)으로 대표되는 19세기 조선왕조가 당면한 문제를 주체적으로 해결하기 위해 오랜 구도(求道)생활 끝에 동학을 창시하였다. 동학은 당시의 조선왕조를 포함한 동아시아의 사상자원(思想資源)과 서학을 창조적으로 수용, 재해석해냄으로써 당시 물밀듯 밀려오던 서구 문명, 곧 서구의 근대(近代)와는 차원이 다른 근대, 즉 수운 식으로 표현하자면 '다시개벽(開闢)'으로 상징되는 새로운 근대, 조선의 자생적 근대를 지향하려고 했다.

동학에서는 무엇보다도 개벽(開闢)이라는 용어가 강조된다.[24] 개벽은 대전환 곧 철저하면서도 근본적인 전환을 지칭한다. 개벽은 첫째 종래의 문명을 지탱해 왔던 세계관의 전환, 둘째, 그 같은 세계관에 따라 건설된 기존 삶의 방식의 전환은 물론이거니와 구극적(究極的)으로는 '근대' 문명 그 자체의 근본적 전환까지를 전망한 변혁 사상이었다.

한 걸음 더 들어가 생각할 문제가 있다. 즉 동학에서 강조되는 '다시개벽'이 지향하는 새 문명이란 구체적으로 어떤 문명을 말하는 것일까 하는 문제가 바로 그것이다. 여기에 관해서는 다양한 설명이 가능하나, 필자는 '다시개벽'의 새로운 문명을 '모든 생명을 소중히 여기는 문명'이 아닐까 라고 이해한다. 동학은 바로 사람을 포함한 모든 생명을 소중히 여기는, 다시 말해 모든 생명을 살리기 위한 '생명살림'의 문명을 이 지상에 실현하고자 했다.[25] 그러나 유감스럽게도 그 같은 동학의 꿈, '다시개벽'이라는 동학의 꿈은 실현되지 못했다. '다시개벽'의 새 문명 창조를 지향했던 1894년 동학농민혁명이 일본군을 비롯한 이른바 '근대' 지향 세력에게 철저하게 탄압·진압되었기 때문이다.[26] '다시개벽'의 새 문명을 지향하는 동학농민혁명에 참여했던 수백만 동학농민군을 철저하게 진압한 것은 바로 대량 학살의 시대를 열어젖힌 '근대'를 앞장서 받아들인 대일본제국(大日本帝國)의 군대였다.

가해자로서 일본군이 피해자로서 동학농민군을 잔혹하게 학살한 것은 부인할 수 없는 역사적 사실이며, 일본은 마땅히 가해자로서 짊어져야 할 책임을 져야 하고 피해자인 한국에, 한국의 동학농민군 유족에게 진정 어린 사죄를 해야 한다. 그러나 여기서 한 걸음 더 나아가 생각하지 않으면 안 되는 근본적인 문제가 있다. 그것은 바로 일본군이 동학농민군 학살에 사용했던 '스나이더 소총'으로 상징되는 '근대' 문명의 본질과 관련된 문제이다. 바꿔 말하면, '근대'의 '다시개벽'을 꿈꾸며 일어났던 동학농민혁명의 좌절이라는 쓰라린 피해의 역사에서 '근대'가 초래한 부정적(否定的) 측면을 철저하게 파악하여, 그러한 부정적 '근대'를 극복하기 위한 새로운, 곧 탈근대의 방향을 모색해야 하는 과제가 우리에게 주어졌다는 사실을 깊게 자각하는 일이 중요하다.

한 가지 더 예를 든다면, 1995년 7월에 일어난 동학유골 방치사건을 계기로 홋카이도대학의 이노우에 카츠오 교수와 함께 시작한 한일 공동의 역사연구 활동이 거둔 성과와 그 지향성 문제이다. 필자는 현재 이노우에 교수와 함께 한일 공동의 역사 연구 활동을 20년 이상 계속했다. 이 과정에서 2010년에는 동학농민군을 탄압했던 일본군 후비보병 제19대대의 대대장이었던 미나미 고시로(南小四郎) 소좌가 남긴 동학농민혁명 관련 문서(이하, '미나미 동학문서')를 발굴해서 일반에 공개하는 획기적 성과를 거두었다.[27] 미나미 소좌는 일본 야마구치현(山口縣) 출신으로 동학농민혁명 당시 '후비역'(後備役)[28]이었으나 청일전쟁 개전 직후에 소집된 후 조선으로 출병하여 동학농민군 진압을 전담하는 후비보병 제19대대장으로 근무하였다. 미나미 소좌가 수집하여 남긴 동학문서는 현재 야마구치현 현립 문서관(縣立文書館)에 기증되어 일반에게 공개된다.[29] 미나미 소좌가 수집하고, 그 손자가 오랜 기간 보관해 왔던 '미나미 동학문서'가 야마구치현에 존재한다는 사실을 처음으로 접한 것은 1998년경이었는데, 그때부터 해당 문서의 문서관 보존과 일반 공개가 실현된 2010년에 이르기까지 오랜 기간에 걸쳐 일반 공개를 위해 온갖 노력을 다한 연구자가 바로 일본의 이노우에 교수이다.

그런데 필자가 '미나미 동학문서'의 존재 여부 탐색과 그 보존, 그리고 일반 공개를 위한 교섭 과정에 기회 있을 때마다 참여하면서 알게 된 사실이 있다. 그것은 바로 동학농민군 진압에 참가한 뒤 고향으로 돌아온 미나미 소좌의 여생이 결코 순탄하지 않았다는 사실이다. 미나미 소좌만이 그런 것이 아니다. 동학농민군 진압에 가담했던 다른 일본군 장교들 역시 농민군 진압이 끝난 뒤 귀국 직전에 조선 땅에서 자살한 경우도 적지 않다는 사실이 최근 밝혀진 바 있다.[30] 이 같은 사실 역시 '근대'의 뒤틀린 역사, 즉 타민족을 억압하여 자민족의 번영을 구하고자 했던 '근대' 침략전쟁이 초래한 비극이라 하겠다.

VI. 맺음말
: 모든 생명을 소중히 여기는 '생명살림'의 사회를 향하여

2009년 11월에 필자는 일본 오사카시(大阪市)에 사무소가 있는 '교토포럼' 초청으로 「근대 한국의 개벽사상」이라는 주제로 발표할 수 있는 기회를 얻은 적이 있다. 그 자리에서 필자는 1891년부터 일본 내에서 심각한 문제가 되던 '아시오광산 광독사건(足尾鑛山 鑛毒事件)'으로 메이지 일본이 추구하던 문명(文明)의 본질에 정면으로 맞서 싸운 다나카 쇼조(田中正造, 1841-1913)라는 사상가가 있었다는 사실을 처음으로 알게 되었다. 그와 함께 그 다나카 쇼조가 동학농민혁명과 혁명의 지도자 전봉준, 그리고 동학농민군의 규율을 대단히 높게 평가한 문장[31]을 남겼다는 사실을 나카츠카 교수를 비롯한 일본 내 여러분의 가르침을 통해 알게 되었다. 다나카 쇼조가 남긴 문장이야말로 역사적 의미를 지닌 문장이라고 생각한다. 왜냐하면, 동학농민혁명

당시는 물론이고 그 후로도 일본에서는 조선의 동학농민혁명이나 농민군의 규율 등을 정당하게 평가한 경우가 없기 때문이다. 다나카 쇼조가 높게 평가했던 동학농민군의 '12개조 기율'[32]을 소개한다.

동도(東道)[33] 대장이 각 부대장에게 명령을 내려 약속하기를, "매번 적을 상대할 때 우리 동학농민군들은 칼에 피를 묻히지 아니하고 이기는 것을 으뜸의 공으로 삼을 것이며, 어쩔 수 없이 싸우게 될지라도 간절히 그 목숨을 해치지 않는 것을 귀하게 여길 것이며, 매번 행진하며 지나갈 때에도 간절히 다른 사람의 재산이나 물건을 상하게 하지 말 것이며, 효제충신(孝悌忠信)으로 이름이 난 사람이 사는 동네 10리 안으로는 주둔하지 말 것이다.(東道大將 下令於 各部隊長 約束曰 每於對敵之時 兵不血刃而勝者爲首功 雖不得已戰 切勿傷命爲貴 每於行陣所過之時 孝悌忠信人所居村十里內 勿爲屯住)

12개조 군호(軍號; 紀律-인용자 주)
  항복하는 자는 사랑으로 대하라(降者愛對)
  곤궁한 자는 구제하라(困者救濟)
  탐관은 추방하라(貪官逐之)
  따르는 자는 공경, 복종하라(順者敬服)
  굶주린 자는 먹이라(飢者饋之)
  간사하고 교활한 자는 (그 짓을)그치도록 하라(姦猾息之)
  도망가는 자는 쫓지 말라(走者勿追)
  가난한 자는 나누어 주라(貧者賑恤)
  충성스럽지 못한 자는 제거하라(不忠除之)
  거스르는 자는 잘 타이르라(逆者曉喩)

병자에게는 약을 주라(病者給藥)

불효하는 자는 벌을 주라(不孝刑之)

위와 같은 동학농민군의 엄격한 규율은 1894년 동학농민혁명 당시 일본에서 간행된《도쿄아사히신문(東京朝日新聞)》등 일본의 일간신문들도 다투어 보도했다. 그런데 위의 '동도대장'의 명령과 동학농민군들의 규율을 보면, 진실로 '사람의 목숨을 귀하게 여기는', 다시 말해 생명을 소중히 여기는 동학농민군들의 자세가 극명하게 드러남을 발견할 수 있다. 또한 1894년 당시의 동학농민군들이 얼마나 '도덕적(道德的)'이며, 얼마나 '자기규율적(自己規律的)' 존재인지를 유감없이 확인할 수 있다.[34]

그런데 필자는 동학농민군의 '12개조 기율'과 거의 동일한 내용을 2001년 3월에 일본 치치부(秩父)로 답사를 갔을 때, 어느 조그마한 시골 박물관 벽에 걸려 있던 치치부 곤민당(困民黨)의 '행동 강령' 속에서 확인한 적이 있다. 한국에서 동학농민혁명이 일어나기 10년 전인 1884년에 일본의 동학농민군이라고 할 수 있는 치치부 곤민당의 '행동 강령' 역시 규율이 엄정한 가운데 사람의 목숨을 소중하게 여겼던 것이다. 1884년의 곤민당과 1894년 동학농민군들의 지향 중에 사람의 목숨을 소중하게 여기는 생명 존중 사상이 서로 공통된다는 사실을 확인했을 때 필자는 형언할 수 없는 기쁨을 느꼈으며, 지금도 그 기쁨의 순간을 또렷하게 기억한다. 그러나 2001년 3월의 일본 치치부 답사 당시는 아직 다나카 쇼조라는, 근대 일본의 생명사상가의 존재는 전혀 몰랐다. 그렇기 때문에 2009년 11월의 '교토포럼'에 참가하여 다나카 쇼조를 처음으로 알게 되었을 때, 필자는 '눈에서 비늘이 떨어지는 듯한'[35] 충격과 함께 큰 감동을 느끼지 않을 수 없었다.

동학농민군이 내걸었던 '12개조 기율'을 높게 평가한 다나카 쇼조는 메이지 일본(明治日本)의 지식인 가운데 동학농민군(또는 동학농민혁명)의 지향을 '정확하게' 이해한 유일한 일본인이 아닌가 생각한다. 아시오 구리광산 광독사건으로 수많은 일본 민중의 목숨이 위태롭던 시기에, 그 피해 민중들의 목숨을 위해 싸웠던 다나카 쇼조가 동학농민군을 높게 평가한 것은 우연이 아닌 필연이었다고 생각한다. 왜냐하면, '칼에 피를 묻히지 아니하고 이기는 것을 으뜸의 공으로 삼고, 어쩔 수 없이 싸울지라도 사람의 목숨만은 해치지 않는 것을 귀하게 여기는' 동학농민군의 '자기 규율적' 모습을 다나카 쇼조는 경험으로 바로 이해할 수 있었기 때문일 것이다.

다나카 쇼조는 1884년(43세)에 도치기현령(栃木県令)의 폭정에 저항하다가 3개월간 감옥에 갇힌 적이 있으며, 1891년에는 중의원(衆議員)의 국회의원 신분으로 '아시오 구리광산 광독사건'에 관해 정부 측에 질문서를 제출하고, 국회에서 광독 피해민들의 구제를 호소했다. 그러나 당시 메이지 일본 정부는 피해민들에게 제대로 대응하려 하지 않았다. 결국 1897년 3월, 피해민들이 대거 상경하여 정부 측에 직접 청원하기에 이르렀다. 피해민들은 총 4회에 걸친 상경 청원을 하게 되지만, 1900년 2월 13일의 제4회 상경 청원 운동을 헌병과 경찰을 동원하여 탄압함으로써 이 운동은 좌절되었다. 피해민들의 상경 청원 운동을 국가 폭력을 사용하여 탄압하는 일본 정부에 다나카 쇼조는 〈망국에 이르고 있는 것을 모른다고 하는 바로 그것이 곧 망국이 아니고 무엇이겠는가〉라는 질문서를 제출하여 정부 측의 탄압을 비판하였고, 이듬해 1901년에는 마침내 중의원 의원직을 사직하고, 그해 12월 10일에는 '죽음을 각오하고' 메이지천황에게 '아시오 구리광산 광독사건' 문제를 직소(直訴)하였다. 하지만 다나카 쇼조는 이 직소 때문에 또다시 투옥되었다.[36]

1904년부터 다나카 쇼조는 광독 피해가 극심해진 야나카무라(谷中村) 안으로 들어가 피해민들과 함께 생활하기에 이르렀고, 1913년 작고하기까지

야나카무라의 주민들과 함께 대정부 투쟁을 계속했다. 이 같은 다나카 쇼조의 투쟁은 바로 바로 목숨=생명을 소중히 여기지 않는 메이지일본 정부의 잘못된 문명개화(文明開化)에 맞선 싸움이었다. 다나카 쇼조는 일찍이 이렇게 말했다.[37]

> 참된 문명은 산을 황폐하게 하지 않으며, 강을 더럽히지 않으며, 마을을 파괴하지 않으며, 사람을 죽이지 않는 것이다.

다나카 쇼조는 '아시오 구리광산 광독사건'을 계기로 메이지 일본 정부가 내걸었던 문명개화(文明開化) 곧 근대화 정책이 얼마나 많은 산을 황폐하게 했으며, 얼마나 많은 강을 더럽혔으며, 얼마나 많은 마을을 파괴하였고, 그리고 얼마나 많은 사람들을 죽여 왔는지를 정확하게 꿰뚫어보았다. 예컨대, 다나카 쇼조는 사람을 포함한 많은 생명의 희생을 초래하던 '근대'의 어두움에 맞서 '모든 생명을 소중히 여기는 사회'를 향한 외롭고 힘든 싸움을 죽을 때까지 계속했다고 말할 수 있다. 이 같은 싸움 속에서 다나카 쇼조는 동학농민군의 '12개조 기율' 속에 담긴 '모든 생명을 소중히 여기는' 정신을 읽어낼 수 있었다고 판단된다.

'광주민중항쟁' 이후부터 지금까지 동학(東學) 연구에 몰두해 온 필자는 동학농민군의 '12개조 기율' 속에서 드러나는 '모든 생명을 소중히 여기는 정신'을 읽어 내고, 그 정신을 높이 평가한 문장을 남긴 다나카 쇼조라는, 근대 일본이 낳은 생명사상가의 존재를 알게 된 것을 신(神)이 준 최대의 선물이라고 생각한다. 앞으로 다시 몇십 년 걸어가야 할지 모를 길 위에서 필자는 다나카 쇼조처럼, 그리고 전봉준을 비롯한 동학농민군들처럼 '모든 생명을 소중히 여기는 사회'를 향해 '희망'을 가지고 '싸워 나가고자' 한다.

주석

종교적 '공공성'의 개념과 의미 / 염승준

1) 체제로서의 자본주의의 역사적 성격을 강조하는 이매뉴얼 월러스틴의 주장과 같은 맥락에서 낸시 프레이저도 "자본주의 사회는 역사적으로 특정한 축적 형태나 레짐으로 존재한다"고 말한다. 이에 대해서는 낸시 프레이저, 『자본과 돌봄의 모순』, 『창작과 비평』 제45권 제1호(통권175호), 2017, 335쪽 참조.
2) '공공성의 위기'에 대한 연구논문으로는 홍성태, 「공공성의 사회적 구성과 정치과정의 동학」, 『한국 사회학회 사회학대회 논문집』, 2012-06; 조대엽 · 홍성태, 「공공성의 사회적 구성과 공공성 프레임의 역사적 유형」, 『아세아연구』, 2013이 있다.
3) 각각의 연구물들은 비록 공공성을 연구자의 입장에서 재정의 하지는 않았으나 넓은 의미에서 암묵적으로 수렴되어 있는 '공공성'의 의미를 빌어 종교에서의 공적 역할을 논의하고 있다.
4) 카를 슈미트 지음, 『정치신학』, 김항 옮김, 서울: 그린비, 2010.
5) 최경환, 「하버마스의 공론장 개념과 공공신학」, 『기독교철학』 19호, 2014. 최경환은 공공신학의 과제를 배제된 자들을 수용하고 서로 다른 타자와 연대하는 것으로 본다.
6) 로버트 벨라 지음, 『사회변동과 상징 구조』, 박영신 옮김, 서울: 삼영사, 1997, 63쪽.
7) 위의 책, 54쪽.
8) 박종균, 「하버마스의 종교론에 대한 비판적 연구」, 『한국기독교신학논총』, 2004, 104쪽.
9) 정태식, 「현대사회에서의 종교의 사회적 위치와 공공성」, 『신학사상』 142집, 2008, 195쪽, 206쪽.
10) 막스 베버 지음, 『프로테스탄티즘의 윤리와 자본주의 정신』, 김덕영 옮김, 서울: 도서출판 길, 2015, 332쪽. 베버의 견해와 마찬가지로 김덕영도 이 책의 해제에서 현대에 "종교가 과거처럼 중요하고 본질적인 문화적 의의를 지니지 못한다"고 밝히고 있다. 위의 책, 667쪽.
11) 강인철 · 박노자, 「한국 종교의 보수성을 어떻게 볼까: 개신교를 중심으로」, 『창작과 비평』 제44권(통권171호), 2016, 404-405쪽.
12) 카를 마르크스, 프리드리히 엥겔스 지음, 『공산당 선언』, 이진우 옮김, 서울: 책세상, 2008, 19쪽.
13) 강신준, 『오늘 자본을 읽다』, 서울: 도서출판 길, 2015, 17쪽, 18쪽.
14) 정태식, 「현대사회에서의 종교의 사회적 위치와 공공성」, 『신학사상』 142집, 2008, 209쪽.
15) 위의 글, 210쪽.

16) 정태식, 「현대사회에서의 종교의 사회적 위치와 공공성」, 『신학사상』 142집, 2008, 213쪽.

17) 홍성태, 「공공성의 사회적 구성과 정치과정의 동학: 공론장, 의사소통, 토의정치」, 『한국 사회학회 사회학대회 논문집』, 2012, 874쪽.

18) 위의 글, 875-878쪽.

19) 임의영, 「공공성의 유형학」, 『한국행정학보』 제44권 제2호., 2010, 6쪽.

20) 홍성태, 앞의 글, 880쪽.

21) 사이토 준이치 지음, 『민주적 공공성』, 윤대석 · 류수연 · 윤미란 옮김, 서울: 이음, 2014, 35쪽.

22) 홍성태의 "공공성의 기회구조" 도식은 공공성의 개방성과 폐쇄성을 가늠할 수 있는 척도로 사용될 수 있다. 홍성태, 앞의 글, 881쪽.

23) 이승환, 「한국 및 동양의 공사관과 근대적 변용」, 『정치사상연구』 6집, 2002, 57쪽. 헤겔은 『정신현상학』에서 『안티고네』의 비극적 상황은 내적으로 통합된 두 영역의 이원적 분리에서 기인함을 지적하고 있다. 두 영역은 마치 한 그루 나무에 있어 지면 아래의 뿌리와 지상 위의 나무줄기나 꽃의 관계와 같은 것으로 비록 두 영역이 존재방식이 다르지만 서로에 의거하며 서로에 의거하고 있는 통일체다. 그 통일체를 자각하지 못하고 이원화될 때 비극이 발생한다. 이에 대해서는 한자경, 『헤겔 정신현상학의 이해』, 서울: 서광사, 2009, 248-249쪽 참조.

24) 이승환, 위의 글, 57-59쪽. 이승환은 공과 사의 갈등의 대립의 예로 현종 4년(1663) "私義-公義" 논쟁을 소개하고 있다.

25) 김태창, 『상생과 화해의 공공철학』, 229쪽 참조. 김태창은 공공철학이 '사이(間)'를 중시하는 철학임을 밝히고 있다. 그러나 공적인 것과 사적인 것의 '사이'를 강조한다고 해서 공적인 것과 사적인 것의 경계로 인한 배제와 차별로 인해 야기되는 문제들을 극복할 수 있을지 의문이다. 문제를 극복하기 보다는 공적인 것과 사적인 것 사이에 위치한 행위자는 그 두 영역의 사이에서 유동할 수밖에 없을 것이다. 이명한은 「공공철학과 공공철학 보급에 대한 반성적 고찰」(『陽明學』 제28호, 2011. 397쪽)에서 김태창의 공공철학을 비판하지만 그가 도가나 유가를 '관계'를 중시하는 철학이라고 규정하는 한 그의 관점도 김태창의 견해와 다르지 않게 된다. 동양의 철학의 핵심을 관계 중심으로 해석할 경우 야기될 수 있는 심각한 문제에 대해서는 한자경, 『일심의 철학』, 서울: 서광사, 2002, 174-177쪽; 『불교철학과 현대윤리의 만남』, 서울: 예문서원, 2008, 195-196쪽 참조.

26) 이승환, 앞의 글, 57-59쪽. 과연 민주적 대화와 합리적 토론이 공적인 것과 사적인 것의 관계에서 야기될 수 있는 문제에 대한 대안이 될 수 있는 것일까? 대화와 토론의 과정에도 이미 공적인 것과 사적인 것의 관계에서 발생할 수 있는 문제가 고스란히 내재되어 있다.

27) 정태식, 「현대사회에서의 종교의 사회적 위치와 공공성」, 『신학사상』 142집, 2008, 212쪽 재인용.

28) 홍성태, 앞의 글, 875-878쪽.

29) 이재승, 『국가 범죄』, 서울: 앨피, 2010.

30) 한자경, 『칸트 철학에의 초대』, 서울: 서광사, 2006, 239쪽 재인용.

31) 카를 슈미트 지음, 『정치신학』, 김항 옮김, 서울: 그린비, 2010, 65쪽.

32) 위의 책, 71쪽. 슈미트는 헤겔 철학에서 신의 개념을 유지하고 있었던 한에서, 그의 철학이 신을 세계 속으로 끌어들여 객관적인 것이 내재한다는 사실로부터 법과 국가를 도출한다고 밝히고 있다.

33) 위의 책, 69쪽.

34) 위의 책, 71쪽.

35) 카를 슈미트 지음, 『합법성과 정당성』, 김도균 옮김, 서울: 도서출판 길, 2010, 217쪽.

36) 위의 책, 218쪽.

37) 위의 책, 218쪽.

38) 카를 슈미트 지음, 『정치신학』, 김항 옮김, 서울: 그린비, 2010, 71쪽.

39) 벨라가 칸트의 종교철학이 "근대 종교의 방향을 결정적으로 지시"한다고 밝히고 있는 만큼 칸트 철학에서 초월자아 개념의 이해는 그가 규정한 서구 근대종교의 특징을 이해하는 데 중요한 단초가 된다. "칸트가 말하는 기초적인 종교가 미치는 직접적인 영향이 인지적 적합성을 요구하는 형이상학에서보다 윤리 생활의 구조에서는 단순하다고 할지라도, 그 결과는 근대 종교의 방향을 결정적으로 지시하는 것이었다. 최근의 중요한 신학까지 포함하는 전적으로 근대적인 종교 분석은, 칸트의 협소한 합리적 윤리학을 거부하기는 해도 종교의 근거를 인간적 상황의 구조 자체에 두게 되었다." (로버트 벨라 지음, 『사회변동의 상징 구조』, 박영신 옮김, 서울: 삼영사, 1981, 61쪽 참조).

40) M.B 맥과이어 지음, 『종교사회학』, 김기대 · 최종렬 옮김, 서울: 민족사, 1994, 374-375쪽. 맥과이어는 벨라가 강조하는 근대 종교의 특징으로 '자아의 자율성'과 '책임성'을 들고 있으며 벨라가 말하는 자아의 자율성이 '개인적인 수준에서 보다 오히려 사회적 수준에서 실현될 것'으로 해석하고 있다. 그가 인간을 초월적 실재와 직접 연결시키고 그로 인한 인간의 능동적이고 자발성을 강조하는 것은 한국불교, 유교, 동학 그리고 원불교를 관통하는 인간관과 매우 유사하다고 할 수 있다. 벨라가 강조하듯이 이러한 인간관이 갖는 사회 정치적 함축성을 적극적으로 해석하는 것이 한국 종교의 공공성의 재구축을 위한 과제라고 할 수 있다.

41) 루소는 다음의 여섯 가지를 시민종교의 교리로서 제시한다. "능력 있고 지혜로우며 자비롭고 선견지명이 있으며 미래를 대비하는 신의 존재, 내세의 삶, 정의로운 자의 행복, 악인의 처벌, 사회계약과 법의 신성함, 이런 것들의 적극적 교리다." 루소, 『사회

계약론』, 박호성 옮김, 서울: 책세상, 2015, 161쪽. 스피노자와 루소의 정치와 종교의 관계에 대한 논문으로는 공진성, 「루소, 스피노자, 그리고 시민종교의 문제」, 『정치사상연구』제19집 1호, 2013봄호, 109-140쪽 참고.

42) 사이먼 크리츨리 지음, 『믿음없는 믿음의 정치』, 문순표 옮김, 서울: 이후, 2015, 90쪽.

43) 이승훈, 「사사로운 이해와 공공선, 대립인가 공존인가?: 미국 사회에 대한 벨라와 우스노우의 논의」, 『현상과 인식』, 2000, 109쪽.

44) 박진우·오세일, 「공공 영역에서 종교의 역할과 갈등: "세월호 특별법" 제정에 대한 그리스도교 찬반 논쟁」, 『사회이론』, 2016, 148쪽. "베버(1976: 447)는 사자적 예언자 (emissary prophet)와 모범적 예언자(exemplary prophet)를 구분하였다. 전자는 그리스도교에서 신의 사명에 복종해서 공적 질서를 회복하는 역할을 하는 데서 찾는데, 후자는 불교의 개인적 깨달음의 형태에서 찾는다. 따라서 특별법 반대 측의 윤리적 논점은 그리스도교보다는 불교의 관점에 보다 더 가깝다."

45) 한자경, 『한국철학의 맥』, 서울: 이화여자대학교출판부, 2008, 357쪽.

한국적 공공성 탐구 / 야규 마코토

1) 金泰昌 편, 『公共哲學を語りあう 中國との對話·共働·開新』 p. 20 참조.

2) 위의 책, p. 27.

3) 위의 책, pp. 56-57 참조.

4) 佐々木毅, 金泰昌 편, 『公共哲學10 21世紀公共哲學の地平』 pp. 426-427 참조.

5) 이 내용은 한국에서 먼저 『일본에서 일본인들에게 들려준 한삶과 한마음과 한얼의 공공철학 이야기』(김태창 구술, 야규 마코토 기록, 정지욱 옮김, 서울: 모시는사람들, 2012)로 출판되었다.

6) 鄭道傳, 『朝鮮經國典』 「求言進言」: 上之求於下者以言. 下之進於上者以書. 則決壅去蔽. 上下之情通矣. 何善之有遺. 何冤之不伸哉.

7) 李珥 『栗谷全書』 「敎黃海道觀察使朴大立書」: 懋杜私門. 使我生民. 公共王土.

8) 李珥, 『栗谷全書』 「聖學輯要」 七: 天子之富. 藏於四海. 諸侯之富. 藏於百姓. 有倉廩府庫. 爲公共之物. 不可有私貯也. 國君有私貯. 則是謂征利.

9) 『世宗實錄』 권25 世宗6(1424)年 7月 28日 2번째 기사: 法者, 天下古今之所公共. 非殿下所得而私也.

10) 郭鍾錫, 『俛宇集』 俛宇先生文集 권87, 書 「答金仲衍」 在植○丁酉: 竊謂此是義理之情. 非一己之私. 而爲天下古今人之所公共.

11) 야규 마코토, 「지금의 일본에서 한철학과의 대화가 요구되고 있다」, 김태창 구술, 야규 마코토 기록, 정지욱 옮김, 『일본에서 일본인에게 들려준 한삶과 한마음과 한얼의 공공철학 이야기』, 526쪽.

12) 단주(丹朱)는 고대 중국의 성인인 요(堯)의 아들이다. 그가 불초였기 때문에 요는 임금 자리를 물러주지 않고 순(舜)에게 임금 자리를 물러주고 딸 두 명을 그에게 시집보냈다. (유교적 역사관) 그런데 증산에 의하면 단주는 그것에 불만을 품다가 마침내 순을 죽게 하고 부인들까지 강에 던지고 익사시키고 말았다. 그 후 갈수록 원한의 종자가 퍼지고 이제 천지에 가득차서 인류 전체를 위협하게 되었다고 한다.

13) 『圓佛敎全書』「大宗經」 제12 實示品 7.

14) 단, 원불교 교리에서 말하는 '법률'은 우리가 일반적으로 생각하는 국가가 정하는 법률보다 훨씬 넓은 의미로 개인과 대인관계의 윤리도덕도 포함하다는 점에 주의할 필요가 있다.

15) 『圓佛敎全書』「大宗經」 제3 修行品 23 참조.

16) 위의 책, 제8 佛地品 21 참조.

한국 사회 공공성의 붕괴와 종교적 공공성의 가능성 / 하승우

1) 하승우, 「공론조사는 민주주의를 살릴 수 있을까」, 『녹색평론』 제158호, 2018.

2) 김철, 「박근혜 정부의 안전규제완화 및 민영화 정책, 그 쟁점과 대안」, 〈'민영화와 위험사회' 정책토론회〉, 2014.05.22.

3) 김성희, 「세월호 대참사와 한국 사회, 그리고 노동」, 〈'민영화와 위험사회' 정책토론회〉, 2014.05.22.

4) 김성희, 위의 자료.

5) 박장준 기자, "뉴스타파 자료만으론 재벌 탈세 밝혀질 가능성 낮다", 〈미디어오늘〉 2013년 5월 29일자(http://www.mediatoday.co.kr/?mod=news&act=articleView&idxno=109769#csidx4bb8b1d813a1bdf9c51f876f77e05b7)

6) 유길준 지음, 『서유견문: 조선지식인 유길준, 서양을 번역하다』, 허경진 옮김, 서울: 서해문집, 2004, 177-178쪽.

7) 황병주, 「식민지 시기 '공' 개념의 확산과 재구성」, 윤해동·황병주 엮음, 『식민지 공공성: 실체와 은유의 거리』, 서울: 책과함께, 2010, 71쪽.

8) 사토 요시유키 지음, 『신자유주의와 권력: 자기-경영적 주체의 탄생과 소수자-되기』, 김상운 옮김, 서울: 후마니타스, 2014, 23쪽; 45-46쪽; 57쪽.

9) 사토 요시유키, 위의 책, 56쪽.

10) 함석헌, 『생활철학』, 서울: 서광사, 1966, 185쪽.

11) 함석헌, 『생각하는 백성이라야 산다』, 서울: 생각사, 1979, 47쪽.

12) 박광수, 「한국 신종교의 개벽사상과 공공성(公共性)」, 『종교문화비평』 26호, 2014, 141쪽.

13) 김도공, 「원불교 초기 형성과정에서 나타난 공공성의 변모양상」, 『신종교연구』 28집,

2013, 169쪽.

14) 이덕주, 「일제하 기독교 민족운동과 사회주의」, 『신학과 세계』 63권, 2008, 110-111쪽.

15) 최대광, 「아나키즘적 시각에서 본 이용도」, 『한국조직신학논총』 22집, 2008.

16) 장규식, 「1920년대 개조론의 확산과 기독교사회주의의 수용·정착」, 『역사문제연구』 21호, 2009.

17) 안창호 지음, 『도산안창호 전집』, 서울: 도산안창호선생기념사업회, 2000 참조.

18) 김일대, 「천도교 농민운동의 이론과 실제, 농촌문제 특집」, 『동광』 20호, 1931.

19) 강현욱, 「원불교, 협동조합정신을 밝히다」, 원불교환경연대, 『원불교 녹색을 더하다』, 원불교환경연대, 2014, 111쪽.

20) 강현욱, 위의 글, 136쪽.

21) 요코다 카쓰미 지음, 『어리석은 나라의 부드러우면서도 강한 시민: 생활클럽 운동그룹과 풀뿌리 민주주의 운동의 모델 만들기』, 서울: 논형, 2004, 312~313쪽.

22) 박광수, 앞의 논문.

23) 김도공, 앞의 논문, 171쪽.

24) 김진호, 「한국교회의 과거·현재·미래, 공공성에 대해 묻다: 규범적 공론장의 형성과 변화를 중심으로」, 『종교문화비평』 26호, 2014, 71쪽.

1920·1930년대 한국 '신종교'의 기본지형과 동향 및 특징 / 김민영

1) 김항섭, 「종교와 경제의 관계의 연구사와 그 현대적 의미에 대한 고찰」, 『종교문화연구』 3집, 2001, 339-359쪽.

2) 윤해동·이소마에 준이치 엮음, 『종교와 식민지 근대』, 서울: 책과 함께, 2013.

3) 또한 이를 부르는 명칭 또한 고유종교, 토속종교, 자생종교, 신흥종교, 유사종교, 신종교, 민족종교, 민중종교 등 다양하다.

4) 박광수 외, 『한국 신종교 지형과 문화 : 종교운동의 역사적 전개와 사상의 시대적 변화』, 서울: 집문당, 2015.

5) 박광수 외, 『한국 신종교의 사회운동사적 조명』, 서울: 집문당, 2017.

6) 후자의 2권 모두 1992년 민속원에서 영인되어 활용할 수 있다.

7) 村山智順, 『朝鮮の類似宗敎』, 京城: 朝鮮總督府, 1935; 崔吉城·張相彦 共譯, 『朝鮮의 類似宗敎』, 대구: 계명대학교출판부, 1990. 이후 원본은 2008년 민속원에서 '한국 근대 민속 인류학 자료대계'로 영인 출판되었다.

8) 崔吉城·張相彦 共譯, 『朝鮮의 類似宗敎』, 위의 책.

9) 이에 대해서는 다음의 논저가 참고로 된다. 박명규·서호철, 『식민권력과 통계』, 서울: 서울대학교출판부, 2003.

10) 즉 민중자신들의 변혁 주체성이 철저하게 부정되는 대부흥운동과 종말론적 미신의

강화, 종교의 정치 계몽운동화, 내면세계 구제와 사회공헌 등이다. 이에 대해서는 조경달 박맹수, 「식민지 조선에 있어 불법연구회의 교리와 활동」, 『원불교사상과 종교문화』 67집, 2016, 251-275쪽.

11) 윤승용, 「한국 신종교에 대한 종교사적 연구와 과제」, 『한국 종교』 36집, 2013.

12) 윤승용, 위의 논문, 87-125쪽.

13) 윤승용, 위의 논문 87-125쪽; 박광수 조성환, 「근대 일본의 '종교' 개념과 종교의 도구화: 일제시대의 종교정책과 신종교지형을 중심으로」, 『신종교연구』 34집, 2016.

14) 그 맥락에서 신도, 불교, 기독교와 관련된 업무를 담당하는 종교과를 학무국에 신설하고, 기타 유사종교로 분류된 신종교들은 치안업무를 담당하는 경무국에서 관할케 하였다.

15) 윤승용, 앞의 논문, 103쪽.

16) 박광수 · 조성환, 앞의 논문, 220-222쪽.

17) 원영상, 「근대 일본과 조선총독부의 종교정책 관계에 대한 연구」, 『일본불교문화연구』 11집, 2014, 13-32쪽.

18) 박광수 · 조성환, 위의 논문, 222-223쪽.

19) 青野正明, 「植民地朝鮮における'類似宗教'概念」, 『國際文化論集』 43輯, 2010.

20) 박광수 · 조성환, 앞의 논문, 223쪽.

21) 박광수 · 조성환, 앞의 논문, 223쪽.

22) 문지현, 「전시체제기 조선총독부의 신종교에 대한 정책과 신종교단체」, 『한국근현대사연구』 67집, 2013.

23) 문지현, 위의 논문, 399쪽.

24) 물론 그 지역적인 편차가 있는데, 후술하겠지만, 예컨대 1920년대 초 충남지역 신도수의 급격한 증가는 매우 이례적이다.

25) 이에 반해 박광수는 동학계열 '신종교' 가운데 '천명도'를 제외하여 17개로 파악함으로써 1934년 8월 현재 한국의 '신종교'를 66개로 보고 있다. 그러나 이하에서는 논리 전개상 무라야마 자료에 따라 검토하기로 한다. 박광수 외(2015), 19쪽 참조.

26) 또한 무라야마의 동학계열 '신종교' 분류와 관련하여 박광수는 백백교(白白敎)와 대동교(大同敎)의 동학계 분류에는 그 체계상 문제가 있음을 지적하고 있다. 이 역시 향후 논구의 과제라 할 수 있겠다. 박광수 외(2015), 19쪽 참조.

27) 이는 운림교, 관성교, 신리밀교, 천주교, 동학당, 진보회, 일진회, 천도교연합회, 교인대회파, 중앙종리원파, 통일기성회파, 시천교개천파, 미타교, 강습회, 혁신파, 천주교, 도주파, 간부남진파, 공자교중앙총부, 신명학원, 신일파 등이다. 그러나 이들을 모두 한국 '신종교'의 범주에 넣어야 하는지, 또한 1935년대 이후 '신종교'의 실체에 대해서는 별도의 논구가 필요하다고 생각된다. 박광수 외(2015), 20쪽 참조.

28) 무라야마 지준은 일본 니이카타 출신으로 일찍 어머니를 잃은 뒤 묘광사에 들어가 그

사찰 주지 무라야마 지젠의 양자가 되었다 한다. 그는 1916년부터 1919년 7월까지 동경제국대학 문학부 철학과에서 사회학을 전공하였고, 종교사회학에 관심이 있었다. 대학 졸업 후 조선총독부의 촉탁으로 조사활동을 하는 한편 세브란스 전문학교에서 강의를 한 적도 있다 한다. 1941년 무라야마는 조선 총독부 촉탁직을 그만두고 일본으로 돌아가서 조선장학회의 주사로 근무하였고 1945년 양부 무라야마 지젠이 세상을 뜨자 그 사찰의 주지가 되었다. 1940년 이래 그가 1968년 세상을 뜰 때까지 이렇다 할 연구 성과를 내지 않은 것으로 파악된다. 이에 대해서는 최석영, 「『朝鮮の類似宗教』해제(조사자료 제42집, 조선총독부관방문서과, 1935년)」, 『한국 근대 민속 인류학 자료대계 5』, 민속원, 2008 참조.

29) 그 세부내용을 간단히 소개하면 제1장은 서설로 유사종교의 발생에 대한 사상·사회 배경, 제2장 동학계, 제3장 훔치계(吽哆系: 증산계), 제4장 불교계, 제5장 숭신계(崇神系), 제6장 유교계, 제7장 계통불명교단, 제8장 분포와 교세, 제9장 신앙의식, 제10장 영향, 제11장 신도, 제12장 교적(敎跡), 제13장 결론, 그리고 부록으로 각 종교단체의 사진자료를 싣고 있다. 각 계열은 교조의 약력, 기본교의, 교단의 연혁 그리고 분파를 소개하고 있다. 특히 제12장 교적에서는 유사종교가 가지고 있는 사상을 종교의 종합화, 후천개벽관, 지상천국사상, 기적과 구세주로 요약하고 있다.

30) 최석영, 위의 글, 3-12쪽.

31) 최석영, 위의 글에 인용된 손진태(1933)의 서평.

32) 최석영, 위의 글에 인용된 김효경(1932, 1934, 1937)의 서평.

33) 박명규·서호철, 앞의 책, 2쪽.

34) 국립민속박물관, 『한국민속신앙사전: 무속신앙 편』, 2010. 이 가운데 무라야마의 다른 저작 『朝鮮の巫覡』에 대한 이해준의 해제 참조.

35) 국립민속박물관, 위의 책 가운데 무라야마의 다른 저작 『朝鮮の巫覡』에 대한 이해준의 해제.

36) 최석영, 앞의 글, 3-12쪽.

37) 崔吉城·張相彦 共譯, 앞의 책.

38) 최석영, 앞의 글, 3-12쪽.

39) 최석영, 앞의 글, 3-12쪽.

40) 崔吉城·張相彦 共譯, 앞의 책. 21쪽.

41) 최석영, 앞의 글, 3-12쪽.

42) 최석영, 앞의 글, 3-12쪽.

43) 최석영, 앞의 글, 3-12쪽.

44) 무라야마 역시 '혁명사상'과 '민족의식'이라고 표현하고 있는 것처럼 향후 이에 대한 실증연구 등은 남아 있는 과제라 생각된다. 최석영, 위의 글, 3-12쪽.

45) 최석영, 위의 글, 3-12쪽.

46) 崔吉城·張相彦 共譯, 『朝鮮의 類似宗教』(1935) 및 최석영, 위의 글, 3-12쪽.

47) 위의 글.

48) 위의 글.

49) 이러한 사실에서도 시사해 주듯이, 1920, 30년대 한국 '신종교'의 사회경제 및 정치적 영향과 관련해서는 향후 3·1운동을 포함한 민족사회운동과의 관계성 연구가 실증적으로 이루어져야하다고 생각된다. 최석영, 위의 글, 3-12쪽.

50) 崔吉城·張相彦 共譯, 『朝鮮의 類似宗教』(1935) 및 최석영, 위의 글, 3-12쪽.

51) 위의 글.

52) 위의 글.

53) 《동아일보》 1935. 1. 19 기사.

54) 《동아일보》 1936. 6. 5 기사.

55) 崔吉城·張相彦 共譯, 『朝鮮의 類似宗教』(1935) 및 최석영, 위의 글, 3-12쪽.

56) 이와 관련하여 에드워드 사이드의 역사사회학 등이 시사하는 '동양 전통문화의 참된 재발견'과 탈랄 아사드의 '종교의 공적 영역의 세속화' 등 종교연구의 새로운 돌파구 마련을 위한 국제적 논의에 대해서도 경청해야 할 것이다. 박홍규, 「에드워드 사이드와 역사학」, 『역사비평』 68집, 2004, 34-358쪽 및 윤해동 이소마에 준이치 엮음, 앞의 책 참조.

57) 이에 대해 무라야마는 '당시 천도교나 보천교 모두 교도 일백만이라 했다지만, 그 교세를 과장한 것'으로 평가하고 있다. 무라야마, 앞의 책, 725쪽.

58) 村山智順, 앞의 책에서 계산함.

59) 윤선자, 『한국근대사와 종교』, 서울: 국학자료원, 2002.

60) 따라서 여기에서는 이러한 조사통계의 한계를 고려하며, 그 경향성과 특징을 중심으로 기초적인 양적 고찰을 시도하고자 하며, 그 자세한 실증 및 통계분석 등은 앞으로의 과제로 남기고자 한다.

61) 崔吉城·張相彦 共譯, 『朝鮮의 類似宗教』(1935) 참조.

62) 이에 대해 무라야마는 과장된 통계라는 기본 입장을 피력하고 있는데, 이에 대해서는 향후 본격적인 논리 실증적인 연구가 필요할 것이다. 특히 이와 관련하여 충남의 신도안과 계룡산을 중심으로 한 '정감록' 사상 등을 포함한 세심한 검토가 필요하다고 생각된다. 김홍철, 「계룡산과 승지신앙」, 『종교연구』 52집, 2008, 29-47쪽.

63) 그러나 이후 신도들의 생활고가 심각해지고 고대하던 지상천국 도래가 이루어지지 않자 교세가 점차 쇠퇴하였다고 알려지고 있다. 특히 1945년 해방을 맞이하자 김연국의 뒤를 이어 아들인 김덕경(金德卿)이 제2세 교주가 되었다. 이후 1961년 김덕경이 교명을 천진교(天眞敎)로 바꾸는 과정에서 교단의 원로 유원섭은 교명을 지켜야 한다는 명분으로 상제교운동본부라고 명명하는 등 갈등을 빚어 교세는 더욱 약화되었다. 즉 해방 직후 20만의 교세를 자랑하였으나 현재는 조직마저 와해되어 천여 명의 신도

가 있을 뿐인 것으로 알려지고 있다.

64) 그 전후의 맥락과 관련하여 한국 '신종교'와 정감록 및 충남 계룡산 등의 장소성에 대해서는 향후 별도의 검토가 필요할 것이다.

근대 한국 종교에서의 '민족'과 '민중' / 김석근

1) 장석만, 「開港期 韓國社會의 "宗敎" 槪念 形成에 관한 硏究」, 서울대 박사논문, 1992 참조.

2) 와타나베 히로시, 「Religion의 충격: 19세기말 일본인의 곤혹과 그 귀결」, 서강대학교 학술회의 발표 논문(2017년 5월 23일). 그에 따르면 도쿠가와 시대의 표현으로는 '종지'(宗旨), '종문'(宗門)이 religion 개념에 가깝다고 한다.

3) 윤승용, 「한국 근대 종교의 성립과 전개」, 『사회와 역사』 52집, 2007; 김종서, 「한국 종교의 개념과 동아시아의 종교경험」, 『종교학연구』 24집, 2005; 윤승용, 「한국의 근대 신종교, 근대적 종교로서의 정착과 그 한계 : 개벽사상을 중심으로」, 『종교문화비평』 22호, 2012 참조.

4) '세계화' 시대의 종교에서 가장 큰 문제는 '유일신' 신앙체계로 여겨진다. 유일신 개념 문제. 기독교, 유대교, 이슬람교 이들 셋의 뿌리와 유일신적 특성은 아주 비슷하다.

5) 그런 예를 몇 개 들어두기로 한다. 강돈구, 「韓國 近代 宗敎運動과 民族主義의 關係에 대한 연구 : 宗敎民族主義의 構造와 多樣性을 중심으로」, 서울대 박사논문, 1990; 강영한, 「한국 근대 신종교운동의 성격과 사회변동 : 동학·증산교·대종교·원불교를 중심으로」, 경북대 박사논문, 1995; 강돈구, 「근대 한국 신종교의 민족 개념: 동학·증산교를 중심으로」, 『종교문화비평』 6호, 2004; 이경원, 「한국 근대 증산교단의 민중·민족운동: 개항기부터 해방이전의 시기를 중심으로」, 『원불교사상과 종교문화』 52집, 2012.

6) 『21세기 정치학대사전』(2002) '민족' 항목(네이버 지식백과).

7) 예컨대 『大漢和辭典』에서는 民族에 대해 이렇게 적고 있다. "민족은 두 개의 개념으로부터 생각해볼 수 있다. 1)자연적 개념으로서의 민족은 혈연적 관계를 중심으로 하면서, 그것과 연결되어 언어, 풍속, 관습 기타 다른 文物을 공유하는 사회집단으로 人種的이라는 의미를 다분히 포함하고 있다. 2)역사적 개념으로서의 민족은 근세 초기에 시민계급이 봉건제를 타도하고 자신들이 경제적 활동을 자유롭게 할 수 있도록 하기 위해서 수립한 새로운 社會圈, 즉 민족국가의 성립에 의해서 생겨난 것. 體質의 異同에 기초한 人種과는 구별된다."(제6권, 841쪽) 이 글에서는 두 번째의 '역사적 개념으로서의 민족'에 주목하고자 하며, 그것은 '민족국가의 성립'에 의해서 생겨난 것이라는 성격을 갖는다. 民族主義 역시 그렇다. "한 민족이 한 국가를 조직해야 한다는 주의. Nationalism." 즉 '국가'와 관련되어 있다는 점이다. 물론 민족주의에는 이런 의미도 있다. "孫文이 제창한 三民主義의 하나. 중국의 전 민족이 외국의 압박에 저항해서 진실

된 해방과 국내 각 민족이 평등의 기초 위에 입각한 결합통일을 목표로 한다."(제6권, 841쪽 참조)

8) 『원불교대사전』(원불교100년기념성업회) '민중' 항목.

9) 『大漢和辭典』에 의하면 民衆은 "많은 人民. 천하의 民"을 의미한다. 구체적인 용례로는 다음과 같은 것들이 있다. "射姑, 民衆不說"(公羊, 文, 六), "府倉實, 民衆殷"(國語, 越語下), "使民衆爲己用"(管子, 法法), "天下之民衆, 當今之君, 其蓄私也"(墨子, 辭過), "擧民衆口數"(商子, 去彊), "盡得其王民衆而還"(漢書, 匈奴傳)(제6권, 840쪽)

10) 『문학비평용어사전』(국학자료원, 2006) '민중' 항목.

11) 위키백과 '민중' 항목. https://ko.wikipedia.org/wiki

12) 『철학사전』(철학사전편찬위원회, 2012) '민중' 항목.

13) 마루야마 마사오, 『일본정치사상사연구』, 김석근 옮김, 서울: 통나무, 1995, 465-466쪽.

14) Nationalism은 민족주의, 국가주의, 국민주의로 변역되곤 하는데, 내셔널리즘에는 그들 세 측면이 동시에 담겨 있다고 할 수 있다. 한국이나 일본처럼 예로부터 민족적 순수성을 지녀 민족 문제가 없는 국가도 있다. 내셔널리즘은 대외적인 문제임과 동시에 내부적인 문제라 하겠다. 국가주의는 흔히 개인주의의 반대개념으로 사용되고 있다. 내셔널리즘은 일정한 단계에서 개인적 자주성의 주장과 불가분으로 결합되어 있다. 그래서 '국민주의' 내지 내셔널리즘이라 하는 것이 좋겠다.

15) 孫秉熙에 의하여 天道敎로 개칭되었다.

16) 아버지 崔鋈은 한학자로 성리학에 정통했으며 문집(『근암집(近庵集)』)을 남기고 있다. 어머니는 淸州 韓氏. 최옥에게 본처가 있었으나 자식이 없어 부근의 청상과부 한씨를 소실로 맞아들였다.

17) "노류한담(路柳閑談) 무사객(無事客)이/ 팔도강상 다 밟아서/ 전라도 은적암(隱寂庵)에/ 환세차(換歲次) 소일하니/ 무정한 이 세월에/ 놀고 보고 먹고 보세."『龍潭遺詞』「권학가」

18) "不意四月 心寒身戰 疾不得執症 言不得難狀之際 有何仙語忽入耳中 驚起探聞則 曰勿懼勿恐 世人謂我上帝 汝不知上帝耶 問其所然 曰余亦無功 故生汝世間 敎人此法 勿疑勿疑 曰則 西道以敎人乎 曰不然 吾有靈符 其名仙樂 其形太極 又形弓弓 受我此符 濟人疾病 受我呪文 敎人爲我 則汝亦長生 布德天下矣.",『東經大全』布德文.

19) 최시형 대에 이르러 조직은 크게 확대되었다. 1880년대 동학의 교세는 영남 지방을 벗어나 호남·충청·경기 지방까지 확대되었고, 1890년대에는 경상·전라·충청의 三南 지방을 거의 포괄할 정도로 비약적으로 성장했다. 包接制로 교도들을 조직했는데, '包'와 '接'마다 包主와 接主를 두었다. 大接主를 두는 경우도 있었다. 포와 접에서는 六任制를 실시했는데, 敎長·敎授·敎執·敎綱·大中·中正의 여섯 職任으로 나누어 교화와 조직 관리 등을 맡게 했다.

20) 최제우와 최시형에서는 '인내천'이라는 용어가 보이지 않는다.『天道敎創建史』에서도 "천도교의 종지를 인내천이라 한 것은 義庵聖師(손병희)의 창언"이라 했다.

21) 향토애란 필경 환경에 대한 사랑 〈環境愛〉에 다름아니며, 환경에 대한 사랑은 자기 바깥의 것들에 대한 전통적 〈傳習的〉인 의존인데 대해서, 국민의 국가에로의 결집은 어디까지나 하나의 결단적인 행위로 표현되지 않으면 안되기 때문이다.

22) 吳知泳,『東學史』, 109쪽. 강조는 인용자. 이하 동.

23) 李敦化,『天道敎創建史』(3), 39-41쪽.

24) "蓋日民惟邦本乎 其本不全 而邦獨全者未之有也 是故 世界各國各守文明之道 保其民敎其職 使其國之於泰山之安.", 孫秉熙,「三戰論」, 李敦化,『天道敎創建史』(3), 84쪽.

25) 농민군의 한계와 혁명 지도부의 미숙함, 특히 대외적인 국제 감각과 전략 부재, 외세의 개입 등 다양한 요인들이 복합적으로 작용했다고 해야 할 것이다.

26) 姜一淳이 창시(1902)한 종교 및 그로부터 갈라진 교파들을 통틀어 일컫는다. 주문 太乙呪의 첫구절 "훔치훔치……"를 따서 훔치교(吽哆敎)라 하기도 했다.

27) 그가 태어난 곳은 古阜郡 畓內面 西山里 손바래기마을. 오늘날의 정읍군 이평면 두지리. 황토현에서 멀지 않았으며(약 1km 정도), 전봉준이 살았던 鳥巢里 역시 멀지 않다.

28)『典經』「行錄」1: 5.

29)『典經』「豫示」2.

30)『典經』「行錄」1: 23. "全琫準이 虐政에 분개하여 동학도들을 모아 의병을 일으킨 후 더욱 세태는 흉동하여져 그들의 분노가 충천하여 그 기세는 날로 심해져가고 있었도다. 이때에 상제께서 그 동학군들의 전도가 불리함을 알으시고 여름 어느 날 '月黑雁飛高 單于夜遁逃 欲將輕騎逐 大雪滿弓刀'의 글을 여러 사람에게 외워주시며 동학군이 눈이 내릴 시기에 이르러 실패할 것을 밝히시고 여러 사람에게 동학에 들지 말라고 권유하셨느니라. 과연 이해 겨울에 동학군이 관군에게 패멸되고 상제의 말씀을 좇은 사람은 화를 면하였도다."

31)『典經』「行錄」2: 1.

32)『典經』「行錄」1: 24. 충청도 비인에서 金京訴을 만나 太乙呪를 받았으며, 연산에서『正易』의 대가 金恒(호 一夫)을 만났다.

33)『典經』「行錄」2: 12.

34)『典經』「公事」2: 8-9;『典經』「行錄」3: 37.

35)『典經』「行錄」2: 16. 상제께서 어느 날에 가라사대 "나는 곧 미륵이라. 金山寺 彌勒殿 六丈金神은 여의주를 손에 받았으되 나는 입에 물었노라"고 하셨도다.

36) "내가 金山寺로 들어가리니 나를 보고 싶거든 금산사로 오라"(『典經』「行錄」5: 29)는 말도 남겼다.

37) 이 같은 난립은 강일순이 살아 있을 때 추종자들에 대한 서열 규정이나 후계자 선정을

하지 않은 것과 관련이 있다. 또한 그가 기성종교의 교리통합과 민족사상의 재정립에 주관심을 가졌었기 때문에 후계자들의 관점에 따라 불교계·선도계·유교계 등으로 교리해석이 달라질 수 있었다는 점과 관련된다.

38) 1921년 그는 '普化敎'라는 교단 명칭과 '時國'이란 國號를 선포하고, 자신이 황제로 등극하게 될 것처럼 선전했다. 신도들은 '폐하'라 불렀다. '차천자'로 불리기도 했다.

39) 보천교에서 분파된 교단: 태을교·東華敎·서울大法社·三聖敎·天人敎·甑山敎客望里敎團·水山敎·烘爐敎·보화교·선도교·戊乙敎·壬戌敎·人天敎·元君敎 등. 太極道·順天敎 등의 새로운 교단도 생겨났다.

40) 큰 교파로는 大巡眞理會와 甑山道가 있으며, 그 외에 大韓佛敎彌勒宗·大韓佛敎龍華宗·大韓佛敎法相宗·檀君聖主敎·弘益敎·仙道敎와 같은 불교적, 단군적, 선적 명칭을 붙인 교파도 있다. 하지만 증산사상을 기반으로 삼고 있다고 한다.

41) 예컨대 '심고문'(증산도)은 이렇게 시작된다. "하늘 보좌에서 인간으로 오시어/ 우주 일가의 후천선경을 열어 주신/ 개벽장 하느님이시며, 미륵존불이시며,/ 삼계대권을 주재하옵신 증산 상제님이시여,/ 억조창생의 생명의 어머니이신 태모 고수부님이시여."

42) "동학군이 눈이 내릴 시기에 이르러 실패할 것을 밝히시고 여러 사람에게 동학에 들지 말라고 권유하셨느니라. 과연 이해 겨울에 동학군이 관군에게 패멸되고 상제의 말씀을 좇은 사람은 화를 면하였도다."(『典經』 「行錄」 1: 23)

43) 『大巡典經』, 304-305쪽. (5: 12)

44) 강일순은 인간적으로는 전봉준에 대해서 존경심을 품고 있었던 듯하다. 『대순전경』 (大巡典經)에는 전봉준을 칭찬하는 대목들이 보인다.(『典經』 「敎法」 3: 10.) 그가 보기에 전봉준은 그 시대의 도사공이었다.(『典經』 「豫示」 50.)

45) 『典經』 「敎法」 3: 30.

46) 강일순은 옛날과는 달리 판이 넓어지고, 일도 복잡해졌으므로 하나의 종교 이념 만으로 세상을 바로잡을 수 없다고 했다. 모든 종교의 장점을 뽑아 새롭게 통합시키는데 있다고 했다. 실제로 그는 『성서』는 물론이고 마테오 리치(Mateo Ricci)를 읽었으며, 『삼국지』, 『동경대전』, 그리고 『대학』 등의 유교 경전을 탐독했다.(『典經』 「行錄」 1: 27; 3: 33. 『典經』 「豫示」 66). 그는 이렇게 말하기도 했다. "仙道와 佛道와 儒道와 西道는 세계 각 족속의 문화의 바탕이 되었나니 이제 최수운을 仙道의 宗長으로, 震黙을 불교의 宗長으로, 朱晦庵(朱熹)을 유교의 종장으로, 마테오 리치를 西道의 종장으로 각각 세우노라."(『典經』 「敎運」 1: 65)

47) "三界大權을 주재하여 천지를 개벽하여 무궁한 선경의 운수를 정하고 造化政府를 열어 災劫에 싸인 신명과 민중을 건지려 한다."(《대순전경》 4-1). "말세를 당하여 앞으로 無極大運이 열리나니 나는 삼계대권을 주재하여 조화로서 천지를 개벽하고 불로장생의 선경을 열어 고해에 빠진 중생을 건지려 한다"(《대순전경》 2-5)

48) 『典經』 「公事」 3: 29; 『典經』 「敎法」 1: 31.

49) 『典經』 「公事」 3: 35.

50) 『典經』 「敎法」 1: 68.

51) 『典經』 「敎法」 1: 10.

52) 『典經』 「권지」 1: 11.

53) 『典經』 「예시」 29

54) 『典經』 「公事」 3: 18.

55) 노길명, 「한국 근대 사회변동과 증산종교운동」, 『한국 종교』 20집, 1995, 189-191쪽; 이
경원, 「한국 근대 증산교단의 민중·민족운동 : 개항기부터 해방이전의 시기를 중심
으로」, 『원불교사상과 종교문화』 52집, 2012, 148-150쪽.

56) 『典經』 「公事」 2: 4.

57) 정산은 이렇게 말한다. "圓은 곧 만법의 근원인 동시에 또한 만법의 실재인지라, 모든
교법이 원 외에는 다시 한 법도 없는 것이며, 佛은 곧 깨닫는다는 말이요 마음이라는
뜻이니, 원의 진리가 아무리 원만하여 만법을 다 포함했다 할지라도 깨닫는 마음이
없으면 이는 다만 빈 이치에 불과한 것이다. 그러므로 圓·佛 두 글자는 원래 둘이 아
닌 진리로서 서로 떠나지 못할 관계가 있는 것이라"(『원불교교사』 제2편 제5장)

58) 『원불교전서』, 「원불교교사」(이리: 원불교출판사, 1978), 1280쪽.

59) 『원불교전서』, 「원불교교사」, 19쪽.

60) 『원불교전서』, 「원불교교사」, 1271쪽.

61) "대종사께서는 복중에 큰 癖(응어리)이 들고 온몸에는 종기가 가득하여 가족들의 근
심은 말할 것도 없고 마을 사람들은 다 폐인으로 인증하게 되었으며, 그 정신이 어느
때에는 혹 분별이 있는 듯하다가 다시 혼돈해지고 혹 기억이 나타나는 듯 하다가 다
시 어두워지니 부인은 대종사의 정신 회복을 위하여 다년간 後園 별처에서 기도를 드
렸다."『원불교전서』, 「원불교교사」, 1286쪽.

62) 『원불교전서』, 「원불교교사」, 31쪽.

63) 유교의 『사서』와 『소학』, 불가의 『금강경』·『禪要』·『불교대전』·『八相錄』, 선가의
『陰符經』·『玉樞經』, 동학의 『동경대전』·『가사』, 기독교의 『신약』·『구약』 등(『원불
교전서』, 「원불교교사」, 1290쪽.

64) 중시되는 불교 경전으로는 『반야심경』·『금강경』·『사십이장경』이 있으며, 〈휴휴암
좌선문〉 〈참회게〉 역시 불교에 속하는 것으로 볼 수 있겠다.

65) 진리를 '일원상(○)'으로 상징한 것, 〈교헌〉에서 "원불교는 우주만유의 본원이요 諸佛
諸聖의 心印이며 일체중생의 본성인 법신불일원상의 진리를 종지로 한다"(〈교헌〉 제
1조)고 했다. '교리도'에서도 "一圓은 법신불이니 우주만유의 본원이요 제불제성의 심
인이요 일체중생의 본성"(『정전』 교리도)이라 했다.

66) 훗날 방언공사가 또 있었다. 1955년 8월 '정관평 재방언 추진위원회'를 조직, 1956년 4

월 공사에 착수해 1960년에 완공했다. 2만 7천 여평의 새 농토를 마련했다.

67) 『원불교전서』, 「대종경 변의품」(32), 288-289쪽.

68) 『원불교전서』, 「원불교교사」, 1276-1277쪽.

69) 소태산은 세상을 구하고 天意를 감동시키기 위해 구인제자들과 특별 기도를 행하기로 했다. 3월 26일부터 齋戒하고 삼육일(음력 6일, 16일, 26일)로 산상기도를 시작했다. 8월 21일(음7. 26) 구인제자가 자결을 결심하고 '死無餘恨'이라 쓴 증서에 白指章을 찍자 血印의 異蹟이 나타났다. 소태산은 "그대들의 마음은 天地神明이 이미 감응했고 陰府公事가 이제 판결이 났으니, 우리의 성공은 이로부터 비롯했다" 하고, 기도를 마치게 한 다음 "그대들의 전날 이름은 곧 세속의 이름이요 개인의 사사 이름이었던 바, 그 이름을 가진 사람은 이미 죽었고, 이제 世界公名인 새 이름을 주어 다시 살리는 바이니, 삼가 받들어 가져서 많은 창생을 제도하라"고 했다.(『원불교교사』 제1편 제4장)

70) 大倧敎倧經倧史編修委員會, 『大倧敎重光六十年史』, 서울: 大倧敎總本司, 1971, 8쪽.

71) 「나인영(羅寅永)의 격려사」, 『독립운동사자료집(11): 의열투쟁사자료집』, 31-33쪽.

72) 『大倧敎重光六十年史』, 12쪽, 252-253쪽.

73) 『大倧敎重光六十年史』, 10쪽. 참고로 대종교 경전은 啓示經典과 道通經典으로 나뉘어진다. 계시경전은 『삼일신고』·『天符經』·『參佺戒經』·『신사기』 등으로 대종교 중광 이전에 한배검의 계시에 의하여 만들어진 것이라 한다. 도통경전은 『신리대전』·『회삼경』·『三法會通』·『신단실기』 등으로 계시 경전을 기본으로 하면서 여러 종사들이 해설, 주석해 놓은 것이다. 그 중에서 『삼일신고』가 가장 중요한 경전으로 여겨지고 있다. 참고로 덧붙인다면 『천부경』은 정훈모의 단군교 경전이며, 나철 사후에 출현한 것이라 한다.

74) 『大倧敎重光六十年史』, 252-253쪽.

75) 『大倧敎重光六十年史』, 78-80쪽.

76) 『大倧敎重光六十年史』, 299-300쪽.

77) 한 종교의 창도자가 자살한 것은 그야말로 예외적인 것으로 여겨진다. 「순명(殉命) 3조」, 『독립운동사자료집(11): 의열투쟁사 자료집』, 서울: 독립운동사편찬위원회, 1984, 33-34쪽.

78) 『大倧敎重光六十年史』, 301쪽.

79) 「순명(殉命) 3조」, 『독립운동사자료집(11): 의열투쟁사 자료집』, 서울: 독립운동사편찬위원회, 1984, 33-34쪽.

80) 하정현, 「단일민족, 그 신화 형성에 관한 일 고찰: 종교 가르치기의 한 사례 연구」, 『종교문화비평』 29집, 2016 참조.

81) 박종일, 「종교와 근대민족주의의 형성 : 새로운 연구동향과 한국적 맥락에 대한 검토」, 『동양사회사상』 17집, 2008 참조.

82) 베네딕트 앤더슨, 『상상의 공동체: 민족주의의 기원과 전파에 대한 성찰』, 윤형숙역, 서울: 나남, 2004 참조.

83) 이제 다같은 단군의 자손이라거나 단일민족이라는 것은 근대에 형성된 일종의 '신화' 로서 근대 민족주의 형성과 함께 만들어진 전통이라는 식으로 이해할 수 있는 정도는 되었다고 생각한다.

84) 신용하에 의하면 한민족은 역사가 오랜 민족들처럼 원민족 → 전근대민족 → 근대민 족으로 발전해왔다고 한다. 신용하, 「한국 '원민족' 형성과 '전근대민족' 형성」, 『사회 와역사』통권88호, 2010년 겨울.

동학이 그린 공공세계 / 조성환

1) 동학을 철학이나 종교의 관점에서 다룬 대표적인 연구서를 들어 보면, 오문환, 『동학 의 정치철학』, 서울: 모시는사람들, 2003; 표영삼, 『동학(1, 2)』, 서울: 통나무, 2005; 최 민자, 『동학사상과 신문명』, 서울: 모시는사람들, 2005; 김용휘, 『우리 학문으로서의 동 학』, 서울: 책세상, 2007; 최종성, 『동학의 테오프락시』, 서울: 민속원, 2009; 정혜정, 『동 학의 심성론과 마음공부』, 서울: 모시는사람들, 2014; 박맹수, 『생명의 눈으로 보는 동 학』, 서울: 모시는사람들, 2014 등이 있다.

2) 박맹수, 『생명의 눈으로 보는 동학』, 서울: 모시는사람들, 2014에 수록.

3) 표영삼, 『동학1: 수운의 삶과 생각』, 서울: 통나무, 2004.

4) 김태창 구술, 이케모토 케이코 기록, 조성환 번역, 『(일본에서 일본인들과 나눈) 공공철 학대화』, 서울: 모시는사람들, 2017.

5) 참고로 김태창의 '공공하는 철학'은 이 '공공'이라는 말이 지니고 있는 동사적 의미를 그 대로 유지하면서, 거기에 '대화'나 '연대'[共働] 또는 '매개'와 같은 실천적 해석을 부여 하는 데에서 출발하고 있다.

6) "這理是天下公共之理."(이 리는 천하가 모두 공유하는 리이다) 黎靖德 編・王星賢 點 校, 『朱子語類(二)』, 「大學五・或問下・傳五章」, 北京: 中華書局, 1983, 399쪽.

7) "道則是物我公共自然之理."(도는 사물과 내가 모두 공유하는 자연의 리이다)『朱子語 類(四)』, 「孟子二・公孫丑之上」, 1256쪽. 참고로 중국사상사에 등장하는 '공공' 개념의 풍부한 용례는 金鳳珍, 「概念の伝統と近代-中国と日本における公共」, 平野健一郎 外 編, 『国際文化関係史研究』, 東京: 東京大学出版会, 2013을 참고하기 바란다.

8) 조성환, 「한국의 공공철학을 찾아서 - 공공하는 인간의 재발견」, 《월간 공공정책》 108, 2014년 10월, 84-5쪽.

9) "雖公天下事, 若用私意爲之, 便是私."(비록 천하와 함께 하는 '공'적인 일이라 할지라도 사적인 의도로 하면 '사'가 된다)『二程集(一)』『河南程氏遺書』卷4, 漢京文化事業有限 公司, 1983, 77쪽

10) "公只是仁之理." (공평함/보편성은 '인'의 원리이다) 『二程集(一)』『河南程氏遺書』 卷 15, 153쪽; "公者, 所以體仁, … 蓋公則仁." ('공'이라는 것은 '인'을 체득하는 방법이다. … 대개 '공'하면 '인'하다) 주희 지음, 임헌규 옮김, 『인설』 제5장 「인설도」, 서울: 책세 상, 2003, 56쪽.

11) "四之惡, 惡不善, 公也; 七之惡, 惡害己, 私也." (사단의 ('羞惡之心'의) '오(惡)'는 좋지 않은 것을 싫어하는 것이기 때문에 '공'이다. 칠정의 '오(惡)'는 자기를 해치는 것을 싫 어하기 때문에 '사'이다) 『星湖全書』7, 『四七新編』, 「聖賢之七情」. 안영상, 「旅軒 張顯 光과 星湖 李瀷의 성리설 비교 연구-사단칠정론과 인심도심론을 중심으로」, 『유교사 상연구』24, 2005, 58쪽 참조.

12) 『田中正造話』에 의하면, 다나카 쇼조는 1878년에 부동산 투자로 약 3천엔을 벌고 나 서 "一身以て公共に尽す"라고 선언했다고 한다. 小松裕, 「いま なぜ田中正造か」 小 松裕·金泰昌編, 『(公共する人間 4) 田中正造-生涯を公共に献げた行動する思想人』, 東京: 東京大学出版会, 2010, 7쪽, 286쪽('1878년' 조목).

13) 위의 책, 268쪽 60번.

14) 小松裕, 「田中正造没後100年 : 真の文明は人を殺さず」, 《聖教新聞》 2013.01.08; 小松 裕, 『田中正造 - 未来を紡ぐ思想人』, 東京: 岩波書店, 2013, 199쪽.

15) "天地公共の理." 平石直昭·金泰昌編, 『(公共する人間 3) 田中正造-公共の政を首 唱した開国の志士』, 東京: 東京大学出版会, 2010, 72쪽, 82쪽.

16) "모든 관공리(官公吏)가 멸사봉공의 정열에 불타는 심경(心境)에 이르면, 관민(官民) 의 간(間)에 드디어 원활을 가(加)할 것은 물론, 지성(至誠)의 영(映)하는 바 혹은 지주 와 소작인, 혹은 기업자와 노무자와 같은 사이에도 따뜻한 양해(諒解)를 증진하여 국 가에의 봉사(奉仕)로써 제일의(第一義)로 하는 소위 총친화(總親和), 총노력을 기(期) 치 않고도 실리(實理)될 수 있을 것이다." (1939년 4월 19일자 『조선총독부관보』. 강조 는 인용자의 것) 이윤옥, 「이순신 장군이 "멸사봉공" 뜻이나 알고 쓰나 - 〈조선일보〉도 〈표준국어대사전〉도 모르는 '멸사봉공'의 뜻」, 인터넷판 《Oh my News》, 2012.12.05.

17) 山脇直司, 「3·11以後の公共性」, 公益財団法人たばこ総合研究センター, 『談』 98, 東 京: 水曜社, 2013.11, 22-23쪽.

18) 조성환, 「한국의 공공철학, 그 발견과 모색-다산·세종·동학을 중심으로」, 『동학학 보』32집, 2014, 16쪽.

19) '국가적 공공성'이라는 개념은 시미즈 야스히사(清水靖久)의 "다나카 쇼조가 국가적 공공성과 대치한 것은 정부나 동산당(銅山堂)과의 싸움에서 패하고 나서가 아닐까?" 라는 말에서(清水靖久, 「田中正造と木下尚江」, 平石直昭·金泰昌編, 『(公共する人 間 3) 田中正造 - 公共の政を首唱した開国の志士』 89쪽), '국가공공'이라는 개념은 김 봉진의 "일본 전통/근대의 '공공'은 '공공의 국가화'에 의한 '국가공공'의 의미가 강하 다는 특징을 지닌다"라는 말에서(金鳳珍, 「概念の伝統と近代-中国と日本における公

共」の「おわりに」) 각각 빌려왔다.

20) '공공의 세속화'라는 표현은 조성환, 「近代日本における'公共'概念の変容 - 田中正造と 和辻哲郎を中心に」(일본어 요약문), 한양대학교 일본학국제비교연구소 주관, 『일본 문화와 공공담론』 발표집, 2014.11.22. 참조.

21) 김봉진(金鳳珍)이 '현대어의 공공/성에서 '천하공공'의 의미가 탈락'한 것은 '근대 이 래의 '공공의 국가화'에 기인한다'고 한 것은 바로 '천지공공에서 국가공공'으로의 전 환을 의미한다. 참고로 김봉진은 '천하공공'의 '천하'를 '천지만물로서의 전 세계'로 보 고 있다. 金鳳珍, 「槪念の伝統と近代-中国と日本における公共」의 「おわりに」.

22) "유도 불도 누천년에 운이 역시 다했던가."(『용담유사』「교훈가」) 양윤석 역주, 『용담 유사』, 서울: 모시는사람들, 2013, 26쪽. 이하에서 인용하는 『용담유사』의 원문과 쪽수 는 이 책에 의한다.

23) 『용담유사』「몽중노소문답가」(72쪽), 「권학가」(92쪽).

24) 『(신편 한국사 38) 개화와 수구의 갈등』(국사편찬위원회 홈페이지 pdf판) 「I. 개화파 의 형성과 개화사상의 발전」, 국사편찬위원회, 2002.

25) "십이제국 괴질운수 다시개벽 아닐런가."『용담유사』「몽중노소문답가」(74쪽).

26) "此世는 요순공맹의 덕이라도 不足言이라 하셨으니 現時가 후천개벽임을 이름이라. 선천은 물질개벽이요 후천인 인심개벽이니, 장래 물질발명이 其極에 달하고 만반의 事爲 空前한 발달을 遂할지니, 是時에 在하여 道心은 더욱 微하고 人心은 더욱 危할 지며, 더구나 인심을 인도하는 선천도덕이 時에 순응치 못할지라."(『해월신사법설』 37「其他」. 강조는 인용자의 것). 이규성, 『최시형의 철학』, 서울: 이화여자대학교출판 부, 2011, 225쪽. 이후 『해월신사법설』의 원문과 쪽수는 이 책에 의한다.

27) 『증산도 道典』 2편 94장.

28) "천사 가라사대 이제 혼란키 짝이 없는 말대의 천지를 뜯어고쳐 새 세상을 열고 비겁 (否劫)에 빠진 인간과 신명을 널리 건져 각기 안정을 누리게 하리니 이것이 곧 천지개 벽이라" 이상호, 『대순전경』(증산교본부, 1982) 제5장 「개벽과 선경」 1절, 297쪽.

29) 『대종경』「변의품」31-32(『원불교전서』, 익산: 원불교출판사, 2014, 254-5쪽); 박맹수, 「개벽의 선지자들(2)-수운 최제우」, 『월간 원광』 490, 2015.06; 박맹수, 「개벽의 선지자 들(2)-증산교 창시자 증산 강일순」, 『월간 원광』 491, 2015.07.

30) 원불교 개교표어 "물질이 개벽되니 정신을 개벽하자" 참조.

31) 개벽과 개화의 대비에 대해서는 조성환, 「개벽과 개화-근대에 대한 두 가지 접근」, 《개 벽신문》 57, 2016.07. 참조. 그리고 '개벽파'라는 말은 역사학자 이병한이 2014년에 쓴 「동학은 '농민 전쟁'이 아닌 '유학 혁명'이다!」(인터넷판 《프레시안》, 2014.01.20)라 는 글에서 처음 사용한 것 같다. 그러나 여기에서의 '개벽파'는 동학에 한정되고 있다. 이후에 이병한은 원불교까지 포함시켜 '개벽파'라는 말을 쓰고 있다(「'脫중국 쇄국정 책'? 망국의 첩경이다」, 인터넷판 《프레시안》 2017.03.24.).

32) "천인상여"는『해월신사법설』「천지부모」(134쪽)에 나오는 말로, "하늘님과 인간이 서로 함께한다(협력한다)"는 뜻이다. 이 개념에 대한 상세한 설명은 조성환,「'天道'의 탄생 - 동학의 사상사적 위치를 중심으로」,『한국 사상사학』44, 2013, 374-5쪽; 조성환,「'생명'의 관점에서 본 동학사상사」,『역사연구』28, 2015, 77-9쪽을 참조하기 바란다.

33) 이 '우주와의 공공'을 오문환은 '우주적 공공성'이라고 명명하였다(오문환,『해월 최시형의 정치사상』, 서울: 모시는사람들, 2003, 제6장「동학적 공공성의 성격과 변화 과정: 생활의 정치화」「제1절: 동학적 공공성의 특성」). 그는 "동학의 공공성에 관한 대부분의 기본 연구들은 개인, 계급(집단), 그리고 국가를 핵심적 정치 행위자로 설정하여 분석"하고 있다고 지적하면서(198쪽), 최시형의 공공성은 '우주적 공공성'을 지향하였다고 보았다(199-200쪽).

34) 이러한 경향은 특히 20세기의 '개벽' 연구에서 두드러진다. 가령, 윤이흠,「동학운동의 개벽사상」,『한국문화』8, 1987이나 황선명「후천개벽과 정감록」,『한국 종교』23, 1998 등.

35) 가령 박맹수는 민중종교의 개벽사상을 다룬 논문의 서두에서, 21세기에 일어난 새로운 사회적 현상들을, 최제우의 말을 빌려서, '다시개벽'이라는 말로 표현하면서, 그에 대한 종교의 모습도 달라져야 한다고 주장하고 있다. 이것은 '개벽'이 최제우 시대의 일회적 사건이 아니라, 이후에도 계속해서 반복되고 있는, 또는 반복되어야 하는 지속적인 사건임을 암시한다. 박맹수,「한국근대 민중종교의 개벽사상과 원불교의 마음공부」,『동학학보』13, 2007, 26쪽.

36) 21세기에 들어와서 개벽사상에 대한 연구는 우주론적 운명보다는 개인의 노력을 강조하는 경향이 두드러지고 있다. 그 선구적인 연구로는 2000년에 나온 오문환의「동학의 '후천개벽' 사상」(『동학학보』1)을 들 수 있고, 최근에는 정향옥이 '수행'의 관점에서 개벽사상을 분석하고 있다(정향옥,「한국 신종교 개벽사상의 수행적 성격 - 동학·천도교, 증산교, 원불교를 중심으로」,『신종교연구』34, 2016). 아울러 최근에 나온 개벽사상에 관한 가장 포괄적인 논의로는 윤승용,「한국 "근대종교"의 탄생; 한국의 근대 신종교, 근대적 종교로서의 정착과 그 한계-개벽사상을 중심으로」,『종교문화비평』22, 2012가 있다.

37) 동아시아학문에서 수양이 차지하는 위치에 대해서는 조성환,「수양으로서의 학문」,《월간 공공정책》128, 2016.06. 참조.

38) 『용담유사』「교훈가」(40쪽); 박맹수,『동경대전』「축문」, 서울: 모시는사람들, 2012, 45쪽. 이하에서 인용하는『동경대전』의 원문과 쪽수는 이 책에 의한다.

39) 『동경대전』「논학문」(11쪽).

40) 『동경대전』「수덕문」(26쪽).

41) 『동경대전』「포덕문」(7쪽).

42) 『동경대전』「논학문」(20쪽),「수덕문」(37쪽).

43) 『용담유사』 「교훈가」(25쪽, 37쪽).

44) 『용담유사』 「교훈가」(36쪽).

45) 『동경대전』 「수덕문」(37쪽).

46) 『용담유사』 「교훈가」(38쪽).

47) 그런 의미에서 '동학농민혁명'이라는 표현은 '동학농민개벽'으로 수정되어야 한다고 생각한다. 왜냐하면 오늘날 역사학계에서 사용하는 '혁명'이라는 말에는 왕조교체나 신분개혁과 같은 정치적 함의가 강해서, '개벽'에 본래 담겨 있는 "자기 수양을 바탕으로 새로운 세상을 열어간다"고 하는 의미를 온전히 담아내지 못하기 때문이다. 동학이 근본적으로 지향한 것은 정치적 '혁명'이 아닌 인문적 '개벽'이었다. 이에 대해서는 조성환, 「동학사상의 현대적 의미 - 사상으로서의 동학」 「3. 동학의 개벽사상」의 「(1) 후천개벽과 다시개벽」, 전라남도 문화관광재단·원광대학교 원불교사상연구원 주관, 『진도 동학농민혁명 국제학술대회 - 진도 동학농민혁명의 동아시아적 의미와 그 위상』 발표집, 2016.10.19 참조.

48) '천학'이라는 표현은 조성환, 「천학(天學)에서 천교(天敎)로 - 퇴계에서 동학으로, 천관(天觀)의 전환」, 서강대 박사논문, 2013에서 빌려왔다.

49) 한국에 전통적으로 내려오는 하늘사상에 대해서는 김경탁, 「하느님 관념 발달사」, 『한국문화사대계(X) - 종교·철학사(上)』, 서울: 고대민족문화연구소출판부, 1992(초판은 1965); 최동희·이경원, 『새로 쓰는 동학 - 사상과 경전』, 서울: 집문당, 2003의 「제1장. 한국문화에서의 하늘·하느님」; 조성환, 「천도의 탄생 - 동학의 사상사적 위치를 중심으로」의 「4. '천도'의 유래」 등을 참고하기 바란다.

50) "道則天道, 德則天德." 『동경대전』 「포덕문」(7쪽).

51) '천학'과 '도학'의 대비에 대해서는 조성환, 「살림과 주체로서의 하늘 : 공공철학적 관점에서 본 동학」, 《개벽신문》 58, 2016.09 참조.

52) 이 점은 A. C. Graham의 중국고대철학사 제목이 Disputers of the Tao : Philosophical Argument in the Ancient China(도에 대해 논쟁하는 사람들 : 고대 중국에서의 철학적 논변)인 점으로부터 엿볼 수 있다(La Salle, Ⅲ.; Open Court, 1989). 우리말 번역은 앤거스 그래이엄 지음, 나성 옮김, 『도의 논쟁자들 : 중국 고대철학 논쟁』(개역판), 서울: 새물결, 2015.

53) 반면에 당시 중국에서의 제천의례는 황제 일인만이 할 수 있는 매우 특별한 정치적 행사였다.

54) 야규 마코토(柳生眞)는 퇴계의 이 구절에 대해서 "주자가 天을 理쪽으로 끌어당겼다고 한다면 퇴계는 오히려 주자의 理를 天쪽으로 끌어당기고 있다"고 탁월하게 분석하고 있다. 야규 마코토(柳生眞), 「대산 이상정의 활물로서의 리 - 그 기원과 전개를 중심으로」 경상북도·교토포럼 주최, 『세계와 상통하는 경북정체성 국제포럼(1)』, 2011.06.03-06, 154쪽.

55) 조성환, 「실천학으로서의 '실학' 개념 - 율곡 개혁론의 철학적 기초」, 『철학논집』33, 2013, 110-3쪽.

56) 여기서 '천인'이란 최시형이 『해월신사법설』「개벽운수」(177쪽)에서 말하는 '하늘인간' (하늘님을 모시고 있는 인간)을 말하고, '천인공공'은 그런 '하늘로서의 인간들'이 서로 공공한다(=함께한다)는 뜻으로 썼다. 원래 '천인공공(天人公共)'이라는 표현은 김태창이 단군신화를 공공(하는)철학적으로 해석하면서 쓴 말로, "하늘[天]과 인간[人]이 함께 공공한다"는 뜻으로, 다른 말로는 '신인공공(神人公共)'이라고도 한다(金泰昌, 『ともに公共哲学する-日本での共働・対話・開新』, 東京: 東京大学出版会, 2010, 301쪽). 이후에 조성환은 이 말을 빌려서, 최시형의 '천인상여'(天人相與=하늘과 인간이 서로 함께한다)적, 또는 '천인상의'(天人相依=하늘과 인간이 서로 의존한다)적 천인관을 '천인공공'이라고 표현하였다(조성환, 「천도의 탄생 - 동학의 사상사적 위치를 중심으로」의 「3. 天人公共」). 여기에서는 "하늘과 인간이 함께 공공한다"는 천인상여적 천인관에 "하늘인간들[天人]끼리 함께 공공한다"는 새로운 의미를 가미해서 '천인공공'이라는 말을 사용해 보았다. 따라서 이 글에서 사용하는 동학의 '천인공공'에는 "하늘과 인간이 공공하다"와 "하늘인간들끼리 공공하다"는 이중적 의미가 담기게 된다.

57) '우주적 생명력'이라는 표현은 김태창의 「지금은 생명개벽이 필요한 시대(1),《개벽신문》56, 2016.07.에서 빌려 왔다. 김태창은 '우주생명'과 '개체생명'이라는 틀로 동학의 '하늘' 개념을 설명하고 있다. 즉, 하늘님[天主]은 모든 존재를 낳고 기르는 '우주적 생명력' 또는 '우주의 근원적 생명력' 또는 '우주생명'을 말하고, 모든 생명체는 이 우주생명으로 인해 탄생하고 활동하는 '개체생명'이라고 보았다. 참고로 '우주생명'이라는 표현은 포석 조명희(1894-1938)의 문학이나 「한살림선언」(1989) 또는 김지하의 글 등에 이미 나오고 있다("너는 선악을 초월한 우주생명의 현상이다." 조명희, 「어린 아기」, 『포석 조명희 전집』, 청주: 동양일보 출판국, 1995, 57쪽; 「한살림선언」 "4. 인간 안에 모셔진 우주생명," 모심과살림연구소, 『죽임의 문명에서 살림의 문명으로』, 서울: 한살림, 44쪽; "이 패러다임에서 본다면 일체는 우주생명입니다." 김지하, 『생명과 자치』, 서울: 솔, 1996, 55쪽. 이경숙・박재순・차옥숭, 『한국생명사상의 뿌리』, 서울: 이화여자대학교 출판부, 2007, 162쪽에서 재인용). 아울러 김태용은 도교의 생명주체주의를 '개체생명'과 '우주생명'이라는 개념으로 설명하고 있다. 김태용, 「도교의 생명주체환경윤리」, 『한국철학논집』 28, 2010.

58) "至氣今至願爲大降," 『동경대전』「주문」(48쪽).

59) "混元之一氣" 『동경대전』「논학문」(22쪽).

60) "吾人之化生, 侍天靈氣而化生; 吾人之生活, 亦侍天靈氣而生活." 『해월신사법설』「영부주문」(157쪽)

61) 『용담유사』「교훈가」(23쪽)

62) "우리가 태어난 것은 하늘님의 영기를 모시고 태어난 것이고, 우리가 생활하는 것도

하늘님의 영기를 모시고 생활하는 것이다(吾人之化生, 侍天靈氣而化生; 吾人之生活, 亦侍天靈氣而生活)." 『해월신사법설』「영부주문」(157쪽).

63) '서열화'라는 표현은 오구라 기조(小倉紀藏)와 고마츠 히로시(小松裕)에게서 빌려 왔다. 오구라 기조는 성리학은 리에 의해 인간이 서열화된다고 보았다. 그리고 고마츠 히로시는 근대 일본의 제국주의는 생명을 서열화하였다고 비판하였다. 小倉紀藏, 『韓国は一個の哲学である』, 東京: 講談社, 2011, 23쪽, 162쪽(「理による序列」); 小松裕, 『「いのち」と帝国日本』, 東京: 小学館, 2009, 「はじめに - 'いのち'の序列化」.

64) 이 구분은 도널드 먼로로부터 계발을 받았다. 먼로는 중국사상의 특징은 모든 인간이 다 성인이 될 수 있는 가능성을 가지고 태어난다고 보는 데에 있다고 하면서, 이것을 'natural equality'라고 하였다. 아울러 그렇다고 해서 그것이 누구나 동등하게 대접받아야 된다고 하는 'evaluative equality'를 의미하는 것은 아니라고 하였다. 여기에서 말하는 '가능적 평등'은 먼로의 'natural equality'에 해당하고, '현실적 평등' 또는 '가치적 평등'은 'evaluative equality'에 상응한다. Donald Munro, *The Concept of Man in Early China*, Stanford University Press, 1969.

65) 이 제목은 조성환, 「살림과 주체로서의 하늘 - 공공철학적 관점에서 본 동학」, 《개벽신문》 58. 2016.09의 마지막 절 「성인에서 천인으로」에서 빌려왔다.

66) "吾東方, 檀君始祖也. 蓋自天而降焉, 非天子分封也." (우리 동방은 단군이 시조입니다. [단군은] 하늘에서 내려 왔지 천자가 분봉하지 않았습니다), 『태종실록』 16년(1445) 6월 1일자 두 번째 기사에 나오는 변계량의 말.

67) "父子君臣, 天下之定理, 無所逃於天地之間." (부자와 군신은 천하의 정해진 윤리여서, 천지 사이에서 도망갈 곳이 없다) 『河南程氏遺書』 권5, 『二程集(一)』 77쪽.

68) 子曰: "君子和而不同, 小人同而不和." (선생님께서 말씀하셨다: "군자는 조화를 이루지만 동화되지는 않고, 소인은 동화되지 조화를 이루지는 못한다.") 『논어』「자로」.

69) 『정조실록』 15년(1791) 11월 7일 2번째 기사; 조성환, 「천학에서 천교로 - 퇴계에서 동학으로, 천관의 전환」 127-8쪽.

70) "唯天無別班常." 『해월신사법설』「포덕」(209쪽).

71) 김용옥, 『독기학설(讀氣學說)』, 「제12장. 성경과 천경, 당연과 자연, 윤리와 물리」, 통나무, 2004.

72) "어린 아이를 때리는 것은 하늘님을 때리는 것이다. 하늘님은 기운이 상하는 것을 싫어하신다." (打兒卽打天矣. 天厭氣傷) 『해월신사법설』「대인접물」(150쪽).

73) 홍종식 강연·춘파 기록, 「70년 사상 최대 활극 동학란실화」, 『신인간』 34, 1929.04. 박맹수, 「공공하는 철학에서 본 동학의 공공성, 『생명의 눈으로 보는 동학』, 서울: 모시는사람들, 2014, 175쪽에서 재인용(강조는 인용자의 것).

74) "유무상자"란 없는 사람과 있는 사람이 서로 돕고 아낀다는 사상으로, 동학 성립 때부터 수십 년 동안 동학공동체 안에서 실천되어 왔다고 한다. 박맹수, 「동학계 신종교의

사회운동사」, 박광수 외 『한국 신종교의 사회운동사적 조명』 집문당, 2017, 87-8쪽 참조.

75) 「조선국 동학당 동정에 관한 제국공사관 보고 일건」에 소개되어 있는 「동학농민군 12개 기율」의 한글번역문은 박맹수, 「동학계 신종교의 사회운동사」의 〈부록〉으로 실려 있는 참고자료 2)를 참조.

76) 박맹수, 「2014년, 우리는 왜 '동학'에 집중해야 하나」, 《원대신문》, 2014.03.30.

77) '생명주체'라는 표현은 김지하에 대한 다음과 같은 설명에서 빌려왔다: "김지하는 일을 하는 사람만이 생명의 본성에 알맞은 생명활동을 하는 생명주체라고 말한다." 이경숙·박재순·차옥숭, 「김지하의 생명사상」, 『한국생명사상의 뿌리』, 서울: 이화여자대학교 출판부, 2007, 184쪽.

78) '살림주체'라는 말은 《동양일보》 2016년 10월 30일자에 실린 동양포럼 감상문 「4부: 감상문 - 생명을 살리는 새 시대 향한 희망의 첫발 내디뎌」 중의 장지영의 「동아시아의 살림연대를 꿈꾸며」에서 빌려 왔다. 이와 유사한 표현으로는 현경의 "살림이스트"나(현경, 『미래에서 온 편지』, 열림원, 2001), 박재순의 "인간의 주체는 서로 살림과 서로 섬김의 주체다"를 들 수 있다(박재순, 『유영모·함석헌의 생각 365』, 「22일. 상생적 주체의 철학」, 서울: 홍성사, 2012).

79) 김선미, 「동학 연구가 표영삼-내 안의 하늘을 모시는 영원한 청년」, 《mountain》, 2008.04.30.

80) 공자는 자신의 사상적 작업을 "술이부작(述而不作)," 즉 "고대 성왕의 문물제도를 해석했을(述) 뿐이지 없는 것을 새로 만든(作) 것이 아니다"고 규정하였다(『논어』 「술이」).

81) 정인지는 세종의 훈민정음 창제를 "正音之作"이라고 표현하였다(『훈민정음 해례본』).

82) '자생적 근대' 또는 '비서구적 근대'라는 말은 박맹수에게서, '토착적 근대'라는 말은 기타지마 기신에게서 빌려왔다. 박맹수, 「한국근대 민중종교와 비서구적 근대의 길 - 동학과 원불교를 중심으로」, 『원불교사상과 종교문화』 33, 2006; 박맹수, 「한국근대 민중종교의 개벽사상과 원불교의 마음공부」, 『동학학보』 13, 2007; 기타지마 기신, 「토착적 근대란 무엇인가」, 《개벽신문》 58, 2016.09.

증산사상과 공공성 / 허남진

1) 조대협·홍성태, 「공공성의 사회적 구성과 공공성 프레임의 역사적 유형」, 『아세아연구』 56집 2호, 2013, 6쪽.

2) 정태식, 「현대사회에서의 종교의 사회적 위치와 공공성」, 『신학사상』 142집, 2008, 195-217쪽.

3) 김도공, 「원불교 초기 전개과정에 나타난 공공성의 변모양상」, 『신종교연구』 28집,

2013.

4) 박광수, 「박은식의 대동교(大同教)운동에 나타난 공공성(公共性)」, 『원불교사상과 종교
문화』 58집, 2013.

5) 박광수, 「한국 신종교의 개벽사상과 공공성(公共性)」, 『종교문화비평』 26집, 2014.

6) 유기쁨, 「생태적 불안사회의 종교: 생태 공공성과 종교의 자리」, 『종교문화비평』 26집,
2014.

7) 윤승용, 「근대적 종교로서의 정착과 그 한계」, 『종교문화비평』 22집, 2012, 174쪽.

8) 노길명, 「대순사상의 사회적 성격」, 『대순진리학술논총』 15집, 2014; 노길명, 「증산교 발
생 배경에 대한 사회학적 연구」, 『증산사상연구』 2집, 1975; 노길명, 「증산의 평등사상」,
『증산사상연구』 4집, 1978; 노길명, 「증산의 민중사상」, 『증산사상연구』 12집, 1986; 노
길명, 「초기 증산종단의 민족의식과 민족운동」, 증산종단연합회, 『일제하 증산종단의
민족운동』, 충남: 증산종단연합회, 1997, 노길명, 「'근대'의 충격과 증산종교운동」, 류병
덕 외, 『한일 근현대와 종교문화』, 서울: 청년사, 2001; 배용덕, 「천지공사와 그 역사적
필연성」, 『증산사상연구』 1집, 1975; 김탁, 『증산 강일순』, 파주: 한국학술정보, 2006.

9) 윤해동·황병주 편, 『식민지 공공성』, 서울: 책과 함께, 2010, 4쪽.

10) 유기쁨, 「현대 종교문화와 생태 공공성-부유하는 '사적(私的)' 영성을 넘어서」, 『오토피
아』 31집 2호, 2016, 26쪽.

11) 윤승용, 「'근대 한국 종교의 공공성 재구축'에 관한 短想들」, 『원광대 원불교사상연구
원 제1회 대학중점연구 콜로키움 자료집』(2016. 11. 30), 4쪽.

12) 조대협, 「공공성의 재구성과 기업의 시민성」, 『한국 사회학보』 41집 2호, 2007, 4쪽.

13) 사이토 준이치, 『민주적 공공성: 하버마스와 아렌트를 넘어서』, 윤대석·류수연·윤
미란 옮김, 서울: 이음, 2009, 18-19쪽.

14) 조한상, 『공공성이란 무엇인가』, 서울: 책세상, 2009 참조.

15) 한나 아렌트, 『인간의 조건』, 이진우·태정우 옮김, 서울: 한길사, 1996, 102-103쪽.

16) 위의 책, 103쪽.

17) 나종석, 「공공성의 개방성과 배제: 공공성의 개방성과 공통성 사이의 긴장을 너머」,
『칸트연구』 28집, 2011, 174쪽.

18) 사이토 준이치, 앞의 책, 27-29쪽.

19) 金泰昌, 「一つの公共宗教試論」, 稻垣久和·金泰昌 編, 『公共哲学 16: 宗教から考える
公共性』(東京: 東京大学出版会, 2016), p.107.

20) 김태창 편저, 『상생과 화해의 공공철학: 중국과의 對話 共働 開新』, 조성환 옮김, 서울:
동방의빛, 2010, 72-76쪽.

21) Robert N. Bellah., Richard Madsen, William M. Sullivan, Ann Swidler & Steven M.
Tipton, *The Good Society*(New York: Knopf, 1991), p.180.

22) 폴커 게르하르트, 『다시 읽는 칸트의 영구평화론』, 김종기 옮김, 서울: 백산서당, 2007,

295쪽.

23) 노길명, 「한국 신종교운동의 성격」, 『대순사상논총』 7집, 1999, 585-608쪽.

24) 위의 논문, 195쪽.

25) 개항기 전통의 유지와 근대화의 달성이라는 시대적 과제에 직면한 한국 사회는 양대 과제를 둘러싸고 논쟁을 벌였다. 따라서 개항기라는 역사적 시점은 전통과 서구 근대의 세계관의 충돌, 문명과 문명의 충돌이 벌어진 시기였다. 이러한 상황에서 서구 근대 문명에 대한 수용불가론, 부분적 수용론, 전면적 수용론 등 서구 근대 문명의 체계에 대한 인식의 편차가 존재하였다. 특히 강증산은 서구문화 특히 서구과학기술에 대해 선택적 친화성을 보였다.

26) 『大巡典經』 5장 12절.

27) 『大巡典經』 1장 27절.

28) 『大巡典經』 5장 4절.

29) 노길명, 「한국 근대 사회변동과 증산종교운동」, 207쪽.

30) 『大巡典經』 2장 84절.

31) 김탁, 앞의 책, 31쪽.

32) 이경원, 『대순진리회 신앙론』, 서울: 문사철, 2012, 99쪽.

33) 김탁, 앞의 책, 33쪽.

34) 『대순전경』 2장 128절.

35) 김탁, 앞의 책, 34-38쪽.

36) 김태창, 『일본에서 일본인들에게 들려준 한삶과 한마음과 한얼의 공공철학 이야기』, 서울: 모시는사람들, 2012, 406-407쪽.

37) 김용환, 「상생윤리의 교육 범례」, 『윤리교육연구』 21집, 2010, 169-171쪽.

38) 오문환, 「동학사상에서의 자율성과 공공성」, 『한국정치학회보』 36집 2호, 2002, 8-20쪽; 한편 송호근은 동학이 자각인민 형성과 평민의 공공성을 성장, 발아시킬 수 있는 '평민 공론장'의 기초를 닦았다고 주장한 바 있다. 송호근, 『시민의 탄생: 조선의 근대와 공론장의 지각변동』, 서울: 민음사, 2013, 108-153쪽.

39) 노길명, 「증산의 평등사상」, 113-138쪽.

40) 『大巡典經』 3장 5절.

41) 『大巡典經』 6장 114절.

42) 김태창, 『일본에서 일본인들에게 들려준 한삶과 한마음과 한얼의 공공철학 이야기』, 388쪽.

43) 김홍철, 「해원상생 사상과 그 실천이념」, 『대순진리학술논총』 4집, 2009, 73쪽.

44) 김태창, 위의 책, 388쪽.

45) 『大巡典經』, 6장 106절.

46) 『大巡典經』, 2장 42절.

47) 『大巡典經』, 3장 18절.

48) 『大巡典經』, 3장 24절.

49) 김탁, 앞의 책, 81-83쪽.

50) 김탁, 앞의 책, 82쪽

51) 김지하 외, 『미륵사상과 민중사상』, 서울: 한진출판사, 1988, 26쪽.

52) 『大巡典經』, 4장 129절.

53) 최신한, 「후기세속사회의 종교 담론과 시민종교」, 『헤겔연구』 33집, 2013, 199-200집.

54) 신광철은 한국 신종교들이 '모던'과 적극적으로 대면하였을 때, 전통의 한계를 분명하기 인식하고 당시의 시대적 요구와 과제를 무엇이며, 과제 해소를 통해 다다라야 할 지점을 분명하게 제시하였다는 점은 포스트모던의 3대 시점인 '이후', '반대', '넘어서'의 과제를 나름의 입장표명으로 해석될 수 있기 때문에 그들은 이미 '모던'을 넘어섰지도 모른다고 해석한 바 있다. 신광철, 「포스트 모던과 신종교」, 『신종교연구』 19집, 2008, 9-20쪽.

55) Roberto Mangabeira Unger, *The Religion of the Future* (Cambridge, MA: Harvard University Press, 2014), pp.123-124, 261-263; 백낙청, 「문명의 대전환과 종교의 역할」, 원광대학교 원불교사상연구원 편, 『종교 · 생명의 대전환과 큰 적공』, 서울: 모시는사람들, 2016, 51쪽에서 재인용.

56) 유기쁨, 앞의 논문, 30쪽.

원불교의 종교성과 공공성 / 원영상

1) 여기에서는 전통종교와 외래 유입종교는 제외한다. 불교, 유교를 포함한 전통종교와 일본이나 서양 등에서 유입된 종교까지를 포함한다면, 연구방법에 대한 새로운 차원의 문제를 제시해야만 하기 때문이다.

2) 박광수 외 지음, 『근대 한국과 일본의 공공성 구상』 1 · 2권, 성남: 한국학중앙연구원출판부, 2015 참조.

3) 공공철학이 활발하게 진행되고 있는 일본의 최근 논의는 국가의 역할에 대한 것이다. 특히 2011년 3월 11일 일본 동북지방 앞바다의 대지진과 쓰나미(해일)로 인해 후쿠시마현(福島縣) 제1원자력발전소에서 발생한 사고는 일본에 '국가란 무엇인가'에 대한 심각한 의문을 던져주었다. 완전하다고 주장했던 원자력발전소가 붕괴되어 국가나 공공기관도 못 믿는 상황이 된 것이다.

4) 장자크 루소(Jean Jacques Rousseau, 1712-1778)는 『사회계약론』(정영하 옮김, 서울: 산수야, 2005)에서 종교를 인간의 종교와 시민의 종교로 분리한다. 그리고 전자는 순수한 종교로 이 땅의 현실보다는 피안의 세계에 더욱 집중한다. 이는 정치체제와는 무관하며 시민들을 국가와 분리시킨다. 후자는 신앙과 조국애가 일치하며, 국가 봉사는 곧

국가를 보호하는 신에게 봉사하는 것과 일치한다. 이러한 시민종교론은 국가에 한정되어 있다는 것에 한계가 있다.

5) 에밀 뒤르켐(Emile Durkheim, 1858-1917)은 『종교생활의 원초적 형태』(노치준·민혜숙 옮김, 서울: 민영사, 1992)에서 종교문제를 인간의 태도인 성속(聖俗)의 문제로 보고, 속은 공리적 태도, 성은 도덕적 의무와 지상명령으로 보았다. 성스러움은 개인표상 차원에서는 해석 불가능하므로 개인에게는 외재함과 동시에 소여된 것이다. 그는 의례가 사회연대의 강화에 목적이 있듯이, 성은 개인적 경험이 아니라 사회에 근원하고 있다는 기능주의적 관점에서 종교를 보고 있다.

6) 로버트 벨라(Robert N. Bellah, 1927-2013)는 *Religion in Human Evolution: From the Paleolithic to the Axial Age*(Harvard University Press, 2011)에서 시민종교는 국가의 시민적이고 정치적인 현실을 초월한 틀과 사회구성원을 통합시키는 공통의 가치와 실천사항을 제공하는 것으로 보고 있다. 즉, 정치권력에 정당성을 제공하는 동시에 사회적인 결속을 창출하여 공동 목적을 위해 사회 자원을 동원하는 상징, 신념, 의식, 제도의 체계를 의미한다고 보았다. 특히 이를 미국의 공민 종교라는 시각으로 바라보고 있다.

7) 김태창, 『상생과 화해의 공공철학』, 서울: 동방의 빛, 2010 참고.

8) 김태창이 주도한 일본의 공공철학은 공공철학 시리즈(東京: 東京大学出版会, 2001-2006) 전 20권에서 다양한 영역의 공공철학의 문제를 다루고 있는 것에서 상세히 알 수 있다. 한국에서 출판된 책으로는 김태창 구술, 야규 마코토 기록, 『공공철학(公共哲學) 이야기』, 정지욱 옮김, 서울: 모시는사람들, 2012; 김태창 구술, 이케모토 케이코 기록, 『공공철학(公共哲學) 대화』, 조성환 옮김, 서울: 모시는사람들, 2017 등이 있다.

9) 김태창, 「공공철학이란 무엇인가?」, 『철학과 현실』, 서울: 철학문화연구소, 2007, 82-83쪽.

10) 같은 글, 83쪽. 活私開公은 매몰된 사를 살리고 공을 열어 조화를 꾀하는 것이며, 公私共媒 또한 같은 맥락에서 공과 사가 함께 매개되는 공공성을 지향하는 것이다.

11) 김병총 평역의 『史記』 1-10권(서울: 집문당, 1994) 참조.

12) 장석지는 한나라 문제 때에 법을 총괄하는 직책을 맡고 있던 고위 관리였다. 황제의 행차를 방해한 사람에 대해 문제는 황제의 목숨을 위태롭게 한 죄에 대해 형벌을 더 내려야 한다고 주장했다. 이에 대해 장석지는 "법이란 천자가 천하와 함께 공공(公共)하는 바입니다"라고 했다.

13) 조성환, 《개벽신문》 54호, 서울: 개벽하는사람들, 2015년 5월.

14) 조성환, 위의 글.

15) 근대 한국 종교에는 종교학에서 말하는 啓示宗教와 開悟宗教의 특성이 다양하게 나타나고 있다.

16) 근대 일본에서는 반자본주의는 반국가주의와 동일한 개념으로 보았다. 이에 대한 국가의 탄압은 패전 때까지 지속적으로 이루어졌다. 사회주의와 연관된 불교탄압에

대해서는 원영상,「근대 일본불교의 현실참여와 아나키즘」,『일본근대학연구』33집, 2011 참조.

17) 東道西器(한국), 和魂洋才(일본), 中體西用(중국)의 개념은 동양의 대응방식이었다고 할 수 있다. 이러한 이념은 불법연구회의 개창 슬로건인 "물질이 개벽되니 정신을 개벽하자"라는 이념으로 나타나기도 했다. 원불교는 현재에도 개교표어로써 계승하고 있다. 원불교전서편찬위원회,『圓佛敎全書』, 이리: 圓佛敎正化社, 1977. 첫 장에 이를 명기하고 있다.

18) 당시 유럽에서 활발하게 일어난 협동조합 운동의 연장선에서도 고려할 필요가 있다.

19) 당시에는 포교의 자유라는 말을 통해 이 이념이 제시되었다.

20) 이러한 주체적인 민족주의는 원불교의 제2대 지도자인 宋奎(1900-1962)가 해방 후 간행한『건국론』(박정훈 편저,『한울안 한 이치에』, 이리: 원불교출판사, 1982)으로도 계승되었다고 할 수 있다.

21) 대종교의 독립운동은 기회를 달리해서 발표해야 할 방대한 연구 작업이다. 이에 대한 연구가 최근에 활발해졌다. 대표적으로는 김동환의「일제의 종교정책과 대종교: 탄압과 쇠망의 연관성을 중심으로」(『한국 종교』38호, 2015)와 차옥숭의「대종교인의 독립운동과 사상의 변천 양상」(『한국 종교』40호, 2016)을 참조.

22) 잡지의 발간은 시민운동과 깊은 연관을 가지고 있다. 근대 한국의 불교잡지와 계몽에 대해서는 조명제의「1910년대 식민지조선의 불교 근대화와 잡지 미디어」(『종교문화비평』30권, 2016)를 참조.

23) 그 외에도 자선과 교육활동이 있으나 이는 종교의 일반적인 사회참여이므로 여기서는 제외한다. 그럼에도 해방 이후 원불교는 유일학림(원광대학교 전신)을 개교하고, 교육 사업을 확장함으로써 근대적 종교교육의 대열에 참여하였다. 자선사업 또한 현재는 기독교, 천주교, 불교에 버금가는 복지 사업으로 확산되어 가고 있다.

24) 이를 원불교에서는 신정절·대각개교절·석존성탄절과 함께 원불교 4대 경절의 하나로 자리매김 하고 있다.

25) 원불교 정화사 編,『원불교 교사』, 이리: 원불교 교화부, 1975, 1115쪽.

26) 같은 경전.

27) 『대종경』제1서품 2장.

28) 그 구상이 담긴『朝鮮佛教革新論』(이리: 불법연구회, 1936)은 한용운의『조선불교 유신론』보다 22년 후에 출간되었다. 내용은 ①과거 조선 사회의 불법에 대한 견해, ②조선 승려의 실생활, ③서가모니불 지혜와 능력, ④외방의 불교를 조선의 불교로, ⑤소수인의 불교를 대중의 불교로, ⑥분열된 교화 과목을 통일하기로, ⑦등상불 숭배를 일원상 숭배로써 총 7장으로 구성되어 있다. 이에 대한 연구는 다음을 참조. 한기두,「朝鮮佛教革新論 解題」,『원불교사상과 종교문화』7집, 1983; 양은용,「少太山大宗師의『朝鮮佛教革新論』과 佛教改革理念」,『원불교사상과 종교문화』32집, 2006; 정순일,

「만해의 불교유신과 소태산의 불교혁신」, 『원불교사상과 종교문화』 64집, 2015.

29) 박용덕, 『소태산의 대각, 방언조합 운동의 전개』, 익산: 원광대학교 중앙도서관 원불
교자료실, 2003.

30) 당태종은 방현령 등 명신을 등용하여 율령의 찬정, 군정의 정비, 학예의 장려에 힘쓰
고 선정덕치를 베풀어 국위를 내외에 떨쳤다. 이때가 당나라의 전성시대였고, 이를
'정관의 治'라고 한다.

31) 『대종경』 제1서품 제9장. 이를 통해 교단 창립의 물질적 토대 구축, 영육쌍전 · 이사병
행의 교의 구축, 제자들의 일치단결과 창립정신 고취, 민족의 경제자립 운동과 조국
독립의 실력 배양, 지역사회 개발운동과 사회개혁운동, 공익정신의 앙양과 공도정신
을 구현하고자 했다고 할 수 있다.

32) 오세영, 「원불교사회복지의 형성, 그 특징과 의의」, 『원불교사상과 종교문화』 61집,
2014.

33) 사이비종교로 낙인찍힌 일제 강점기는 수난과 독립운동의 과정이었다고 할 수 있다.
대표적 인물은 宋碧照(1876-1951)와 邊衆船(1903-1980)이다. 송벽조는 일제의 수탈에
의한 한민족의 고통을 보고 울분을 참지 못했다. 그는 "지금 한민족이 도탄에 빠져 그
고통이 극심하니, 천황은 정신을 차려 새로운 정책으로 한민족의 복리를 도모하라"는
진성서를 보냈다. 그러나 이 편지가 천황에게 가기 전에 일본 경찰에 압수되어 천황
의 신성을 해쳤다는 이유로 1년 이상의 옥고를 겪게 되었다. 석방된 후에는 후진양성
에 힘을 기울였다. 변중선은 상해임시정부에서 국권회복운동을 한 인물이다. 그리고
그는 『한국독립운동약사』를 저술하기도 했다. 청년시절 중국으로 건너가 독립운동에
투신하여 상해 임시정부 국무위원을 역임하였다. 1973년 원불교에 투신하였다. 원불
교 정화사 編, 『원불교 교사』, 이리: 원불교 교화부, 1975; 김홍철, 「日帝侵略下 圓佛敎
의 民衆運動에 關한 硏究」, 『원불교사상과 종교문화』 7집, 1983; 박맹수, 「일제강점기
선산 변중선(禪山 邊衆船)의 민족독립운동과 그 성격」, 원광대학교 원불교사상연구
원 학술대회자료집, 2011 참고.

34) 『정산종사법어』 제3국운편.

35) 박정훈 편저, 앞의 책.

36) 이에 대한 연구는 다음을 참조. 한국원불교학회 편, 『남북화해와 송정산의 건국론』,
익산: 원불교사상연구원, 1997; 백낙청, 「統一思想으로서의 『建國論』」, 『원불교학』 2
집, 1997; 유명원, 「宋鼎山의 建國論과 趙素昂의 三均主義에 對한 比較 硏究」, 원광대
석사논문, 1998; 신순철, 「『建國論』의 저술 배경과 성격」, 『원불교학』 4집, 1999; 강종
일, 「중립화 통일이념과 『건국론』」, 『원불교학』 8집, 2002.

37) 이에 대해서는 원영상의 「원불교의 탈불교화 과정에 대한 연구」(『신종교연구』 35호,
2016)에서 논하고 있다.

38) 『大宗經』 제1서품 2장,

39) 소태산은 일찍이 사회가 병들었다고 보았다. 핵심 경전인 『正典』의 제3 수행편 제15
장에서 병든 사회와 그 치료법을 제시하고 있다. 또한 그의 행장과 어록인 『대종경』
교의품에서는 병든 사회에 대한 구체적인 문제점을 제시하고 있다.

40) 포교와 교화는 다소 다른 의미를 내포한다. 전자는 가르침을 전파하는 것에 무게가
있다면, 후자는 대상을 불법의 주체자로 변화시킨다는 의미가 강하다. 원불교는 후자
를 주로 사용한다.

41) 『대종경』 제2교의품 35장.

42) 『정전』 개교의 동기에서 "진리적 종교의 신앙과 사실적 도덕의 훈련"을 강조한 것은
이러한 뜻에서이다.

43) 윤승용, 「한국의 근대 신종교, 근대적 종교로서의 정착과 그 한계: 개벽사상을 중심으
로」, 『종교문화비평』 22권, 2012, 173-174쪽.

44) 증여는 최근 현대철학에서 논의되고 있다. 대자적인 관계의 한계를 돌파하고자 하는
노력들이다. 데리다, 부르디외, 레비나스 등 여러 철학자가 증여를 논하고 있지만, 여
기서는 한계를 벗어나는 문제이므로 생략하기로 한다.

45) 이것은 현상 전체를 대표하는 개념이다.

46) 여러 논이 있지만, 최근에는 윤리적인 관점을 넘어 신앙상의 절대적 세계로까지 확대
해야 한다는 논의가 일고 있다.

47) 최남선이 「朝鮮佛敎: 東方文化史上에 있는 그 地位」(『佛敎』 74호, 京城: 佛敎社, 1930)
에서 한국불교의 회통사상을 논한 이후, 비판적 성찰 없이 사용하고 있다.

48) 『정전』 교법의 총설.

49) 세계종교자평화회의(WCRP)는 1970년 함께 사는 세계를 위해 행동해야 할 내용에 대
해 다음과 같이 7개 항을 내세웠다. 공동의 인간성, 공동의 안전, 상호의존성, 공동의
미래, 공동의 삶, 포괄적 교육, 희망과 헌신. 이러한 내용은 세계보편윤리를 확립하
는 기초라고 할 수 있다. 1990년대부터 유네스코 철학 · 윤리국에서는 보편윤리 프로
젝트를 추진하고 있다. 1997년 파리에서 "보편윤리를 위한 개념적, 철학적 기초"를,
1999년 한국에서 "보편윤리와 아시아 가치"라는 주제로 심포지엄을 가졌다.

50) 원불교와 삼보의 개혁, 참여불교의 성격에 대해서는 원영상(Won, Yong-Sang)의
"Dialogue between Buddhism and Won-Buddhism: With Special Reference to Won-
Buddhism`s Buddhist Reformation", *International Journal of Buddhist Thought &
Culture Vol. 23*(International association for buddhist thought and culture, 2014)을 참
조.

51) 남방불교에서도 팔리어로 "Buddham saraṇaṃ gacchāmi, Dhammam saraṇaṃ
gacchāmi, Saṅghaṃ saraṇaṃ gacchāmi"라고 왼다.

52) Christopher S. Queen · Sallie B. King 편저, 『평화와 행복을 위한 불교지성들의
위대한 도전: 아시아의 참여불교(원제; *Engaged Buddhism: Buddhist liberation*

movements in Asia)』, 박경준 역, 서울: 초록마을, 2003(원어 초판: 1996). 크리스토퍼 퀸은 참여불교의 삼보해석을 개인적-지도자-붓다, 해방을 교의적-가르침-다르마, 운 동을 제도적-행위-상가라고 관련지었다.

53) 소태산은 『대종경』, 제2교의품 20장에서 "불상이 아니면 신심이 나지 않는 사람은 불 상을 모신 곳에서 제도를 받아도 또한 좋을 것"이라고 하여 전통적 불상을 구제 방편 으로써 계승하고 있다.

54) 『대종경』 제2교의품 3장.

55) 원불교의 출가제도는 새롭게 형성된 것이다. 전통적인 3사7중제를 계승하지 않고 있 으며, 출가라는 개념은 오히려 원불교 초기교단에서 사용된 全務出身이라는 개념에 상응한다.

56) 『정전』 사은.

57) 한국 종교인평화회의는 향후 한국 사회에서 중요한 비중을 차지할 것으로 본다. 재 해, 전쟁, 폭력 등으로 국가의 한계에 봉착했을 때, 종교의 비중이 더욱 커질 것이기 때문이다. 국가의 폭력성이나 권력의 한계 등은 카야노 도시히토의 『국가란 무엇인가 (국가의 본질에 대한 역사적 고찰)』(김은주 역, 서울: 산눈, 2010)에 잘 나타나 있다.

58) 『원불교교사』 제3편 성업의 결실, 앞의 경전, 1157-1158쪽.

대종교의 종교성과 공공성 / 김봉곤

1) 대종교에 관해서는 주로 독립운동을 전개한 독립운동 단체라는 관점에서 연구가 진 행되어 왔으나, 대종교의 종교성을 주목하여 대종교가 종교단체로서 독립운동을 하 였다는 연구가 있다(강돈구·고병철, 「대종교의 민족주의연구」, 『단군학연구』6집, 2002.6). 대종교 교리형성사를 검토한 결과 1910년 일제의 강점 이후 대종교가 정교분 리의 원칙아래 민족주의적 색채를 띤 종교성을 크게 부각하였음을 확인할 수 있었다.

2) 김성환, 「『단군교포명서』의 檀君 認識」; 서광일, 「『단군교포명서』와 항일민족운동」; 정영훈, 「『단군교포명서』와 그 사상사적 의의: 단군민족주의와의 관련성을 중심으로」 ; 김동환, 「『단군교포명서』의 단군신앙 체계」; 임찬경, 「『단군교포명서』의 고구려 인 식」, 『국학연구』13집, 2009.12.

3) 『삼일신고』는 최윤수, 이승호, 이근철, 엄진성, 조준희 등 많은 인물들에 의해서 연구가 진행되었다(최윤수, 「삼일신고와 참전계경의 구성 비교」, 『한국정신과학학회지』3-2 호, 1999 외 5편의 논문 ; 이승호, 「『삼일신고』의 신관에 관한 철학적 연구」, 『신종교연 구』26집, 2012 외 2편의 논문; 이근철, 「『三一神誥』의 '天'에 대한 철학적 고찰」, 『도교 문화연구』36집, 2012.4 외 2편의 논문 ; 엄진성, 「유가 지식인의 관점에서 본 『삼일신 고』의 이해 : 대종교와 단군교의 비교 분석을 중심으로」, 『민족문화논총』64집, 2016.12 외 1편 ; 조준희, 「삼일신고 독경 연구」, 『선도문화』7집, 2009.8 외 1편 등 많은 논문이

있다).

4) 조준희, 「대종교 초기 경전 발굴과 검토」, 『숭실사학』 36집, 2016, 140-141쪽.

5) 조준희, 「서일의 대종교 『오대종지강연』」, 『숭실사학』 29집, 2012.12.

6) 김동환, 「大倧敎와 弘益人間思想 : 弘巖思想과 大倧敎의 五大宗旨를 中心으로」, 『국학연구』 7집, 2002.12.

7) 조준희, 「조선총독부 문서철-社寺宗敎, 大倧敎·檀君敎ノ件(1911)」, 『숭실사학』 35집, 2015.

8) 염승준, 「종교적 '공공성'의 개념과 의미 고찰」, 『한국적 공공성의 모색과 근대 한국 종교의 공공성』(2017년 한국연구재단 대학중점연구소 원불교사상연구원 학술대회), 원광대학교 원불교사상연구원, 2017.5.31, 2쪽.

9) 허남진, 「증산사상과 공공성」, 『한국적 공공성의 모색과 근대 한국 종교의 공공성』(2017년 한국연구재단 대학중점연구소 원불교사상연구원 학술대회), 원광대학교 원불교사상연구원, 2017.5.31, 97쪽.

10) 「단군교포명서」, 부백(附白), "본교경전(本教經典)과 선악영험편(善惡靈驗篇)과 인신론(人神論)과 본교제철신심록(本教諸哲信心錄) 단군조실사(檀君朝實史)와 본교역대고사기(本教歷代古事記)와 백봉신형현세기(白峯神兄現世記)와 그 외 각종 서적은 시기의 적당함을 보며 인심의 신앙함을 따라 차례로 세상에 광포하려니와."

11) 『梅泉野錄』 卷6, 隆熙3年(1909) 10月 「檀君敎創設」, "檀君敎敎人, 稱於白頭山石广中, 得檀君事蹟, 遂起古經閣, 推白峰者爲大宗師, 凡入會者, 必捺白峰印, 以爲信票, 大抵類東學."

12) 「檀君敎五大宗旨佈明書」, (한국학중앙연구원 소장), "四千二百四十二年 十月三日 開極慶節白峰大宗師神兄 親閱."

13) 「단군교오대종지포명서」는 한국학중앙연구원 소장본을 대상으로 살펴보면, 총 31면으로서 「大皇祖神孫遠流之圖」, 「倍達神國三千團部圖」 등 두 개의 지도의 지도와 본문인 「단군교오대종지포명서」로 구성되어 있다. 「大皇祖神孫遠流之圖」는 倍達民族神敎史의 내용을 바탕으로 倍達民族에 포함되는 각 족속명을 기록하였고, 「倍達神國三千團部圖」는 동북쪽의 달단해협과 서북쪽의 홍안령 이남의 각 지역이 그려져 있다. 본문인 포명서의 마지막 부분은 4,242년 즉 1909년 10월 3일 개국경절에 백봉 대종사가 친히 검토했다고 하여, 이 글이 백봉에 의해 검토되었음을 밝히고 있다.

14) 「檀君敎五大宗旨佈明書」, "賦與顧本歸源之心 稟給感通靈誠之性 授付輯類和黨之情 分方區而定團部之範圍 制衣食之資 事物之供用 使之拱戴 無相遠貳 使之輔合 無相爭奪 使之覺悟 無相愚迷 使之安保 無相敬失 使之通籍 無相匿乏 特明示福善禍惡之道 警告勸懲之方法 盖善惡報應之理 卽神之賞罰之典也."

15) 《황성신문》 1910년 5월 25일자, 「檀君敎說筆記」, "大抵地球東西에 人類歷史가 發現되기 以前으 紀得치못ᄒ거니와 一切人種이 發現ᄒ 以後ᄂ 宗敎라ᄒᄂ거시 人類의 居

生秩序를 整頓ㅎㄴ 原素가되얏고 其日政治也法律也ㅣ라ㅎㄴ 性質은 宗教時代가 一
變ㅎ야 地球上에 各種人類가 次次蕃衍ㅎ 後於是乎國與國이 角立ㅎ미 其人民의 行動
을 制限ㅎ기 爲ㅎ야 人作ㅎ 賞罰典을 調用ㅎㄴ 名稱이니 此를 推量ㅎ 則宗教의 範圍
ㄴ 何教를 勿問ㅎ고 一切人類의 化生ㅎ 厥初에 天賦ㅎ신 靈覺性을 順修ㅎ야 人人마
다 善을 作ㅎ고 惡을 避ㅎ야 天予ㅎ신 福利를 共同保守케ㅎ이오 政治와 法律의 範圍
ㄴ 民生의 智慾이 長養되ᄂᄃᆞ로 一切行動을 制限ㅎ야 各其權利을 無相侵害케ㅎ이니
所以로 何教이던지 宗教家의 思想範圍ㄴ 政治家의 以上에 存在ㅎ야 決코 人類의 私
慾競爭에ㄴ 參涉이 無ㅎ다 斷言ㅎ지며."

16) 『大倧教重光六十年史』(大倧教總本部, 1971年刊), 159쪽, "四愼 1. 教는 時局에 無關하
니 安心立命함. 2. 新法에 注意하여 犯科가 無케 함. 3. 財産保管은 所有權과 法律을
信賴함. 4. 혹 冤枉을 被하면 誠心으로 解決함."

17) 조준희, 「조선총독부 문서철 社寺宗教, 大倧教‧檀君教ノ件(1911)」, 『숭실사학』 35집,
381-382쪽.

18) 위의 논문, 396쪽.

19) 같은 논문.

20) 총독부에서는 대종교 또는 단군교라고 칭하는 것은 종래 한국 정부에서 적극적으로
그것을 종교로 인정한 사실이 없을 뿐만 아니라, 또 소극적으로 그것을 종교로서 감
시하거나 혹은 보호하거나 한 흔적이 없다는 것을 보면, 그것을 종교로 공인한 적이
없음이 명확합니다(위의 논문, 386-387쪽).

21) 조준희, 앞의 논문, 387쪽.

22) 『삼일신고』는 1912년 4월 5일 대종교본사에서 김교헌에 의해 간행되었다.(「三一神
誥」(국립중앙도서관 소장) 18쪽, 간행사항 참조)

23) 오기호, 「대종교시교문」(1912)(『알소리』 3, 서울: 한뿌리, 2006)

24) 같은 책, 176쪽. "神兄이 黙契를 受ㅎ사 大倧教를 闡明ㅎ야 天宮을 大闢ㅎ고 한배의
心을 體ㅎ며 先哲의 志를 繼ㅎ야 本教의 五宗旨를 宣布ㅎ니 曰敬奉天神, 誠修靈性,
愛合宗族, 靜求利福, 勤務産業이라."

25) 조준희, 「서일의 대종교 『오대종지강연』」, 『숭실사학』 29, 2012.12.

26) 서일은 1916년 4월 상교로 승질하여 총본사 전강으로 전임하였고, 4월 14일 特選司教
로 超陞되어 天宮의 靈選에 참여하였다.(신운용, 「서일의 민족운동과 대종교」, 『국학
연구』 16집, 2012.12, 85-86쪽)

27) 『四冊合附』, 「圖解三一神誥講義序」, "於是 齋沐立誓 專心研修者殆歲餘 乃演本義及講
解 以發微言之未析 並述五訓諸圖 以實備考之責 役完 質疑於宗師 師 遂命名圖解三一
神誥講義 至是年夏 偶契神師之黙佑 漸悟道原 復取舊日所述者 解而張之 範而標之 定
著章句 大鋼斯擧 細目畢張."

28) 『四冊合附』, 「神理大全跋跋」(徐一撰), "茂園道兄恒恐 斯道之或墜 欲其後學之便解 屬

余以箋詁之責."

29) 『四册合附』,「會三經」司教白圃徐一著.

30) 『四册合附』,「神事記」知教白淵桂和註解.

31) 『四册合附』,『會三經三』三我, "能知我本然之眞 曰性通, 能行我當然之極 曰功完 知而不行 非知也 不知而行 非行也."

32) 『四册合附』,『三一神誥』眞理訓, 箚案, "五訓中眞理訓 主言人道 與 各言天神天宮世界之事 然 提綱挈維 則莫非人事攸繫 卽天爲性 神爲靈 天宮爲腦 世界爲身 莫不備我 讀者 近取諸身 沈潛反復 轉迷爲悟 庶得其趣."

33) 『四册合附』,『三一神誥』天訓, "贊曰 理起一無 體包萬有/(義)凡言理 則萬殊同出於天 故曰理 言體則萬象同出於天 故曰包."

34) 『中庸』30章, "萬物並育而不相害 道并行而不相悖 小德川流 大德敦化 此天地之所以爲大也."

35) 『四册合附』,「三一神誥」神訓, 按 "前者言神之惟一無二 體也 後者言神之變化萬億 橫盡竪宜 無所不在 用也."

36) 『四册合附』,『會三經』三眞, "德能生仁 慧能生知 力能生勇 仁生量 知生度 勇生權 量生恕 度生識 權生義."

37) 『中庸』20章, "或安而行之 或利而行之 或勉强而行之 及其成功 一也."

38) 『中庸』26章, "今夫天 斯昭昭之多 及其無窮也 日月星辰 繫焉 萬物覆焉 今夫地 一撮土之多 及其廣厚 載華嶽而不重 振河海而不洩 萬物載焉 今夫山 一券石之多 及其廣大 草木生之 禽獸居之 寶藏興焉 今夫水 一勺之多 及其不測 黿鼉蛟龍魚鼈生焉 貨財殖焉."

39) 『四册合附』,『會三經』三我, "求寂滅者 專乎明心 求飛昇者 專乎養氣, 求大同者 專乎修身."; 서일은 이에 대해서 모두가 같은 성이지만 마음을 밝히는 자는 견성을 주장하고, 양기를 기르는 자는 연성을 주장하며, 수신을 말하는 자는 솔성을 주장하여 각기 추향대로 하여 그 본연에 이르지 못하기 때문에 성통하지 못한다고 주장하였다(같은 글, "同一性也 言明心者 主見性 言養氣者 主鍊性 言修身者 主率性 各因所趣 未到其然 是以不通.") 즉 서일은 이들 세 가지 방법을 배척한 것이 아니라 이들 서로 회통하지 못함을 우려하였던 것이다.

40) 『譯解倧經四部合編』(大倧敎總本司, 1949年 刊行), 『會三經」」三我, "佛之明心은 我의 止感法이오 仙之養氣는 我의 調息法이오 儒之修身은 我의 禁觸法이다."

41) 대종교에서는 대종교를 독신하는 사람이 타교에 들어가도 금하지 않을 것고, 또 타교에 입교한 자라도 본교에 입교를 원하면 곧 허가하였다(「奉敎課規」, 『대종교중광 60년사』, 서울: 大倧敎總本司, 1971, 100쪽).

42) 신운용, 「대종교 세력의 형성과 그 의미」, 『한국민족운동사연구』 84집, 2015. 9, 43-45쪽.

43) 『大倧敎重光六十年史』, 서울: 大倧敎總本司, 1971, 135-137쪽.

44) 서일에 관해서는 국학연구소의 『국학연구』 16집(2012. 12)에 기획특집으로 여러 편의 논문이 발표된 이후 많은 연구가 이루어지고 있다. 당시 『국학연구』 16집에 실린 논문으로는 정길영의 「백포 서일의 대일항쟁 전략과 그 결과: 대한군정서의 설립과 靑山里會戰을 중심으로」, 신운용의 「서일의 민족운동과 대종교」, 김동환의 「백포 서일 그 미래지향을 위한 제언: 인물 연구의 중요성을 중심으로」, 최윤수의 「종교지도자로서의 서일」, 이근철의 「백포 서일의 신관에 관한 철학적 연구」 등이 있다.

45) 《황성신문》 1910년 5월 25일자, 「檀君敎說筆記」

46) 김동환 역시 오대종지 가운데 '경봉천신'은 홍익인간의 제1의적 요소인 한울공경, '애합종족'은 제2 요소인 선봉행, '성수영성'은 제3의적 요소인 자수련과 밀접하게 연결되어 있다고 한다.(김동환, 앞의 논문, 299-300쪽)

47) 조준희, 「서일의 대종교 『오대종지강연』」, 『숭실사학』 29집, 2012. 12, 383-388쪽.

48) 서일에 의하면 역사적으로 동예의 영고, 삼한의 신신무, 삼국의 단단가, 금나라의 건령곡과 홍령곡, 현재 10월 3일 지내는 상산제가 한배검께 경축 드리는 날이었다고 하며, 부여의 대천교, 신라의 숭천교, 고구려의 경천교, 고려의 왕검교와 만주 민족의 주신교를 한배검을 공경하는 종교였다고 설명하고 있다. 또한 구월산 삼성사, 평양 숭령전, 강동군의 묘소와 묘한산 석굴 등이 단군과 관련하여 경축드리는 행사였다고 이해하고 있다.

49) 조준희, 앞의 논문, 387-388쪽. 서일이 제시한 팔관법은 불교 교도들이 지키는 여덟 가지 계율인 팔관재계를 토대로 한 것이다. 팔관회는 본래 불교의식의 하나로서, 살생하지 말고, 도둑질하지 말며, 간음하지 말며, 헛된 말 하지 말며, 음주하지 말라는 불교의 五大戒에, 사치하지 말고, 높은 곳에 앉지 말며, 오후에는 금식해야 한다는 세 가지를 덧붙인 계율을 지키는 의식이다. 이 여덟 가지의 계율을 하루 낮 하루 밤에 한하여 엄격히 지키게 함으로써 불교에 입문하는 것을 의미한다. 이 8계를 수여하는 의식을 八齋會, 八關齋會 또는 八關會라고 불렀는데 지극히 종교적인 금욕과 수행을 목적으로 한다. 팔관회가 지닌 원래의 의의는 이처럼 불교의 포교가 목적이 아니라 재가 신도들로 하여금 자기의 처지에서 항상 지킬 수 없는 승려들의 계율생활을 모방하여 하루 동안이라도 지켜보고 수행을 하여 공덕을 거두라는 뜻이었다.(홍윤식, 「불교행사의 성행」, 『신편 한국사』 16집, 1994, 155쪽)

50) 조준희, 「서일의 대종교 『오대종지강연』」, 『숭실사학』 29집, 2012. 12, 391-394쪽.

51) 위의 논문, 391-393쪽.

52) 위의 논문, 393쪽.

53) 위의 논문, 394쪽.

54) 조준희, 앞의 논문, 394-395쪽.

55) 위의 논문, 398-399쪽.

56) 「夢拜金太祖」, 『朴殷植全集』 中, 서울: 단국대학교출판부, 1975.

57) 조준희, 「서일의 대종교 『오대종지강연』」, 『숭실사학』 29집, 2012.12, 391-394쪽.

동학의 공공성 실천과 그 현대적 모색 / 박맹수

1) 公共性에 대해서는 다양한 정의가 있다. 이 글에서는 열린 대화를 통해 지금 보다 한 단계 더 높은 새 차원을 열기 위해 함께 노력한다는 對話, 改新, 共働의 삼차원 연동을 통해 구현하려는 가치로 정의한 김태창 박사의 견해를 수용하고자 한다. 김태창은 '공공성' 개념에 있어서도 동아시아와 한국의 전통 속에서 그 연원을 탐구하여 '공공함' 또는 '공공하다'라고 정의하는 것이 더 적합하다고 말한다. (김태창, 『공공철학 이야기』, 서울: 모시는사람들, 2012 참조)
2) 나카츠카 교수는 1929년 일본 오사카부에서 태어났다. 교토대학 문학부 사학과에서 일본사를 전공하였다. 1960년대부터 근대 한일관계사, 특히 청일전쟁에 대한 연구에 매진해 왔다. 대표적인 저서로는 『청일전쟁 연구』(아오키 서점, 1968), 『역사의 위조를 밝힌다』(코분켄, 1997), 『현대일본의 역사인식』(코분켄, 2007), 『동학농민전쟁과 일본』(코분켄, 2013) 등이 있다.
3) 나카츠카 아키라, 『야마베 겐타로와 현대』, 김성순 옮김, 서울: 씨알누리, 2016 참조.
4) 나카츠카 교수님의 오랜 염원이었던 '한일 동학기행'이라는 '무거운' 답사 여행 프로그램을 2006년부터 정식 여행 프로그램으로 채택해 준 일본 도쿄의 후지국제여행사 관계자 여러분들에게 이 지면을 빌려 깊은 사의를 표하는 바이다.
5) 《每日新聞》 및 《北海島新聞》 1995년 8월 3일자 기사 및 《朝日新聞》 1995년 8월 4일자 기사 참조.). 이 문제에 대한 한국 측의 상세한 연구로는 박맹수, 「동학군 유골과 식민지적 실험: 일본 홋카이도대학의 동학군 유골 방치사건」, 『한국독립운동사연구』 23집, 2004 참조.
6) 위의 《每日新聞》 1995년 8월 3일자 기사 참조,
7) 《한겨레신문》 1995년 8월 4일자 기사 참조.
8) 1997년까지만 해도 한일 양국의 역사 문제를 중심으로 한 양국 공동의 연구 또는 공동 조사 활동은 거의 이루어진 적이 없던 그런 시기였다.
9) 中塚明, 『歷史の僞造をただす』, 東京: 高文研, 1998 참조.
10) 나카츠카 아키라 외, 『동학농민전쟁과 일본』, 한혜인 옮김, 서울: 모시는사람들, 2014, 157-158쪽.
11) 박맹수, 「일본의 동학농민혁명 연구 붐과 그 의의」, 『생명의 눈으로 보는 동학』, 서울: 모시는사람들, 2014, 376-381쪽.
12) 일본 역사학계에서는 일반적으로 甲午農民戰爭이라 부른다.
13) 동학농민혁명 당시, 근대적 무기와 전술로 무장한 후비보병 제 19대대를 비롯한 일본군 3천여 명은 비무장의 동학농민군 3만 명 이상을 학살하였다. 일본군의 동학농민군

학살에 대해 이노우에 카츠오 홋카이도대학 명예교수는 '일본군에 의한 동아시아 최초의 민중학살'(제노사이드)이라고 지적한 바 있다. (나카츠카 아키라 외, 한혜인 옮김, 앞의 책, 61-131쪽)

14) 한국에서는 2002년에 『1894년 경복궁을 점령하라』는 제목 아래 필자의 번역으로 푸른 역사 출판사에서 출간된 바 있다.

15) 中塚明, 『歷史家の仕事-人はなぜ 歷史を硏究するのか』, 東京: 高文硏, 2000 참조.

16) 한국어는 『녹색평론』 88호, 2006년 5-6월호. 일본어는 月刊 「みすず」 548호, 東京: みすず書房, 2007年 4月號 참조.

17) 1980년 5월 18일에 현재의 광주광역시에서 일어난 '광주민중항쟁'의 역사적 배경과 그 자세한 경과, 피해 상황 등에 대해서는 올해 출간된 개정판 『죽음을 넘어 시대의 어둠을 넘어』, 서울: 창비, 2017 참조.

18) 2017년 5월 현재, 1985년 5월 18일부터 27일까지 광주민중항쟁 과정에서 한국군에게 희생당한 시민은 당시 사망자 155명, 부상 후 사망자 110명, 행방불명 81명, 부상자 3,378명, 기타 피해자 910명 등 총 4,634명이다. (안종철, 「광주민주화운동과 인권」, 2017년 5월 16일, 광주 무등공부방 강좌 자료)

19) 1987년 6월에 일어난 한국 민주화운동을 지칭하는 말.

20) 이 무렵, 필자의 사회변혁을 위한 현실참여 활동 등은 《한겨레신문》 단골 취재대상이 되어 빈번하게 보도된 바 있다.

21) 1986년에 강원도 원주에서부터 모든 생명을 소중히 여기는 사회를 만들기 위해 시작된 장일순, 김지하, 박재일 등이 주축이 되어 시작한 새로운 형태의 시민운동을 말한다. 현재는 '생명운동'이라고 널리 알려져 있다.

22) 1928년 강원도 원주에서 태어난 장일순 선생은 서울대 미학과 재학 때 '국대안 반대운동'으로 제적당한 후 고향 원주로 돌아와 평생토록 반독재 민주화운동, 통일운동, 생활협동조합운동, 생평평화운동 등에 헌신함으로써 현대 한국의 '사상의 은사'로 존경받고 있다. 대표적인 저서로는 강연 내용을 모은 『나락 한 알 속의 우주』(대구: 녹색평론사, 1997), 이현주 목사와 함께 『도덕경』에 관해 이야기를 나눈 『무위당 장일순의 노자 이야기』(서울: 도서출판 삼인, 2006), 일화를 모은 『좁쌀 한 알』(서울: 도서출판 도솔, 2004) 등이 있다.

23) 동학 창도의 배경, 동학을 창시한 수운 최제우의 생애, 동학사상의 특징 등에 대해서는 박맹수, 「해설: 동학 다시 읽기」, 『동경대전』, 서울: 지식을 만드는 지식, 2009, 7-37쪽 참조.

24) 수운 최제우가 지은 동학의 한글경전인 『용담유사』(1881년)에 실린 「안심가」, 「몽중노소문답가」, 「용담가」 등에 '개벽'이란 용어가 반복적으로 등장하고 있다.

25) 동학이 모든 생명을 살리고자 하는 사상이라는 사실은 2대 교주 해월 최시형의 "천지만물이 저마다 거룩한 하늘님을 모시고 있지 않음이 없다(天地萬物 莫非侍天主也)"라

는 법설에 잘 나타나고 있다.

26) 한승동, 「동학농민 학살한 일본군 장교 '명성황후 시해'에도 가담」, 《한겨레신문》 2013년 8월 29일자; 이노우에 가츠오, 「일본군 최초의 제노사이드 작전」, 『동학농민전쟁과 일본』, 서울: 모시는사람들, 2014, 61-131쪽.

27) 이 획기적 성과는 1997년 7월에 일어난 동학유골 방치사건 이래로 장장 15년에 걸쳐 이노우에 교수와 필자를 비롯한 한일 두 나라 연구자들의 끈질긴 공동연구 끝에 성사되기에 이르렀다.

28) 후비역이란, 근대 일본의 징병제 중에서 현역과 예비역을 마친 다음에 편성되는 군 복무 제도로써 연령은 대체로 28세부터 32세까지이다.

29) '미나미 동학문서'는 야마구치현 현립 문서관의 적극적 협조와 동학농민혁명 기념재단의 헌신적 노력으로 한국에서도 2012년 4월 18일부터 그 해 연말까지 전북 정읍시에 소재한 동학농민혁명 기념관 특별전시실에서 공개 전시된 바 있다.

30) 이노우에 가츠오, 「일본군 최초의 제노사이드 작전」, 앞의 책, 123-125쪽.

31) 다나카 쇼조가 남긴 동학농민혁명 관련 기록 「조선잡기(朝鮮雜記)」는 1894년 당시의 것은 아닌 1896년에 쓴 것이다.

32) 日本 外務省 外交史料館 所藏, 「朝鮮國東學黨動靜ニ關スル帝國公使館報告一件」, 文書番號 5門3類2項4號.

33) 원문이 東徒가 아닌 東道로 표기된 점에 주의를 요한다.

34) 趙景達, 『異端の民衆反亂―東學と甲午農民戰爭』, 東京: 岩波書店, 1998, 164-166쪽.

35) 대단한 충격을 받았을 때 일본인들이 흔히 쓰는 표현.

36) 이 대목에서 고부군수 조병갑의 폭정에 시달리던 농민들을 위해 두 차례나 청원서를 제출하며 싸웠던 동학농민군 최고지도자 전봉준 장군이 떠오른다.

37) 由井正臣, 小松裕 編, 『田中正造文集』 2, 東京: 岩波書店, 2005, 333쪽.

참고문헌

종교적 '공공성'의 개념과 의미 고찰 / 염승준

강신준, 『오늘 자본을 읽다』, 서울: 도서출판 길, 2015.

강인철 · 박노자, 「한국 종교의 보수성을 어떻게 볼까: 개신교를 중심으로」, 『창작과 비평』 제44권(통권171호), 2016.

공진성, 「루소, 스피노자, 그리고 시민종교의 문제」, 『정치사상연구』 제19집 1호, 2013.

낸시 프레이저, 「자본과 돌봄의 모순」, 『창작과 비평』, 제45권 제1호(통권175호), 2017.

로버트 벨라 지음, 『사회변동의 상징 구조』, 박영신 옮김, 서울: 삼영사, 1997.

막스 베버 지음, 『프로테스탄티즘의 윤리와 자본주의 정신』, 김덕영 옮김, 서울: 도서출판 길, 2016.

박종균, 「하버마스의 종교론에 대한 비판적 연구」, 『한국기독교신학논총』, 한국기독교학회, 2004-01.

박진우, 오세일, 「공공 영역에서 종교의 역할과 갈등」, 『사회 이론』, 2016.

사이먼 크리츨리 지음, 『믿음없는 믿음의 정치』, 문순표 옮김, 서울: 이후, 2015.

성현창, 「미국의 공공성」, 『철학논총』 제71집, 2013.

M. B. 맥과이어, 『종교사회학』, 김기대 · 최종렬 옮김, 서울: 민족사, 1994.

이명한, 「공공철학과 공공철학 보급에 대한 반성적 고찰」, 『한국행정학보』 제44권 제2호, 2010.

이승환, 「한국 및 동양의 公私觀과 근대적 변용」, 『정치사상연구』 제6집, 2002.

이승훈, 「사사로운 이해와 공공선, 대립인가 공존인가?: 미국 사회에 대한 벨라와 우스노우의 논의」, 『현상과 인식』, 2000.

이재승, 『국가 범죄』, 서울: 앨피, 2010.

장 자크 루소, 『사회계약론』, 박호성 옮김, 서울: 책세상, 2015.

전명수, 「좋은 사회를 위한 종교의 역할과 종교기반 시민단체의 의의: 로버트 벨라의 재성찰」, 『종교연구』 제75집 4호, 2015.

정태식, 「현대사회에서의 종교의 사회적 위치와 공공성」, 『신학사상』 142집, 2008.

조승래, 「근대 공사 구분의 지적 계보」, 『서양사론』 제110호, 2011.

최경환, 「하버마스의 공론장 개념과 공공신학」, 『기독교 철학』 19호, 2014.

최태연, 「서양철학에서 본 공공성」, 『기독교와 인문학』 제9호, 2008.

카를 슈미트 지음, 『정치신학』, 김항 옮김, 서울: 그린비, 2010

_____, 『합법성과 정당성』, 김도균 옮김, 서울: 도서출판 길, 2010.

한승완, 「한국 근대 공론장과 개인의 문제」, 『사회와 철학』 제30집, 2015.

한자경,『불교철학과 현대윤리의 만남』, 서울: 예문서원, 2008

_____,『일심의 철학』, 서울: 서광사, 2002.

_____,『칸트 철학에의 초대』, 서울: 서광사, 2013.

_____,『한국철학의 맥』, 서울: 이화여자대학교출판부, 2008.

_____,『헤겔 정신현상학의 이해』, 서울: 서광사, 2009.

Jose Casanova, *Public Religions in the Modern World*, Chicago and London: Univ. of
Chicago Press, 1994.

한국적 공공성 탐구 / 야규 마코토

『俛宇集』   『史記』

『世宗實錄』   『詩經』

『栗谷全書』   『莊子』

『朝鮮經國典』

김태창 구술, 야규 마코토 기록, 정지욱 옮김『일본에서 일본인에게 들려준 한삶과 한마음
과 한얼의 공공철학 이야기』, 서울: 모시는사람들, 2012.

圓佛教正化社 편,『日本語 圓佛教全書』, 益山: 圓佛教中央摠部教政院國際部, 2016.

佐々木毅・金泰昌 편,『公共哲學 1 公と私の思想史』, 東京: 東京大學出版會, 2001.

_____,『公共哲學 2 公と私の社會科學』, 東京: 東京大學出版會, 2001.

_____,『公共哲學 3 日本における公と私』, 東京: 東京大學出版會, 2002.

_____,『公共哲學 4 歐米における公と私』, 東京: 東京大學出版會, 2002.

_____,『公共哲學 5 國家と人間と公共性』, 東京: 東京大學出版會, 2002.

_____,『公共哲學 10 21世紀公共哲學の地平』, 東京: 東京大學出版會, 2002.

_____,『公共哲學 16 宗教から考える公共性』, 東京: 東京大學出版會, 2006.

金泰昌 편,『公共哲學を語りあう 中國との對話・共働・開新』, 東京: 東京大學出版會,
2010.

白川靜,『字統』, 東京: 平凡社, 1984.

한국 사회 공공성의 붕괴와 종교적 공공성의 가능성 / 하승우

강현욱,「원불교, 협동조합정신을 밝히다」, 원불교환경연대,『원불교 녹색을 더하다』, 원
불교환경연대, 2014.

김일대,「천도교 농민운동의 리론과 실제, 농촌문제특집」,『동광』20호, 1931.

김도공,「원불교 초기 형성과정에서 나타난 공공성의 변모양상」,『신종교연구』28집,

2013.

김진호, 「한국교회의 과거・현재・미래, 공공성에 대해 묻다: 규범적 공론장의 형성과 변화를 중심으로」, 『종교문화비평』 26호, 2014.

박광수, 「한국 신종교의 개벽사상과 공공성(公共性)」, 『종교문화비평』 26호, 2014.

사토 요시유키 지음, 『신자유주의와 권력: 자기-경영적 주체의 탄생과 소수자-되기』, 김상운 옮김, 서울: 후마니타스, 2014.

안창호 지음, 『도산안창호 전집』, 서울: 도산안창호선생기념사업회, 2000.

요코다 카쓰미 지음, 『어리석은 나라의 부드러우면서도 강한 시민: 생활클럽 운동그룹과 풀뿌리 민주주의 운동의 모델 만들기』, 서울: 논형, 2004.

유길준 지음, 『서유견문: 조선지식인 유길준, 서양을 번역하다』, 허경진 옮김, 서울: 서해문집, 2004.

이덕주, 「일제하 기독교 민족운동과 사회주의」, 『신학과 세계』 63권, 2008.

장규식, 「1920년대 개조론의 확산과 기독교사회주의의 수용・정착」, 『역사문제연구』 21호, 2009.

최대광, 「아나키즘적 시각에서 본 이용도」, 『한국조직신학논총』 22집, 2008.

함석헌, 『생각하는 백성이라야 산다』, 서울: 생각사, 1979.

_____, 『생활철학』, 서울: 서광사, 1966.

황병주, 「식민지 시기 '공' 개념의 확산과 재구성」, 윤해동・황병주 엮음, 『식민지 공공성: 실체와 은유의 거리』, 서울: 책과함께, 2010.

하승우, 「공론조사는 민주주의를 살릴 수 있을까」, 『녹색평론』 제 158호, 2018.

김성희, 「세월호 대참사와 한국 사회, 그리고 노동」, 〈'민영화와 위험사회' 정책토론회〉, 2014.05.22.

김철, 「박근혜 정부의 안전규제완화 및 민영화 정책, 그 쟁점과 대안」, 〈'민영화와 위험사회' 정책토론회〉, 2014.05.22.

박장준, "뉴스타파 자료만으론 재벌 탈세 밝혀질 가능성 낮다", 〈미디어오늘〉 2013.5.29. (http://www.mediatoday.co.kr)

1920・1930년대 한국 '신종교'의 기본지형과 동향 및 특징 / 김민영

1. 단행본

국립민속박물관, 『한국민속신앙사전: 무속신앙 편』, 서울: 국립민속박물관, 2010.

박광수 외, 『한국 신종교 지형과 문화 : 종교운동의 역사적 전개와 사상의 시대적 변화』, 서울: 집문당, 2015.

박광수 외, 『한국 신종교의 사회운동사적 조명』, 서울: 집문당, 2017.

박명규・서호철, 『식민권력과 통계』, 서울: 서울대학교출판부, 2003.

윤선자,『한국근대사와 종교』, 서울: 국학자료원, 2002.

윤해동·이소마에 준이치 엮음,『종교와 식민지 근대』, 서울: 책과 함께, 2013.

村山智順,『朝鮮의 類似宗敎』, 崔吉城·張相彦 共譯, 대구: 계명대학교출판부, 1991.

_____,『朝鮮の類似宗敎』, 京城: 朝鮮總督府, 1935.

2. 논문류

김항섭,「종교와 경제의 관계의 연구사와 그 현대적 의미에 대한 고찰」,『종교문화연구』3
　　　집, 2001.

김홍철,「계룡산과 勝地信仰」,『종교연구』52집, 2008.

박광수·조성환,「근대 일본의 '종교' 개념과 종교의 도구화: 일제시대의 종교정책과 신종
　　　교지형을 중심으로」,『신종교연구』34집, 2016.

원영상,「근대 일본과 조선총독부의 종교정책 관계에 대한 연구」,『일본불교문화연구』11
　　　집, 2014.

윤승용,「한국 신종교에 대한 종교사적 연구와 과제」,『한국 종교』36집, 2013.

조경달·박맹수,「식민지 조선에 있어 불법연구회의 교리와 활동」,『원불교사상과 종교문
　　　화』67집, 2016.

최석영,「『朝鮮の類似宗敎』해제(조사자료 제42집, 조선총독부관방문서과, 1935년)」,『한
　　　국 근대 민속·인류학 자료대계 5』, 서울: 민속원, 2008.

靑野正明,「植民地朝鮮における'類似宗敎'概念」,『國際文化論集』43輯, 2010.

근대 한국 종교에서의 '민족'(民族)과 '민중'(民衆) / 김석근

『龍潭遺詞』　　　　　　　　　　　　　『東經大全』

『東學史』　　　　　　　　　　　　　　『天道敎創建史』

『典經』　　　　　　　　　　　　　　　『大巡典經』

『圓佛敎全書』　　　　　　　　　　　　『大倧敎重光六十年史』

강돈구,「韓國 近代 宗敎運動과 民族主義의 關係에 대한 연구: 宗敎民族主義의 構造的 多
　　　樣性을 중심으로」, 서울대 박사논문, 1990.

_____,「근대 한국 신종교의 민족 개념 : 동학·증산교를 중심으로」,『종교문화비평』6호,
　　　2004.

강영한,「한국 근대 신종교운동의 성격과 사회변동 : 동학·증산교·대종교·원불교를
　　　중심으로」, 경북대박사논문, 1995.

김종서,「한국 종교의 개념과 동아시아의 종교경험」,『종교학연구』24집, 2005.

노길명,「한국 근대 사회변동과 증산종교운동」,『한국 종교』20집, 1995.

마루야마 마사오, 『일본정치사상사연구』, 김석근 옮김, 서울: 통나무, 1995.

박종일, 「종교와 근대민족주의의 형성 : 새로운 연구동향과 한국적 맥락에 대한 검토」, 『동양사회사상』 17집, 2008.

와타나베 히로시, 「Religion의 충격: 19세기말 일본인의 곤혹과 그 귀결」, 서강대학교 학술회의 발표 논문. 2107. 5. 23.

윤승용, 「한국 근대 종교의 성립과 전개」, 『사회와 역사』 52집, 1997.

_____, 「한국의 근대 신종교, 근대적 종교로서의 정착과 그 한계 : 개벽사상을 중심으로」, 『종교문화비평』 22호, 2012.

이경원, 「한국 근대 증산교단의 민중·민족운동 : 개항기부터 해방이전의 시기를 중심으로」, 『원불교사상과 종교문화』 52집, 2012.

장석만, 「開港期 韓國社會의 "宗敎" 槪念 形成에 관한 硏究」, 서울대 박사논문, 1992.

정욱재, 「'나철 친필본' 출현과 의의」, 『역사문제연구』 27호, 2012.

하정현, 「단일민족, 그 신화 형성에 관한 일 고찰: 종교 가르치기의 한 사례 연구」, 『종교문화비평』 29집, 2016.

대순진리회 홈페이지 http://www.idaesoon.or.kr/index.asp

대종교 홈페이지 http://www.daejonggyo.or.kr/

원불교 홈페이지 http://www.won.or.kr/

증산도 홈페이지 http://www.jsd.or.kr/

천도교 홈페이지 http://www.chondogyo.or.kr

동학이 그린 공공세계 / 조성환

1. 원전류

박맹수, 『동경대전』, 서울: 모시는사람들, 2012.

양윤석 역주, 『용담유사』, 서울: 모시는사람들, 2013.

이규성, 『최시형의 철학』, 서울: 이화여자대학교출판부, 2011.

주희 지음, 『인설(仁說)』, 임헌규 옮김, 서울: 책세상, 2003.

『원불교전서』, 익산: 원불교출판사, 2014.

『정조실록』(국사편찬위원회 조선왕조실록 홈페이지)

黎靖德 編·王星賢 點校, 『朱子語類』, 北京: 中華書局, 1983.

『二程集』, 臺北: 漢京文化事業有限公司, 1983.

由井井臣·小松裕 編, 『田中正造文集』, 東京: 岩波書店, 2013.

2. 단행본

김용옥,『독기학설(讀氣學說)』, 통나무, 2004.

김태창 구술, 이케모토 케이코 정리, 조성환 번역,『(일본에서 일본인에게 들려준) 공공철
학대화』, 서울: 모시는사람들, 2017.

박맹수,『생명의 눈으로 보는 동학』, 서울: 모시는사람들, 2014.

오구라 기조 지음,『한국은 하나의 철학이다』, 조성환 옮김, 서울: 모시는사람들, 2017.

오문환,『해월 최시형의 정치사상』, 서울: 모시는사람들, 2003.

이경숙・박재순・차옥숭,「김지하의 생명사상」,『한국생명사상의 뿌리』, 서울: 이화여자
대학교 출판부, 2007

최동희・이경원,『새로 쓰는 동학 - 사상과 경전』, 서울: 집문당, 2003.

표영삼,『동학1: 수운의 삶과 생각』, 서울: 통나무, 2004.

현경,『미래에서 온 편지』, 서울: 열림원, 2001.

小松裕,『「いのち」と帝国日本』, 東京: 小学館, 2009.

_____,『田中正造 - 未来を紡ぐ思想人』, 東京: 岩波書店, 2013.

小松裕・金泰昌編,『(公共する人間 4) 田中正造-生涯を公共に献げた行動する思想人』, 東
京: 東京大学出版会, 2010.

平石直昭・金泰昌編,『(公共する人間 3) 横井小楠-公共の政を首唱した開国の志士』, 東京
: 東京大学出版会, 2010.

Donald Munro, *The Concept of Man in Early China*, Stanford: Stanford University Press,
1969.

Jason Ananda Josephson, *The Invention of Religion in Japan*, Chicago: University of
Chicago Press, 2013

3. 논문류

고병철,「유교의 같은 대동, 다른 대동-강유위・박은식・이병헌의 대동 개념을 중심으로」
, 원광대학교 종교문제연구소 주최 한중일 국제학술대회『동아시아 문명의 공
동체 의식과 사회통합에 대한 비교연구』 발표집, 2014.11.28.

김경탁,「하느님 관념 발달사」,『한국문화사대계(X)-종교・철학사(上)』, 서울: 고대민족문
화연구소출판부, 1992(초판은 1965).

김태용,「도교의 생명주체환경윤리」,『한국철학논집』28집, 2010.

박광수・조성환,「근대 일본의 '종교' 개념과 종교의 도구화-일제시대의 종교정책과 신종
교지형을 중심으로」,『신종교연구』34집, 2016.

박광수 외,『한국 신종교의 사회운동사적 조명』, 서울: 집문당, 2017.

박맹수,「한국근대 민중종교와 비서구적 근대의 길-동학과 원불교를 중심으로」,『원불교
사상과 종교문화』33집, 2006.

박맹수,「한국근대 민중종교의 개벽사상과 원불교의 마음공부」,『동학학보』13집, 2007.

_____,「녹두장군 전봉준과 다나카 쇼조의 공공적 삶」,『생명의 눈으로 보는 동학』, 서울:
    모시는사람들, 2014.

_____,「공공하는 철학에서 본 동학의 공공성,『생명의 눈으로 보는 동학』, 서울: 모시는
    사람들, 2014.

안영상,「旅軒 張顯光과 星湖 李瀷의 성리설 비교 연구-사단칠정론과 인심도심론을 중심
    으로」,『유교사상연구』24집, 2005.

柳生眞(야규 마코토),「대산 이상정의 활물로서의 리-그 기원과 전개를 중심으로」경상북
    도·교토포럼 주최,『세계와 상통하는 경북정체성 국제포럼(1)』, 2011.06.03.

윤승용,「한국 "근대종교"의 탄생; 한국의 근대 신종교, 근대적 종교로서의 정착과 그 한
    계-개벽사상을 중심으로」,『종교문화비평』22호, 2012

오문환,「동학의 '후천개벽' 사상」,『동학학보』1집, 2000.

이원범,「근대 일본의 '國民教化'와 종교」,『일본근대학연구』29집, 2010.

윤이흠,「동학운동의 개벽사상」,『한국문화』8집, 1987

정향옥,「한국 신종교 개벽사상의 수행적 성격 - 동학·천도교·증산교·원불교를 중심
    으로」,『신종교연구』34집, 2016.

조성환,「중국적 사상형태로서의 교敎」,『철학사상』11·12집, 2007.

_____,「바깥에서 보는 퇴계의 하늘섬김사상」,『퇴계학논집』10집, 2012.

_____,「천학(天學)에서 천교(天敎)로: 퇴계에서 동학으로, 천관(天觀)의 전환」, 서강대 박
    사 논문, 2013.

_____,「'실천학'으로서의 '실학' 개념 - 율곡 개혁론의 철학적 기초」,『철학논집』33집,
    2013.

_____,「'천도'의 탄생 - 동학의 사상사적 위치를 중심으로」,『한국 사상사학』44집, 2013.

_____,「한국의 공공철학, 그 발견과 모색-다산·세종·동학을 중심으로」,『동학학회』32
    집, 2014.

_____,「近代日本における'公共'概念の変容 - 田中正造と和辻哲郎を中心に」, 한양대학교
    일본학국제비교연구소 주관,『일본문화와 공공담론』발표집, 2014.11.22.

_____,「'생명'의 관점에서 본 동학사상사」,『역사연구』28집, 2015.

_____,「동학사상의 현대적 의미 - 사상으로서의 동학」, 전라남도 문화관광재단·원광대
    학교 원불교사상연구원 주관,『진도 동학농민혁명 국제학술대회-진도 동학농민
    혁명의 동아시아적 의미와 그 위상』발표집, 2016.10.19.

홍성태,「시민적 공공성과 한국 사회의 발전」,『민주사회와 정책연구』13집, 2008.

황선명,「후천개벽과 정감록」,『한국 종교』23집, 1998

金鳳珍,「概念の伝統と近代-中国と日本における公共」, 平野健一郎 外 編,『国際文化関係
    史研究』, 東京: 東京大学出版会, 2013.

小林正美,「三教交渉における「教」の観念」,『六朝道教史研究』, 東京: 創文社, 1990

山脇直司,「3・11以後の公共性」, 公益財団法人たばこ総合研究センター,『談』98, 東京: 水曜社, 2013. 11.

4. 기타

국사편찬위원회,『(신편 한국사 38) 개화와 수구의 갈등』, 2002.(http://db.history.go.kr/ download.do?levelId=nh_038_0020&fileName=nh_038_0020.pdf#page=2)

기타지마 기신(北島義信),「토착적 근대란 무엇인가」,《개벽신문》58, 2016.09.

김선미,〈동학 연구가 표영삼-내 안의 하늘을 모시는 영원한 청년〉,《mountain》, 2008.04.30.

김태창,「지금은 생명개벽이 필요한 시대(1)」,《개벽신문》56, 2016.07.

동양포럼 감상문,「4부: 감상문-생명을 살리는 새 시대 향한 희망의 첫발 내디뎌」,《동양일보》2016.10.30. (http://www.dynews.co.kr/news/articleView. html?idxno=329198)

박맹수,「2014년, 우리는 왜 '동학'에 집중해야 하나」,《원대신문》, 2014.03.30.

_____,「개벽의 선지자들(1)-수운 최제우」,《월간 원광》, 490, 2015.06.

_____,「개벽의 선지자들(2)-증산교 창시자 증산 강일순」,《월간 원광》491, 2015.07.

박송이,「공공성의 사사화, 박근혜-최순실 정권의 공모자들」, 인터넷판《경향신문》, 2016.11.12. (http://news.khan.co.kr/kh_news/khan_art_view. html?artid=201611121502001)

이병한,「동학은 '농민 전쟁' 아닌 '유학 혁명'이다!」, 인터넷판《프레시안》2014.01.20.

_____,「'脫중국 쇄국정책'? 망국의 첩경이다」, 인터넷판《프레시안》2017.03.24.

이윤옥,「이순신 장군이 "멸사봉공" 뜻이나 알고 쓰나 - 〈조선일보〉도〈표준국어대사전〉도 모르는 '멸사봉공'의 뜻」, 인터넷판《Oh my News》2012.12.05. (http://www.ohmynews.com/NWS_Web/View/at_pg.aspx?CNTN_ CD=A0001810313

조성원,「공공성 '꼴찌 국가' 한국… 세월호와 '공공성'」인터넷판《SBS뉴스》, 2014.11.09. (http://news.sbs.co.kr/news/endPage.do?news_id=N1002675154)

조성환,「한국의 공공철학을 찾아서-공공하는 인간의 재발견」,《월간 공공정책》108, 2014. 10.

_____,「수양으로서의 학문」,《월간 공공정책》128, 2016.06.

_____,「주체적 근대의 모색 - 한국학으로서의 동학」,《개벽신문》55, 2016. 06.

_____,「하늘과 함께하는 공공」,《개벽신문》56, 2016.07.

_____,「개벽과 개화 - 근대에 대한 두 가지 접근」,《개벽신문》57, 2016. 08.

_____,「살림과 주체로서의 하늘 - 공공철학적 관점에서 본 동학」,《개벽신문》58,

2016.09.

조성환, 「'종교'의 발명과 '백교'의 개화」, 《개벽신문》 59, 2016.10.

_____, 「한국 근대와 공공성」, 《개벽신문》 60, 2016.11.

천관률, 「박근혜 대통령의 사사로운 애국심」, 《시사IN》 477, 2016.11.07.

小松裕, 「田中正造没後100年 : 真の文明は人を殺さず」, 《聖教新聞》, 2013.01.08.

증산사상과 공공성 / 허남진

『大巡典經』(6판)

폴커 게르하르트, 『(다시 읽는) 칸트의 영구평화론』, 김종기 옮김, 서울: 백산서당, 2007.

김도공, 「원불교 초기 전개과정에 나타난 공공성의 변모양상」, 『신종교연구』 28집, 2013.

김용환, 「상생윤리의 교육 범례」, 『윤리교육연구』 21집, 2010.

김지하 외, 『미륵사상과 민중사상』, 서울: 한진출판사, 1988.

김탁, 『증산 강일순』, 파주: 한국학술정보, 2006.

김태창, 『일본에서 일본인들에게 들려준 한삶과 한마음과 한얼의 공공철학 이야기』, 서울: 모시는사람들, 2012.

_____ 편저, 『상생과 화해의 공공철학: 중국과의 對話 共働 開新』, 조성환 옮김, 서울: 도서출판 동방의빛, 2010.

김홍철, 「해원상생 사상과 그 실천이념」, 『대순진리학술논총』 4집, 2009.

나종석, 「공공성의 개방성과 배제: 공공성의 개방성과 공통성 사이의 긴장을 너머」, 『칸트연구』 28집, 2011.

노길명, 「'근대'의 충격과 증산종교운동」, 류병덕 외, 『한일 근현대와 종교문화』, 서울: 청년사, 2001.

_____, 「증산교 발생 배경에 대한 사회학적 연구」, 『증산사상연구』 2집, 1975.

_____, 「증산의 민중사상」, 『증산사상연구』 12집, 1986.

_____, 「증산의 평등사상」, 『증산사상연구』 4집, 1978.

_____, 「초기 증산종단의 민족의식과 민족운동」, 증산종단연합회, 『일제하 증산종단의 민족운동』, 충남: 증산종단연합회, 1997.

_____, 「한국 신종교운동의 성격」, 『대순사상논총』 7집, 1999.

_____, 「대순사상의 사회적 성격」, 『대순진리학술논총』 15집, 2014.

박광수, 「박은식의 대동교(大同敎)운동에 나타난 공공성(公共性)」, 『원불교사상과 종교문화』 58집, 2013.

_____, 「한국 신종교의 개벽사상과 공공성」, 『종교문화비평』 26집, 2014.

배용덕, 「천지공사와 그 역사적 필연성」, 『증산사상연구』 1집, 1975.

백낙청,「문명의 대전환과 종교의 역할」, 원광대학교 원불교사상연구원 편,『종교생명의 대전환과 큰 적공』, 서울: 모시는사람들, 2016.

사이토 준이치,『민주적 공공성: 하버마스와 아렌트를 넘어서』, 윤대석 · 류수연 · 윤미란 옮김, 서울: 이음, 2009.

송호근,『시민의 탄생: 조선의 근대와 공론장의 지각변동』, 서울: 민음사, 2013.

아렌트, 한나,『인간의 조건』, 이진우 · 태정우 옮김, 서울: 한길사, 1996.

오문환,「동학사상에서의 자율성과 공공성」,『한국정치학회보』36집 2호, 2002.

유기쁨,「생태적 불안사회의 종교: 생태 공공성과 종교의 자리」,『종교문화비평』26집, 2014.

_____,「현대 종교문화와 생태 공공성-부유하는 사적(私的) 영성을 넘어서」,『오토피아』 31집 2호, 2016.

윤승용,「근대적 종교로서의 정착과 그 한계」,『종교문화비평』22집, 2012.

_____,「'근대 한국 종교의 공공성 재구축'에 관한 短想들」,『원광대 원불교사상연구원 제1회 대학중점연구 콜로키움 자료집』, 2016. 11. 30.

윤해동 · 황병주 편,『식민지 공공성』, 서울: 책과 함께, 2010.

이경원,『대순진리회 신앙론』, 서울: 문사철, 2012.

정태식,「현대사회에서의 종교의 사회적 위치와 공공성」,『신학사상』142집, 2008.

조대협,「공공성의 재구성과 기업의 시민성」,『한국 사회학보』41집 2호, 2007.

조대협 · 홍성태,「공공성의 사회적 구성과 공공성 프레임의 역사적 유형」,『아세아연구』 56집 2호, 2013.

조한상,『공공성이란 무엇인가』, 서울: 책세상, 2009.

최신한,「후기세속사회의 종교 담론과 시민종교」,『헤겔연구』33집, 2013.

金泰昌,「一つの公共宗教試論」, 稲垣久和 · 金泰昌 編,『公共哲学 16: 宗教から考える公共 性』, 東京: 東京大学出版会, 2016.

Bellah, Robert N., Richard Madsen, William M. Sullivan, Ann Swidler & Steven M. Tipton, *The Good Society*, New York: Knopf, 1991.

원불교의 종교성과 공공성 / 원영상

1. 단행본

김병총 평역,『史記』1-10권, 서울: 집문당, 1994.

김태창 구술 · 야규 마코토 기록,『공공철학(公共哲學)이야기』, 정지욱 옮김, 서울: 모시는 사람들, 2012.

김태창 구술 · 이케모토 케이코 기록,『공공철학(公共哲學) 대화』, 조성환 옮김, 서울: 모시는사람들, 2017.

김태창, 『상생과 화해의 공공철학』, 서울: 동방의빛, 2010.

박광수 외 지음, 『근대 한국과 일본의 공공성 구상』 1 · 2권, 서울: 한국학중앙연구원출판부, 2015.

박용덕, 『소태산의 대각, 방언조합 운동의 전개』, 익산: 원광대학교 중앙도서관 원불교자료실, 2003.

박중빈, 『조선불교혁신론(朝鮮佛教革新論)』, 이리: 불법연구회, 1936.

송규, 『건국론』, 박정훈 편저, 『한울안 한 이치에』, 이리: 원불교출판사, 1982.

에밀 뒤르켐 지음, 『종교생활의 원초적 형태』, 노치준 · 민혜숙 옮김, 서울: 민영사, 1992.

원불교 정화사 編, 『원불교 교사』, 이리: 원불교 교화부, 1975.

원불교전서편찬위원회, 『圓佛教全書』, 이리: 圓佛教正化社, 1977.

장자크 루소 지음, 『사회계약론』, 정영하 옮김, 서울: 산수야, 2005.

조성환, 《개벽신문》 54호, 서울: 개벽하는사람들, 2015.5.

카야노 도시히토 지음, 『국가란 무엇인가(국가의 본질에 대한 역사적 고찰)』, 김은주 역, 서울: 산눈, 2010.

한국원불교학회 편, 『남북화해와 송정산의 건국론』, 익산: 원불교사상연구원, 1997.

Christopher S. Queen · Sallie B. King 편저, 『평화와 행복을 위한 불교지성들의 위대한 도전: 아시아의 참여불교(원제; Engaged Buddhism: Buddhist liberation movements in Asia)』, 박경준 역, 서울: 초록마을, 2003(원어 초판: 1996).

Robert N. Bellah, Religion in Human Evolution: From the Paleolithic to the Axial Age, Harvard University Press, 2011.

2. 논문

강종일, 「중립화 통일이념과 『건국론』」, 『원불교학』 8집, 2002.

김동환, 「일제의 종교정책과 대종교: 탄압과 쇠망의 연관성을 중심으로」, 『한국 종교』 38호, 2015.

김태창, 「공공철학이란 무엇인가?」, 『철학과 현실』, 2007.

金洪喆, 「日帝侵略下 圓佛教의 民衆運動에 關한 研究」, 『원불교사상과 종교문화』 7집, 1983.

박맹수, 「일제강점기 선산 변중선(禪山 邊衆船)의 민족독립운동과 그 성격」, 원광대학교 원불교사상연구원 학술대회자료집, 2011.

白樂晴, 「統一思想으로서의 『建國論』」, 『원불교학』 2집, 1997.

신순철, 「『建國論』의 저술 배경과 성격」, 『원불교학』 4집, 1999.

양은용, 「少太山大宗師의 『朝鮮佛教革新論』과 佛教改革理念」, 『원불교사상과 종교문화』 32집, 2006.

오세영, 「원불교사회복지의 형성, 그 특징과 의의」, 『원불교사상과 종교문화』 61집, 2014.

원영상, 「근대 일본불교의 현실참여와 아나키즘」, 『일본근대학연구』33집, 2011.

_____, 「원불교의 탈불교화 과정에 대한 연구」, 『신종교연구』35호, 2016.

柳明元, 「宋鼎山의 建國論과 趙素昻의 三均主義에 對한 比較 研究」, 원광대 석사논문, 1998.

윤승용, 「한국의 근대 신종교, 근대적 종교로서의 정착과 그 한계: 개벽사상을 중심으로」, 『종교문화비평』22권, 2012.

정순일, 「만해의 불교유신과 소태산의 불교혁신」, 『원불교사상과 종교문화』64집, 2015.

조명제, 「1910년대 식민지조선의 불교 근대화와 잡지 미디어」, 『종교문화비평』30권, 2016.

차옥숭, 「대종교인의 독립운동과 사상의 변천 양상」, 『한국 종교』40호, 2016.

최남선, 「朝鮮佛教: 東方文化史上에 있는 그 地位」, 『佛教』74호, 京城: 佛教社, 1930.

韓基斗, 「朝鮮佛教革新論 解題」, 『원불교사상과 종교문화』7집, 1983.

Won, Yong-sang, "Dialogue between Buddhism and Won-Buddhism: With Special Reference to Won-Buddhism`s Buddhist Reformation", *International Journal of Buddhist Thought & Culture* Vol. 23, Seoul: International association for buddhist thought and culture, 2014.

대종교의 종교성과 공공성 연구 / 김봉곤

『三一神誥』(1912年 刊, 국립중앙도서관 소장)

『譯解倧經四部合編』(1949, 서울 간행)

『檀君教五大宗旨佈明書』(한국학중앙연구원 소장)

『大倧教重光六十年史』, 서울: 大倧教總本部, 1971.

『梅泉野錄』

『朴殷植全集』, 서울: 단국대학교출판부, 1975.

『四册合附』(1917年 刊, 블라디보스토크)

오기호, 『대종교시교문』(1912)(『알소리』3, 서울: 한뿌리, 2006)

《황성신문》

강돈구 · 고병철, 「대종교의 민족주의연구」, 『단군학연구』6집, 2002.

김동환, 「대종교와 홍익인간사상: 홍암사상과 대종교의 5대 종지를 중심으로」, 『국학연구』7집, 2002.

_____, 「『단군교포명서』의 단군신앙 체계」, 『국학연구』13집, 2009.

김성환, 「『단군교포명서』의 檀君 認識」, 『국학연구』13집, 2009.

서굉일, 「『단군교포명서』와 항일민족운동」, 『국학연구』13집, 2009.

신운용, 「서일의 민족운동과 대종교」, 『국학연구』 16집, 2012.

_____, 「대종교 세력의 형성과 그 의미」, 『한국민족운동사연구』 84집, 2015.

엄진성, 「유가 지식인의 관점에서 본 『삼일신고』의 이해 : 대종교와 단군교의 비교 분석을 중심으로」, 『민족문화논총』 64집, 2016.

염승준, 「종교적 '공공성'의 개념과 의미 고찰」, 「한국적 공공성의 모색과 근대 한국 종교의 공공성」(2017년 한국연구재단 대학중점연구소 원불교사상연구원 학술대회), 원광대학교 원불교사상연구원, 2017.5.31.

이근철, 「『三一神誥』의 '天'에 대한 철학적 고찰」, 『도교문화연구』 36집, 2012.

이숙화, 「大倧敎의 연구 성과와 향후 과제의 모색」, 『국학연구』 18집, 2104.

이승호, 「『삼일신고』의 신관에 관한 철학적 연구」, 『신종교연구』 26집, 2012.

임찬경, 「『단군교포명서』의 고구려 인식」, 『국학연구』 13집, 2009.

정영훈, 「『단군교포명서』와 그 사상사적 의의: 단군민족주의와의 관련성을 중심으로」, 『국학연구』 13집, 2009.

조준희, 「삼일신고 독경 연구」, 『선도문화』 7집, 2009.

_____, 「대종교 초기 경전 발굴과 검토」, 『숭실사학』 36집, 2016.

_____, 「서일의 대종교 『오대종지강연』」, 『숭실사학』 29집, 2012.

_____, 「조선총독부 문서철 社寺宗敎, 大倧敎・檀君敎ノ件(1911)」, 『숭실사학』 35집, 2015.

최윤수, 「삼일신고와 참전계경의 구성 비교」, 『한국정신과학학회지』 3-2호, 1999.

허남진, 「증산사상과 공공성」, 「한국적 공공성의 모색과 근대 한국 종교의 공공성」(2017년 한국연구재단 대학중점연구소 원불교사상연구원 학술대회), 원광대학교 원불교사상연구원, 2017.5.31.

홍윤식, 「불교행사의 성행」, 『신편 한국사』 16권, 1994.

동학의 공공성 실천과 그 현대적 모색 / 박맹수

김태창, 『공공철학 이야기』, 서울: 모시는사람들, 2012.

나카츠카 아키라, 『야마베 겐타로와 현대』, 김성순 옮김, 서울: 씨알누리, 2016.

_____ 외, 『동학농민전쟁과 일본』, 한혜인 옮김, 서울: 모시는사람들, 2014.

박맹수, 『동학군 유골과 식민지적 실험: 일본 홋카이도대학의 동학군 유골 방치사건』, 『한국독립운동사 연구』 23집, 2004.

_____, 『일본의 동학농민혁명 연구 붐과 그 의의』, 『생명의 눈으로 보는 동학』, 서울: 모시는사람들, 2014.

장일순, 『나락 한 알 속의 우주』, 대구: 녹색평론사, 1997.

_____, 『좁쌀 한 알』, 서울: 도서출판 도솔, 2004.

장일순,『무위당 장일순의 노자 이야기』, 서울: 도서출판 삼인, 2007.

황석영 외,『죽음을 넘어 시대의 어둠을 넘어(개정판)』, 서울: 창비, 2017.

由井正臣, 小松裕 編,『田中正造文集』2, 東京: 岩波書店, 2005.

中塚明,『歷史の僞造をただす』, 東京: 高文研, 1998.

_____,『歷史家の仕事 -人はなぜ歷史を硏究するのか』, 東京: 高文研, 2000.

趙景達,『異端の民衆反亂─東學と甲午農民戰爭』, 東京: 岩波書店, 1998.

안종철,『광주민주화운동과 인권』, 광주 무등공부방 강좌 자료, 2017년 5월 16일.

《한겨레신문》, 1995년 8월 4일.

《每日新聞》, 1995年 8月 3日.

日本 外務省 外交史料館 所藏,『朝鮮國東學黨動靜ニ關スル帝國公使館報告一件』, 文書番
　　　號 5門3類2項4號.

출전

* 종교적 '공공성(公共性)'의 개념과 의미 / 염승준
   『원불교사상과 종교문화』72집, 원광대학교 원불교사상연구원, 2017.

* 한국적 공공성 탐구 / 야규 마코토(柳生 眞)
   『퇴계학논집』20호(2017.6)에 개재한 내용의 일부를 보완한 것이다.

* 1920~1930년대 한국 '신종교'의 기본지형과 동향 및 특징 / 김민영
   『한일민족문제연구』(한일민족문제학회, 2017)에 실린 원고의 일부를 수정한 것이다.

* 근대 한국 종교에서의 '민족'과 '민중' / 김석근
   『원불교사상과 종교문화』74집, 원광대학교 원불교사상연구원, 2017.

* 동학이 그린 공공세계 / 조성환
   2017년 1월 25일에 원광대학교 숭산기념관에서 개최된 제3회 원광대학교 원불교
사상연구원 대학중점연구 콜로키움에서 발표한 「한국적 공공성의 모색-동학의 개
벽사상을 중심으로」를 수정 · 보완한 논문 「공공철학의 관점에서 본 동학의 개벽사
상-'공공'과 '천인' 개념을 중심으로」(『원불교사상과 종교문화』제71집, 2017년 3월)에 다시
약간의 수정을 가한 것이다.

* 증산사상과 공공성 / 허남진
   『종교문화연구』28호(한신대학교 종교와문화연구소, 2017), 87-115쪽의 내용을 수정 ·
보완한 것이다.

* 원불교의 종교성과 공공성 / 원영상
   『불교학보』제79집, 동국대학교 불교문화연구원, 2017.

* 대종교의 종교성과 공공성 / 김봉곤

　『원불교사상과 종교문화』72집, 원광대학교 원불교사상연구원, 2017.

* 동학의 공공성 실천과 그 현대적 모색 / 박맹수

　『원불교사상과 종교문화』72집, 원광대학교 원불교사상연구원, 2017.

찾아보기

[ㄱ]

강일순 52, 124, 109, 121, 123, 165, 171, 183
개벽 149, 159, 160, 252
개벽사상 49, 164
개벽종교 42
개벽파 148, 149
개신 40
개천절 136
개혁불교 197
『건국론』 131
경(敬) 156
고금 53
공 25, 28, 39, 64, 25, 76, 145
공개성 168, 169
공공 39, 43, 48, 53, 144, 146, 165, 170
공공성 17, 18, 31, 42, 58, 59, 64, 68, 71, 82, 103, 143, 145, 147, 167, 169, 170, 171, 185, 189, 191, 192
공공성운동 71
공공성의 이미지 23
공공세계 157
공공 영역 167, 168
공공재 22
『공공적양식인』 43
공공지리 190
『공공철학』 38, 143, 169, 189
공공하기 42
공공하는 종교 169
공공하는 철학 39, 54
공동 40, 170

공동성 169
공동체운동 76
공론장 61, 168, 169
공사(公事) 175, 176
공사공매 41, 54
공사이원론 39
공유 67
공유화 64
공익 운동 23
공적 영역 168
공적 종교 32
광제창생 115
광주민중항쟁 248
교조신원운동 117, 193
교토포럼 38, 54
국가 119
국가 공공성 22
국가 재건 131
국가적 공공성 147
국가적 독립 130
국민 113
근대 164, 253
근대 국민국가 137
급진개화파 148
기독교 108
김연국 101
김태창 39, 169

[ㄴ]

나철 109, 131, 132, 134, 214, 215, 217
나카츠카 아키라 238, 239, 245
네오 오리엔탈리즘(Neo-Orientalism) 190

종교와 공공성 총서 01

근대 한국 개벽종교를 공공하다

등록 1994.7.1 제1-1071
1쇄 발행 2018년 3월 25일

기   획 원광대학교 원불교사상연구원
지은이 염승준 야규 마코토 하승우 김민영 김석근
        조성환 허남진 원영상 김봉곤 박맹수
펴낸이 박길수
편집인 소경희
편   집 조영준
관   리 위현정
디자인 이주향
펴낸곳 도서출판 모시는사람들
        03147 서울시 종로구 삼일대로 457(경운동 88번지) 수운회관 1207호
전   화 02-735-7173, 02-737-7173 / 팩스 02-730-7173
홈페이지 http://www.mosinsaram.com/

인   쇄 천일문화사(031-955-8100)
배   본 문화유통북스(031-937-6100)

값은 뒤표지에 있습니다.
ISBN 979-11-88765-08-9   94210
세트   979-11-88765-07-2   94210

이 도서의 국립중앙도서관 출판예정도서목록(CIP)은 서지정보유통지원시스템 홈
페이지(http://seoji.nl.go.kr)와 국가자료공동목록시스템(http://www.nl.go.kr/
kolisnet)에서 이용하실 수 있습니다.(CIP제어번호: CIP2018004035)

이 책은 2016년 대한민국 교육부와 한국연구재단의 지원을 받아 발간되었음.
(NRF-2016S1A5B8914400)